■ Rom

Adriatisches Meer

Herculaneum ■■ Pompeji

■ Troia

■ Pergamon

Delphi ■ **Akropolis** ■ **von Athen**

■ Ephesos

Olympia ■ ■ **Mykene**

■ Delos

Sizilien

Rhodos

Mittelmeer

Kreta

100   200   300 km

Schwarzes Meer

Kaspisches Meer

■ **Hattusa**

Ninive ■ ■ **Nimrud**

■ **Garmo**

■ **Palmyra**

Babylon ■ **Nippur** ■ ■ **Lagasch**

Uruk ■ ■ **Ur**

■ **Persepolis**

■ **Jerusalem**

Persischer Golf

■ **Alexandria**

■ **Pyramiden von Gizeh**

Theben West: Tal der Könige ■ ■ **Tempel von Karnak und Luxor**

Rotes Meer

Abu Simbel ■

Wolfgang Korn

Detektive der Vergangenheit

Expeditionen in die Welt der Archäologie

Anaconda

Die Texte dieser Ausgabe erschienen erstmals in: *Wolfgang Korn,
Detektive der Vergangenheit. Expeditionen in die Welt der Archäologie*,
Berlin 2007 und *Wolfgang Korn, Das große Buch der Archäologie. Unter
Schatzjägern, verwegenen Forschern und wagemutigen Entdeckern*, Köln
2014. Alle Texte wurden sorgfältig überarbeitet, aktualisiert und erweitert.

MIX
Papier | Fördert
gute Waldnutzung
FSC® C083411

Penguin Random House Verlagsgruppe FSC® N001967

Die Deutsche Nationalbibliothek verzeichnet diese Publikation in der
Deutschen Nationalbibliografie; detaillierte bibliografische Daten sind
im Internet unter http://dnb.d-nb.de abrufbar.

© 2024 by Anaconda Verlag, einem Unternehmen
der Penguin Random House Verlagsgruppe GmbH,
Neumarkter Straße 28, 81673 München
Alle Rechte vorbehalten.
Umschlagmotiv: »Forum Romanum, Rom«, akg-images / Erich Lessing
Umschlaggestaltung: Druckfrei. Dagmar Herrmann, Bad Honnef
Satz und Layout: InterMedia – Lemke e. K., Heiligenhaus
Druck und Bindung: CPI books GmbH, Leck
Printed in the EU
ISBN 978-3-7306-1431-0
www.anacondaverlag.de

Inhaltsverzeichnis

Einleitung 9

TEIL I
Was mit antiken Ruinen vor der Archäologie geschah 19

KAPITEL 1
Schlamm drüber oder einfach zumüllen!
Wie Gräber, Tempel sowie Siedlungen unter
die Erde gerieten 21

KAPITEL 2
Wer hat diese Riesensteine angeschleppt?
Was mit den antiken Bauwerken geschah,
die weithin sichtbar blieben 38

TEIL II
Die goldenen Zeiten der
Archäologie und ihre größten Legenden 61

KAPITEL 3
Wer verdient die Auszeichnung »Erster Archäologe«?
Verheerende Griechenlandliebe von den Römern
bis zu den Päpsten des 18. Jahrhunderts 63

KAPITEL 4
Morgens Beamter, abends Schatzsucher –
waren die größten Archäologen Außenseiter?
Außenseiter, Abenteurer und exzentrische Ausgräber
erkundeten Ninive, Babylon und Ur 80

KAPITEL 5
»Haltet den Dieb« oder »Ein Hoch auf den Retter« –
wurden die bedeutenden Antiken geraubt oder gerettet?
Wie ganze Grabkammern und Altäre in die
Museen von London, Paris und Berlin wanderten 100

KAPITEL 6
Megacooler Ausgräber oder schlitzohriger Schwindler?
Die Wahrheit über den berühmtesten
Archäologen aller Zeiten 118

KAPITEL 7
Von Angkor Wat bis zu den Maya-Tempeln von Palenque
Dem Dschungel entrissen, vor dem Vergessen bewahrt? ... 141

TEIL III
High-Tech-Methoden und spektakuläre Funde:
die moderne Archäologie 161

KAPITEL 8
Schichten, Scherben und ein wenig Technik
Von den Pharaonengräbern zum
Alltag der alten Ägypter 163

KAPITEL 9
Findet die Unterstadt unter der Unterstadt!
TROIA-VIIa war kein kleines Piratennest, aber zu
welchem Kulturkreis gehörte die Bronzezeit-Stadt? 183

KAPITEL 10
Von der ersten Bronze zur Himmelsscheibe von Nebra
Eine eurasische Spurensuche nach
dem ersten globalen Handel 208

KAPITEL 11
Vom versunkenen Rungholt bis zur
Gletschermumie Ötzi
Watt, Moor und Eis als nordische Fundstellen 227

KAPITEL 12
Barbarische Piraten oder kulturbringende Kaufleute?
*Wie neue Funde und intensive Forschung
unser Bild der Wikinger ändern*. 248

TEIL IV
Blick zurück in die Zukunft –
der Kampf um die Deutung der Vergangenheit 269

KAPITEL 13
Vom nordischen Atlantis zu »Pompeji –
Made in Hollywood«
Neue Mythen überlagern antike Stätten 271

KAPITEL 14
Verlandung in Ephesos, Klimawandel in
Mittelamerika und Nordeuropa
Die Entdeckung der ökologischen Dimension 291

KAPITEL 15
Antike Funde und Fundorte: Was soll zurück, was muss
besser geschützt werden, was kann im Boden bleiben?
Die archäologische Forschung wird immer virtueller 311

Literatur- und Quellenverzeichnis 335

Register 340

Bildnachweis 346

Teilzerstörte Pharaonen-Statue (vermutlich Ramses II.) vor einem mit Hieroglyphen versehenen Obelisken im Tempel von Karnak.

Einleitung

Abenteurer mit Indiana-Jones-Hut oder Detektive mit Sherlock-Holmes-Lupe?

Archäologen zwischen Nervenkitzel und schweißtreibender Routinearbeit, zwischen spektakulären Funden, großer Politik und noch größeren Touristenströmen

Zufällig gefundene Silberhorte der Wikinger, die Entdeckung von Sarkophagen mit Mumien aus der Pharaonenzeit oder die Freilegung bisher verborgener Tempel im Dschungel von Guatemala oder Mexiko – immer wieder sorgen Ausgrabungen für Schlagzeilen in den Medien. Und wir fragen uns: Steckt nicht in jedem Archäologen ein Abenteurer, ein kleiner »Indiana Jones«?

Tatsächlich haben die »Spaten-Wissenschaftler« in den vergangenen zwei Jahrhunderten versunkene Städte wie Troja oder Babylon wiederentdeckt. Sie haben vergessene Pharaonengräber wie das von Tutanchamun freigelegt und zahlreiche auf den Weltmeeren verschollene Schiffswracks wie beispielsweise die Titanic geortet. Auch heutzutage graben noch etliche von ihnen in lebensfeindlichen Wüsten oder in Ländern, in denen mehr Anarchie als Ordnung herrscht. Andere durchstreifen unzugängliche Regenwälder – immer auf der Suche nach übersehenen Resten untergegangener Kulturen. Denn man geht davon aus, dass ein großer Teil der Maya-Stätten Mittelamerikas noch immer unentdeckt

Der Mythos des Archäologen als verwegenen Abenteurer hält sich hartnäckig. Dabei ist der vergleichsweise junge Wissenschaftszweig der Archäologie vor allem eines: akribische Kleinstarbeit unter nicht selten widrigen Umständen.

in den Regenwäldern von Guatemala, Honduras und Belize schlummert.

Doch heutige Archäologen suchen nicht in erster Linie nach kostbaren Goldschätzen, Gräbern oder Tempeln. »Wie wir Archäologen denken und arbeiten, das hat viel gemeinsam mit der Art, wie gute Detektive denken und arbeiten, um ihre Kriminalfälle zu lösen«, schrieb Robert Brainwood, Entdecker einer der ältesten Siedlungen der Menschheit, in seinem kleinen Führer »Archeologists and what they do«. Archäologen sind seiner Meinung nach »Detektive der Vergangenheit«: Sie interessieren sich jedoch nicht nur für Verbrechen, sondern für wirklich alle Spuren menschlicher Existenz – sie verschmähen dabei nicht einmal eine Mistkuhle. Daher entpuppen sich auch die größten Abenteuer bei näherem Hinsehen als schweißtreibende Fleißarbeit. Ein Ausgrabungsteam verbringt Monate damit, von Sonnenauf- bis Sonnenuntergang Schicht für Schicht einer Fundstelle sorgfältig und behutsam freizulegen. Jede Fundsituation muss genauestens in Zeichnungen erfasst und dann möglichst schnell digitalisiert werden – Details, die in dem Augenblick kaum interessieren, können später den Schlüssel zu einem Rätsel darstellen. Schließlich bürsten die Ausgräber mit Pinseln in der Größe von Zahnbürsten vorsichtig die Verunreinigungen von möglichen Funden. Geborgen werden so vor allem ehemalige Alltagsgegenstände: Nicht Hunderte oder Tausende, sondern Zehn- bis Hunderttausende von Keramikscherben, die vermessen und bestimmt werden müssen. Anhand all dieser Indizien versuchen sie zu rekonstruieren, was einst geschah: Wie lebten die Menschen – in Zelten, Hütten oder Häusern? Wovon lebten sie – von der Jagd, vom Ackerbau oder fertigten sie Keramikwaren oder Metallgegenstände, die sie gegen Lebensmittel eintauschten? Welche Rituale vollzogen, welche Götter verehrten sie?

Archäologen sind die Detektive weit zurückliegender Ereignisse: Sie sichten die freigelegten Spuren und versuchen, daraus Schlüsse zu ziehen. Dabei wägen sie fortwährend ab: Das ist höchst wahrscheinlich, dieses ist fragwürdig und jenes ganz unmöglich. Und immer wieder stellen sie sich die Frage: Kann alles nicht auch ganz anders gewesen sein? Denn schließlich entwickeln sie Theorien über historische Ereignisse, für die es keine Augenzeugen mehr geben kann. Die Grabungen und ihre Auswertung stellen jedoch nur einen kleinen Teil der Tätigkeit eines Archäologen dar – deren Sahnehäubchen sozusagen. Die Forscher müssen sich außerdem um Grabungslizenzen bewerben und Gelder für die Ausgrabungen beschaffen, die Grabungsexpeditionen von A bis Z planen und ihren Ablauf managen, Medienvertreter und Besuchergruppen über die laufenden Arbeiten informieren und ihre Ergebnisse möglichst bald in Fachpublikationen und über das Internet öffentlich zugänglich machen. All dies unter den Augen der kritischen, manchmal auch neidischen Kollegen.

Außerdem sehen sich Archäologen zunehmend mit folgenden Fragen konfrontiert:

Wie lange können wir graben, bevor der Bau der Autobahn-Strecke fortgesetzt wird? Verkehr hat auch in unserer Zeit Vorrang vor Vergangenheit. Lohnen sich die großen Grabungen überhaupt noch, wenn alle Funde vor Ort bleiben? Wie können die antiken Stätten in Krisengebieten wie dem Irak oder Syrien vor Raubgrabungen und Zerstörung besser geschützt werden? Müssen die großen Funde wie der Pergamonaltar in Berlin, die Elgin-Marbles in London oder die Sarkophage im Louvre an ihre Herkunftsländer zurückgegeben werden? Und wie lassen sich antike Stätten für künftige Forschungen, die über heute ungeahnte Möglichkeiten verfügen werden, bewahren? So viele Fragen, so viele Herausforderungen. Trotzdem möchte keiner der Vergangenheitsforscher seinen Job gegen einen anderen tauschen, denn den immensen Aufgaben stehen reichliche Belohnungen gegenüber – oder?

Große Aufmerksamkeit – aber nur für wenige

Es scheint so, als seien Archäologen heutzutage allgegenwärtig: kein Hausbau, keine Straßenerweiterung, kein U-Bahnbau, auch kein Braunkohleabbau, ohne dass sie vorher das Gelände sondiert haben auf der Suche nach Artefakten vergangener Zeiten. Darüber hinaus schätzen und schützen wir heute unsere historischen Denkmäler auf regionaler, nationaler und internationaler Ebene – letzteres mit der begehrten Auszeichnung »UNESCO-Weltkulturerbe«. Trotzdem sieht die gegenwärtige Situation der Archäologie, zum Erstaunen vieler, gar nicht so rosig aus. Dem Überfluss auf der einen Seite – ständiger Nachschub an Funden und viel Aufmerksamkeit durch die Öffentlichkeit – stehen gewaltige Mängel gegenüber: Den Museen und Forschungseinrichtungen werden die Mittel gekürzt, trotz der enormen Touristenströme fehlen selbst den klassischen antiken Stätten Gelder für die nötige Instandhaltung und die Raubgräberei nimmt vor allem in Krisengebieten wie Syrien oder dem Irak, aber auch in Ägypten zu.

Obwohl inzwischen überall auf der Welt nach den Relikten vergangener Kulturen und Völker gefahndet wird, gibt es zu viele ausgebildete Archäologen. Allein an deutschen Universitäten und Hochschulen werden 52 Studiengänge angeboten: Von der klassischen über die vorderasiatische und die frühgeschichtliche bis zur naturwissenschaftlichen Archäologie sowie Grabungstechnik und Archäobio- und Archäozoologie. Angesichts dieser Schwemme an nachrückenden Forscherinnen und Forschern sind gut bezahlte und dauerhafte Stellen eher Mangelware. Außerdem ist die Aufmerksamkeit, die den archäologischen Entdeckungen gewidmet wird, extrem zweigeteilt: Ein Großteil der Forschungserkenntnisse verbleibt in der Community, denn die meisten Funde interessieren nur die Wissenschaftler und einige Lokalpatrioten. Das Interesse der durch Medien gesteuerten Öffentlichkeit folgt anderen Regeln.

Über die Opferkulte der Inkas oder die Himmelsscheibe von Nebra wird viel spekuliert, aber nicht über das griechische Stratos oder das römische Aquileia oder einen mittelalterlichen Brunnen unter einem geplanten Neubau. Warum?

Nur wenn die Mischung aus Abenteuer, Ausgrabung und Mythen stimmt, schaffen es einzelne Funde oder Ausgrabungen in die Medien und werden zu viel diskutierten Phänomenen. Doch auch die Entstehung der Spatenwissenschaft ist von Mythen durchzogen.

Doch bis die Archäologie sich zu der heutigen Wissenschaft entwickelt hat, die Antworten auf unsere Fragen liefern kann, war es ein weiter Weg. Lange Zeit hatte die Menschheit kein Interesse an den Zeugnissen ihrer Vorfahren. Daher verschwanden bis vor rund 100 Jahren über 90 Prozent der Hünengräber in Nordeuropa. Noch während der Renaissance ließ das Abendland, das sich die antike Kultur zum Vorbild nahm, dessen Überreste bedenkenlos plündern, um damit die Fassaden seiner eigenen Prachtbauten zu errichten oder auszuschmücken. Die Archäologie begann vor rund 400 Jahren weder als Detektivgeschichte noch als Projekt zur Erforschung und Rettung bedrohter Denkmäler – zunächst waren

Mitten in Mexiko-City wird seit den 1970er-Jahren der Azteken-Tempel Templo Mayor unter den Augen der Öffentlichkeit freigelegt.

schlichtweg Plünderer der antiken Stätten am Werk. So sind viele Ausgräbergeschichten schlicht und einfach Legenden – wie die von Heinrich Schliemann, der nur reich geworden sei, um seinen Kindheitstraum von Troja zu verwirklichen. Deshalb fragen wir: Waren die größten Ausgräber wirkliche

Außenseiter, die keine Ahnung von der Archäologie hatten? Und haben sie ihre antiken Funde gerettet oder geraubt? Anschließend verfolgen wir wie die Archäologie zu einer strengen Wissenschaft wurde, die mit Detektivmethoden vergangene Spuren enträtselt: Woher stammt die erste Bronze der Menschheit? Konnten die Wikinger mit ihren offenen Booten tatsächlich über den Atlantik segeln? Und schließlich ist die Geschichte der Archäologie, obwohl sie zunehmend wissenschaftlicher betrieben wird, keine des kontinuierlichen Anstiegs ihres Wissens. Das liegt vor allem an zwei Dingen: Neue zufällige Funde können bewährte Ansichten über Nacht widerlegen. Gleichzeitig wandelt sich die Archäologie: Neue Fragen, neue Methoden und neue Sichtweisen lassen vergangene Kulturen immer wieder in einem anderen Licht erscheinen. Deshalb werden wir die Erforschung untergegangener Kulturen nie als abgeschlossen betrachten können. Zudem hat jede Epoche ihr eigenes Verhältnis zur Vergangenheit. Früher spielten Herrschergestalten und kriegerische Auseinandersetzungen die zentrale Rolle, heute sind es die Ergebnisse naturwissenschaftlicher Forschungen und ihre ökologische Interpretation: Ging die Kultur der Maya unter, weil sie ihre Umwelt zerstörten oder lag der Grund in einem unvermeidlichen Klimawandel?

Botschaften aus der Vergangenheit?

Und an Hand spektakulärer Fälle der letzten Jahrzehnte begleiten wir die Archäologen bei ihrer High-Tech-Spurensuche: Wie findet man versunkene Städte im Dschungel oder im Wattboden der Nordsee? Nicht selten stoßen die Forscher bei ihrer Arbeit auf Hinweise von lange zurückliegenden Verbrechen: Wer hat Ötzi die schweren Wunden beigebracht, an denen der Steinzeitmann schließlich in eisiger Höhe verstarb? Abschließend wagen wir noch einen Ausblick in die Zukunft: Wird die archäologische

Unter dickem Uferschlamm und städtischen Schutt suchen die Archäologen in Dublin nach den Resten der einstigen Wikinger-Siedlung auf dem Stadtgebiet.

Forschung schon bald nur noch in den Labors und Rechenzentren der Wissenschaftler stattfinden? Wie werden angesichts steigender Touristenströme und sinkenden Etats für Forschung und

Restaurierung archäologische Stätten wie Pompeji in der Zukunft aussehen? Werden in den Museen bald nur noch virtuelle Ausstellungsobjekte zu sehen sein, weil die Originale wieder an ihre Fundorte zurückgegeben werden müssen?

Archäologie bietet die einmalige Chance, unsere gegenwärtigen Kulturen mit denjenigen früherer Völker objektiv zu vergleichen. Wie gingen frühere Gesellschaften mit der Natur und den angehäuften Reichtümern um? »Langfristig kommt es uns viel billiger zu stehen,« erklärt der interdisziplinär arbeitende Anthropologe und Archäologe Jared Diamond, »wenn wir Archäologen damit beauftragen, herauszufinden, was beim letzten Mal geschah, als wenn wir die gleichen Fehler wiederholen.« Da die Archäologie gern als Spatenwissenschaft bezeichnet wird, weil Archäologen ihre Funde in der Regel erst freilegen müssen, beginnen wir unsere Suche jedoch, indem wir das scheinbar Normalste von der Welt in Frage stellen: Warum landen Zeugnisse alter Kulturen eigentlich unter der Erde?

Teil I

Was mit antiken Ruinen vor der Archäologie geschah

KAPITEL 1

Schlamm drüber oder einfach zumüllen!

Wie Gräber, Tempel sowie Siedlungen unter die Erde gerieten

Pompeji – 24. August 79 n. Chr. Ein heftiger Erdstoß erschütterte die reiche Römerstadt südöstlich des Vesuvs, es folgte ein gewaltiger Knall. Die Menschen sahen besorgt zum Vulkankegel: Dessen Spitze hatte sich gespalten, ein feuriger Steinhagel prasselte auf die Stadt, Ascheregen und giftige Gase füllten Augen, Mund und Lungen der Bewohner und begruben die Stadt unter einer dicken Schicht. Über 19 Stunden lang soll diese Phase – die von Vulkanologen nach dem Augenzeugenbericht Plinius des Älteren heute »plinianische« genannt wird – gedauert haben. Als sicherster Beweis galten den Archäologen freigelegte Abdrücke von menschlichen Körpern, die in schutzsuchender Haltung erstarrt waren.

Ältere Pompejibücher stellen diesen Verlauf der Katastrophe als unumstößliche Tatsache dar. Doch ein Team italienischer Wissenschaftler, die Anfang der 1990er-Jahre in einem bis dahin unberührten Areal des Wohnviertels Insula dei Casti amanti (Quartier des züchtigen Liebespaares) einen 30 Meter langen und drei Meter tiefen Grabungsschnitt anlegten, stießen auf eine andere Spur. »Oberhalb der Bims- und der dünnen Ascheschicht liegen Ablagerungen, die charakteristisch für pyroklastische Ströme sind und von sechs verschiedenen Eruptionen herrühren«, erläutert der Vulkanologe Aldo Marturano. Pyroklastische Ströme – also Lavaströme – und nicht nur Bimsstein- und Ascheregen überfluteten die Stadt. Die Wissenschaftler konnten sogar die Geschwindigkeit der Lavawellen bestimmen. Von einem zwei Stockwerke hohen Gebäude im südlichen Teil der Insula stand nur noch die Basis, die Außenwand war in einem Stück weggedrückt worden. »Ihr Fall dürfte etwa 0,4 bis 0,5 Sekunden gedauert haben, daraus ergibt sich eine Geschwindigkeit der vulkanischen Lawine von 65 bis 80 Kilometern pro Stunde«, so Marturano. Auch stimmt es nicht, dass die Menschen sogleich von einer Giftgaswolke überrascht wurden. Wie Plinius sind viele ans Meer geflohen, doch der weitere Fluchtweg war ihnen durch die Eruptionen verstellt. Andere haben versucht sich zu schützen. Fenster und Tür eines kleinen Raumes, in dem die Wissenschaftler drei menschliche Skelette fanden, waren abgedichtet worden. Aus den neuen Erkenntnissen, die mit Berichten von Augenzeugen verglichen wurden, ergibt sich folgende Chronologie des Untergangs: Vor dem eigentlichen Ausbruch ereigneten sich am 24. August ab vier Uhr morgens heftige Erdbeben. Daran waren die Pompejianer gewöhnt. Deshalb flohen sie nicht, sondern begannen unverzüglich mit Aufräumarbeiten. Die erste Phase des Vulkanausbruchs setzte mittags ein. Während rund vier Stunden lang weißer und grauer Bimsstein auf Pompeji hinabregnete, verlief der Hauptausstoß in östliche Richtung. Das haben auch neue Untersuchungen an 80 Skeletten bestätigt, die vor kurzem am Strand von Herculaneum (14 Kilometer nordwestlich von Pompeji) freigelegt wurden. Die Opfer hatten nicht einmal Zeit, eine schützende Körperhaltung einzunehmen, so der neapolitanische Archäologe Alberto Incoronato: »Die Hitzewelle eines Stromes aus Gas und vulkanischer Asche, der sich über die 20 Meter hohe Felsküste ergoss, tötete die Menschen praktisch sofort; in Bruchteilen von Sekunden versagten die lebenswichtigen Organe.«

Jederzeit kann der Vesuv (im Hintergrund) wieder ausbrechen und Pompeji erneut unter seiner Lava verschütten.

In einer anschließenden Übergangsphase ereigneten sich erneut starke Erdbeben. Erst in den frühen Morgenstunden des 25. August erreichten pyroklastische Ströme und Giftgaswolken Pompeji. Plinius der Ältere starb am Strand und wo bisher Pompeji lag, breitet sich nun eine leblose Lava-Wüste aus. Die Stadt geriet in Vergessenheit und wurde erst 1700 Jahre später, nach einer erneuten Vesuv-Erschütterung, beim Aushub eingefallener Wassergräben zusammen mit der Nachbarstadt Herculaneum wiederentdeckt.

Seit rund 250 Jahren sind Forscher damit beschäftigt, die beiden Städte mit dem Spaten Haus für Haus, Straße für Straße von der bis zu 12 m dicken Schicht aus Asche und Bims zu befreien. Deshalb wird die Archäologie immer wieder auch (besonders in Zeitungen und im Fernsehen) Spatenwissenschaften genannt – doch trägt sie dieses Pseudonym zu Recht? Auf den ersten Blick schon. Was die Archäologen finden, müssen sie in den allermeisten Fällen dem Boden oder dem Meeresgrund entreißen. Denn was auf der Erdoberfläche einfach so herumlag oder sich ganz dicht unter der Oberfläche befand, das wurde schon vor langer Zeit zerstört. Oder wenn es wertvoll war, haben es andere längst mitgenommen. Für die Archäologen ist nur übrig geblieben, was tiefer unter der Erde liegt. Soweit, so gut. Doch sogleich taucht die Frage auf: Warum geraten denn Dinge überhaupt unter die Erde? Und wovon hängt es ab, das einiges unter die Erde gerät und anderes nicht?

Die Kunst, zu verschwinden

Nur sehr selten ist es ein so spektakuläres Ereignis wie ein Vulkanausbruch, das eine ganze Siedlung mit einem Mal verschwinden lässt und das noch auf eine Art und Weise, die sie nahezu vollständig für spätere Entdecker konserviert. Tatsache ist vielmehr: In den allermeisten Fällen werden die Überbleibsel menschlicher Kultur entweder durch Feinde, spätere Bewohner dieser Region oder durch Naturgewalten weitgehend vernichtet. Warum also geraten einige Menschenwerke wenig oder gar nicht zerstört unter die Erde? Vieles wofür sich Archäologen interessieren, wurde von den Menschen vergangener Zeiten bewusst im Boden deponiert. Einiges davon wollten sie selbst später wiederfinden, am spektakulärsten sind sogenannte »Schatzfunde«, Depots mit wertvollen Gegenstände wie Edelmetalle, die von den Archäologen lieber als »Horte« bezeichnet werden. So haben die Wikinger die Beute ihrer Plünderzüge in zahllosen Horten über ganz Nordeuropa verteilt. Viele davon ließen sie zurück, weil sie sie nicht mehr wiederfanden, fliehen mussten oder nicht mehr von ihrem Raubzug zurückkehrten. Allein in Schleswig-Holstein wurden in den letzten 200 Jahren rund 50 solcher Edelmetalldepots entdeckt.

Wie Horte muten auch etliche Opferfelder der Germanen und ihrer Vorgänger an, wo sie seit der späten Steinzeit (um 10 000 v. Chr.) anfangs einen Teil ihrer Nahrungsmittel, Felle und Feuersteine, dann eigene oder erbeuteten Waffen sowie hin und wieder auch jemanden aus den eigenen Reihen in Seen, Flüsse und Moore warfen. Ein Großteil der Kultgegenstände, die nicht gefunden werden sollten, befand sich in Gräbern in Form von kostbaren Beigaben. Sie sollten dem Verstorbenen die Reise ins Jenseits erleichtern und wurden zusammen mit den Leichnamen in Großsteingräbern unter tonnenschweren Steinen oder in Grabkammern unter gewaltigen Hügeln aus Steinhaufen und Erdreich verborgen.

Mit besonderer Akribie wurden Gräber der Pharaonen im ägyptischen Tal der Könige versteckt: Der Eingang wurde verschüttet, Labyrinthe angelegt, Statuen des furchteinflößenden Grabwächters Anubis (einer Gottheit in Menschengestalt mit Hundekopf) flankierten den Zugang und Formeln am Eingang verfluchten mögliche Grabräuber. Trotzdem wurden die meisten Pharaonengräber schon bald nach ihrer Versiegelung geplündert, oft von den nachfolgenden Pharaonen mithilfe der Graberbauer.

Ehemalige Siedlungen aus Lehmhäusern hinterlassen meterdicke Schichten, durch die sich die Archäologen nur mühsam vorarbeiten.

Doch der größte Teil menschlicher Bauwerke befindet sich heute unbeabsichtigt unter der Erde: Tempel, die für die Ewigkeit errichtet wurden, und ganze Siedlungen, in denen die Ausgräber noch die Alltagsgegenstände der damaligen Bewohner finden. Um solche Stätten wiederzufinden, fragen sich die Archäologen: Wie tief können alte Siedlungen heute begraben liegen, wenn sie zum Beispiel vor 3000 Jahren aufgegeben wurde? Zehn, fünf oder nur einen Meter tief?

Kreta im Jahre 1878. Der Kaufmann Minos Kalokerinos besaß eine Olivenbaum-Plantage, die sich über den Kephala-Hügel fünf Kilometer südöstlich der Inselhauptstadt Iraklion erstreckte. Wenn er sie besichtigte fielen ihm immer wieder Strukturen im Boden auf: lange gerade Streifen, die Rechtecke bildeten. Dies deute auf eine Ruinenstätte hin, erklärten ihm Bekannte. Also ließ er einen Graben anlegen und fand keinen halben Meter tief Mauerwerk und Steine mit eingeritzten Doppeläxten. Da Kreta noch unter osmanischer Herrschaft stand, ließ er die Arbeit wieder einstellen und wartete ab. Doch 1886 kam der reiche Händler und Troja-Ausgräber Heinrich Schliemann nach Kreta, hörte von dem Fund, besichtigte den Hügel und wollte sofort den Palast des Minos ausgraben. Denn um nichts anderes konnte es sich Schliemanns Meinung nach bei dieser Ruine handeln (mehr zu Schliemanns vorschnelle Schlussfolgerungen im Kapitel 7). Doch war ihm der Preis des Grundstückes, das er hätte erwerben müssen, zu hoch. Außerdem zählte er genau nach: Statt der zugesicherten 2500 Olivenbäume standen nur 889 auf dem Gelände! Erbost reiste er ab.

Die Minoer: Geheimnisvolle Zeichen, labyrinthische Paläste

Kreta wurde im 6. Jahrtausend v. Chr. von Menschen aus Kleinasien besiedelt, die zunächst in Höhlen und rechteckigen Lehmbauten wohnten, Gerste und Weizen, Oliven und Wein anbauten und Viehzucht betrieben. Zwischen 3100 und 2100 v. Chr., in der sogenannten »Vorpalastzeit«, entwickelte sich langsam die minoische Kultur mit Straßen und Wasserleitungen, verschachtelten Gebäudekomplexen, schlanken Gefäßen, Schmuck, Vasenmalereien, Siegeln und der ersten europäischen Schrift (diese Linear-A-Hieroglyphen sind übrigens bis heute nicht entziffert).

In der anschließenden, sogenannten »Alten Palastzeit« (zwischen 2100 und 1700 v. Chr.) existierten auf der Insel eine Reihe gleichrangiger Fürstentümer, deren Mittelpunkte Paläste waren: Knossos, Phaistos, Malia und Kato Zarkros. Diese clusterförmigen Anlagen bestanden aus Magazinen, Heiligtümern, Festsälen, Werkstätten und verstreuten Wohnräumen. Um 1700 v. Chr. kam es zu einer Katastrophe, deren Ursachen trotz intensiver Forschung bis heute nicht geklärt sind, und die Paläste fanden durch Feuersbrünste ein jähes Ende.

Die Minoer begannen sogleich mit dem Wiederaufbau, doch nun geriet der Großteil Kretas in Abhängigkeit von einem Herrscher, der im Palast von Knossos residierte. Die um 1700 v. Chr. errichteten Anlage, heute »Neuer Palast« genannt, mit ihren über 1000 Räumen auf rund 20 000 Quadratmetern, wies keine zentralen Achsen oder Fluchten auf, sondern breitete sich mäandernd wie ein eigenständiger Organismus aus. Es liegt auf der Hand, dass die Festlandsgriechen nach einem Besuch vom »Labyrinth in Knossos« erzählten; die überall verwendeten Stierkopfmotive in Fresken und als Statuen haben dabei sicherlich den Anstoß zur Minotaurus-Legende geliefert.

Ihr Ende fand die minoischen Kultur, als nach zwei kurz aufeinanderfolgenden Feuerkatastrophen (um 1450 und um 1380 v. Chr.) der Palast von Knossos und weitere Palastzentren auf der Insel endgültig untergingen. Neueste Forschungen machen ein Erdbeben für die Feuerkatastrophen verantwortlich. Nach den Zerstörungen übernahmen Mykener die Herrschaft auf Kreta. Das beweisen die Einführung der Linear-B-Schrift und Gräber mit üppiger Waffenausstattung – beides mykenische Merkmale.

So ist die Entdeckung von Knossos und die Erforschung der minoischen Kultur aufs Engste mit dem Lebensweg des vermögenden englischen Gelehrten Arthur Evans verbunden. Evans hatte

1884 einen Siegelstein mit Linear-B-Zeichen zugeschickt bekommen und als er 1894 ähnliche Zeichen in den freigelegten Funden des Kephala-Hügels erblickte, war sein Interesse geweckt und er erwarb das Gelände. Schon kurz nach 1900 begann er mit den Grabungen, nur wenig unter der Oberfläche kam der Palast zum Vorschein. Unter verkohlten Holzsäulen und Balken legten die bis zu 120 Arbeiter Wände mit zum Teil gut erhaltenen Fresken frei. Der Neue Palast verfügte schon über komplexe Be- und Entwässerungssysteme. Mit seinen Rekonstruktionen schoss Evans jedoch über das Ziel hinaus. So gibt es keine gesicherten baulichen Hinweise für eine Freitreppe. Evans nahm nur an, dass sich hinter der großen Toranlage eine befunden haben müsse, passen will sie jedoch nicht zur bisher bekannten minoischen Architektur. Handelt es sich bei dem großen Raum im Westflügel tatsächlich um den »Thronsaal«? Indizien wie Naturdarstellungen sowie die Lage zwischen Heiligtümern sprechen eher für einen weiteren sakralen Raum. Und beim »Megaron der Königin« waren niedrige Sitzbänke der einzige Hinweis, der Evans zu dieser Interpretation veranlasste. Doch die Rekonstruktionen mit Beton haben auch einen Vorteil. Verglichen mit anderen Ausgrabungsstätten tragen sie wesentlich zur dauerhaften Konservierung der Gebäudekomplexe bei. Außerdem verfasste Evans ein vierbändiges Monumentalwerk »The Palace of Minos at Knossos«, das sämtliche Bereiche der minoischen Kultur abhandelt. Darüber hinaus regten Evans' Arbeiten weitere Grabungen an vielen Orten Kretas an. Funde und Forschungen bestätigen: Die Hochkultur der Neuen Palastzeit fand durch zwei aufeinander folgende Katastrophen um 1450 v. Chr. und um 1380 v. Chr. ein jähes Ende. Die meisten Orte auf Kreta wurden durch Feuer zerstört. Lange Zeit glaubte die Forschung, dieses stünde in Zusammenhang mit dem Vulkanausbruch auf Thera/Santorin. Doch mittlerweile wurde mit exakten Methoden – unter anderem einer Bohrkern-Analyse des Grönlandeises – der Vulkanausbruch auf den Zeitpunkt 1644 v. Chr. datiert. Grabungen in minoischen Siedlungen zeigen, dass über der Vulkanasche weiter gesiedelt wurde. Diese bildet nur eine bis zu 10 Zentimeter dicke Schicht, darüber noch etwas im Laufe der Jahrtausende abgelagerter Mutterboden: drei bis vier Spatenaushube reichen meist, um an die minoischen Mauerwerke zu gelangen.

Auch die slowakische Grabungsstätte Nizna Mysla (Bronzezeit – 1400 v. Chr.) liegt nur 25 Zentimeter unter der Erde. Die Archäologen geben noch einmal 30 Zentimeter dazu, um einen Hausgrundriss zu finden. Und noch einmal 80 Zentimeter, um auf den Grund der Pfostenlöcher zu kommen. Zusammen gerade einmal einen Meter und 35 Zentimeter – darunter sind keine Spuren von der zivilisierten Menschheit mehr zu finden.

Auch in Nordeuropa liegen die Siedlungen der Zeit, als die Menschen hier sesshaft wurden (6000–4000 v. Chr. – in der Jungsteinzeit) nur einige Dezimeter unter der Erde. Auf genaue

Mithilfe von viel Beton wurde der Nordeingang so rekonstruiert, dass der Besucher eine Vorstellung vom Palast von Knossos bekommt – aber ist sie auch die richtige?

Zentimeter-Zahlen wollen sich die Archäologen aber nicht festnageln lassen, denn wo genau verläuft in einer Kulturlandschaft mit Ackerböden und Gärten, Straßen und Häusern die natürliche Erdoberfläche? Die Spuren liegen allerdings so dicht unter der Oberfläche, dass die mysteriösen kreis- und ellipsenförmigen Erdwerke der Jungsteinzeit unter Ackerflächen aus der Luft als Bodenprofile zu erkennen sind. Warum liegen die meisten archäologischen Stätten weit weniger tief unter der Erde, als die meisten Menschen erwarten würden?

Schlamm drüber – die Erosionskraft

Hitze und Kälte, Wind und Regen – kurz: die Erosionsprozesse wirken sich in den einzelnen Regionen der Erde sehr unterschiedlich aus. Mitten in der Wüste beispielsweise gibt es kaum Erosion. So bildete Palmyra, eine Oase in der Syrischen Wüste, einst als Handelszentrum das westliche Ende der Seidenstraße – die Säulen der einstigen Tempel und Arkaden stehen heute noch frei in der Landschaft. Antike Ruinen werden in diesen Landschaften nur dort bedeckt, wo es starke Sandstürme gibt oder wenn sie mitten in einem Wadi (einem trockenen Flussbett) liegen, der nach einem der seltenen Regenfälle schlammiges Wasser transportiert.

Auf Berggipfeln wiederum ist ein Bauwerk den Naturgewalten ausgesetzt: Der Wind schleift an den Mauern von Höhenfestungen und große Temperaturunterschiede sprengen einzelne Gesteinsbrocken aus Burg und Berg. Das Regenwasser spült sie dann, der Schwerkraft folgend, zusammen mit ausgeschwemmten Teilchen bergab. Deshalb sind die Erosionskräfte besonders an den Berghängen zu spüren – Siedlungen können hier über Nacht lawinenartig verschüttet werden. Trotzdem siedelten die Menschen in der Vergangenheit häufig an Hängen und in Flusstälern, denn Erosion und Überschwemmungen lagern hier fruchtbare Böden ab. Aber das Risiko ist hoch, Opfer der Schlammfluten zu werden, wie das griechische Olympia zeigt.

1875 reiste der Archäologe Ernst Curtius mit seinen Mitarbeitern in den Südwesten der Peloponnes, um den antiken Ort freizulegen. Doch ihnen bot sich folgendes Bild: Felder und Weinberge breiteten sich zwischen dem Fluss Alphaios und dem Kronos-Hügel aus, nur eine klitzekleine Ruine aus Ziegelstein am Fuße des Hügels gab einen zarten Hinweis darauf, dass hier die berühmteste Wettkampfstätte aller Zeiten gelegen hat. Alles andere hatten Erdbeben und Überschwemmungen des Alphaio unter einer bis zu fünf Meter dicken Schlammschicht begraben. Die Archäologen wollten Olympia ausgraben, doch wo sollten sie anfangen zu suchen? Es gibt Regionen, in denen die Erosion durch einen wilden Pflanzenwuchs noch verstärkt wird: In den Dschungeln Südostasiens und Mittel- und Südamerikas werden antike Stätten in wenigen Jahren von Pflanzen überwuchert, während sich die sich verzweigenden Wurzeln ihren Weg durch das Mauerwerk bahnen und es dabei häufig einfach aufsprengen.

Die Natur kann jedoch auch über Nacht zuschlagen, denn nicht nur das eingangs erwähnte Pompeji, ganze Kulturen wurden durch Naturkatastrophen vernichtet. So streiten die Forscher noch darüber, ob der Vulkanausbruch auf der griechischen Insel Thera/Santorin oder ein Erdbeben für den Untergang der minoischen Kultur auf Kreta (Mitte des 2. Jahrtausend v. Chr.) verantwortlich ist. Auch Ötzi blieb uns als Eismumie nur deshalb erhalten, weil er nach seinem Tod in kürzester Zeit von einem sich ausbreitenden Gletscher überdeckt wurde. Unter noch dickeren Schichten – die bis zu 20, 30 Meter erreichen können – ruhen etliche ehemalige Siedlungen und Städte. Das liegt daran, dass die größten Ablagerungen, unter denen archäologische Stätten liegen, meistens von den Bewohnern selbst stammen.

So wurde zum Beispiel der Siedlungshügel Tall Chuera, der im heutigen Nordsyrien liegt, im 3. Jahrtausend v. Chr. von seinen Bewohnern regelrecht zugemüllt. Das entdeckte der Tübinger Archäologe Peter Pfälzner mit seinem Team, als er den Tall Chuera von 1995 bis 1997 untersuchte. Die mittelgroße Stadt, die damals rund 50 000 Einwohner hatte, fiel ihnen durch ihre strenge Bauordnung auf: Alle Reihen-Wohnhäuser waren gleichbreit und identisch aufgebaut. Doch der Zentralplatz dieser politisch und ökonomisch blühenden Musterstadt versank im Lauf der Zeit unter einer 12 Meter dicken Müllschicht aus Asche, Tierknochen und zerbrochenem Geschirr – bis die Stadt daran regelrecht erstickte. Die Archäologen stehen vor einem Rätsel.

Aber auch normaler Siedlungsschutt kann sich zu ganzen Hügeln auftürmen. Das liegt vor allem daran, dass Siedlungen und Städte im Laufe der Jahrtausende immer wieder an den gleichen bevorzugten Stellen errichtet werden – natürliche Hafenbuchten, Flussmündungen und Hügelkuppen beispielsweise. So liegen in Köln die Bauelemente der rund 2000 Jahre alten römischen Stadt »Colonia Claudia Ara Agrippinensium« unter bis zu sieben Meter dickem Bau- und Erosionsschutt. Der Baubeginn einer neuen U-Bahnstrecke öffnete den Archäologen im Jahr 2003 einen wunderbaren Schnitt durch diese Schichten. Ein Projekt, das sich über zehn Jahre hinzog und sich zur größten Ausgrabung der Stadtgeschichte entwickelte. Mithilfe alter Karten, Fotografien und früherer Fundberichte hatten die Archäologen vorher recherchiert, um die zehn besonders ergiebigsten Untersuchungsgebiete von insgesamt 30 000 Quadratmetern Fläche ausfindig zu machen. Das Ergebnis: 2,5 Millionen große und kleine Fundstücke aus 2000 Jahren Stadtgeschichte, darunter Bestandteile des römischen Hafens sowie mehrerer Tempelanlagen, die direkt am Rheinufer gelegen haben müssen, Festungswerken aus dem Mittelalter und preußischen Grabenwerken. Außerdem eine komplette Bergkristallwerkstatt aus dem 12. Jahrhundert n. Chr., die aus 25 000 einzelnen Teilen besteht und der Schädel eines Wollnashorns, das um 37 000 v. Chr. gelebt hat und von einem Römer als Werkbank benutzt wurde.

Noch gewaltiger werden diese Siedlungsschichten dort, wo Lehm für den Hausbau benutzt wurde. Häuser aus Lehm werden nach 20 bis 25 Jahren brüchig. Und da der Baustoff nicht recycelbar ist, wird er einfach einplaniert und das neue Haus darüber errichtet. Im Laufe der Jahrhunderte wächst auf diese Weise Schicht auf Schicht eine Hügelkuppe, die zwanzig bis dreißig Meter hoch werden kann. Solche künstlichen Hügel, die Tepe oder Tell genannt werden, finden sich noch heute vor allem in den Regionen rund um das Mittelmeer und im Nahen Osten. Auf die prominentesten Beispiele wie Troja, Uruk und Babylon kommen wir natürlich immer wieder zurück.

Eine Zeitreise ins Erdinnere auf den Spuren der Archäologen gleicht deshalb keiner ruhigen Fahrt mit der Rolltreppe durch regelmäßige Schichten, sondern eher einer Fahrt mit der Achterbahn rauf und runter: Neolithische Erdwerke (6000 v. Chr.) 20 cm tief – Babylon (2200 v. Chr.) 2000 cm tief – bronzezeitliches Nizna Mysla (1400 v. Chr.) 25 cm tief – Olympia (4. Jh. n. Chr.) 500 cm tief … All diese Beispiele bezogen sich auf die letzten 13 000 Jahre, denn bei noch älteren Funden, kommt in Nordeuropa die Eiszeit ins Spiel.

Stein, Bronze, Eisen – die Epochen der Menschheitsgeschichte

Als das Dänische Nationalmuseum zu Beginn des 19. Jahrhunderts die Frühgeschichte Nordeuropas in einer großen Ausstellung präsentieren wollte, bekam Museumsmitarbeiter Christian J. Thomsen ein Problem. Denn die Exponate bestanden aus einem ungeordneten Berg aus Faustkeilen, Messern und Schwertern, Gürtelschnallen, Sicheln, Axtscheiden, Pflügen, steinernen Pfeilspitzen und noch mehr Faustkeilen. Thomsen sortierte alle Steinwerkzeuge auf einen Haufen, die Bronzegegenstände auf den nächsten und die aus Eisen auf einen dritten. Er ging einfach davon aus, dass die Steinwerkzeuge älter als die aus Bronze und Eisen waren, und sortierte sie unter der Bezeichnung »Steinzeit«. Bronzegegenstände waren seiner Meinung nach auch älter als die aus Eisen – denn wer einmal ein Eisenschwert herstellen kann, nimmt freiwillig keine weichere Bronze mehr für diesen Zweck – und gehörten deshalb zur »Bronzezeit«. Blieben schließlich noch die Funde der »Eisenzeit« übrig.

Dieses 3-Perioden-System hat sich in der Folgezeit bis heute bewährt – allerdings wurde es immer weiter untergliedert: Die Steinzeit reicht von den ersten Frühmenschen (Hominiden) mit Steinwerkzeugen vor ca. 2,5 Millionen Jahren bis vor ca. 5000 Jahren. Da lernten die Menschen mit Metallen so gut umzugehen, dass sie die ersten Werkzeuge und Waffen aus Bronze herstellen konnten. Die Eisenzeit breitete sich um 500 v. Chr. aus Norditalien (die Etrusker waren die ersten Eisenschmiede dort) Richtung Nordeuropa aus und hält im Prinzip bis heute an – unser Zeitalter wird wohl erst von künftigen Archäologen definiert.

Mit dem Abraumbagger in die Urgeschichte

Vor ungefähr 2 Millionen Jahren kühlte es auf der Erde erheblich ab, deshalb wird diese Klimaepoche Eiszeitalter oder Quartär genannt. Es blieb jedoch nicht durchgehend kalt, immer wieder wurden die Eiszeiten (Glazial) von kleinen Warmzeiten (Interglazial) unterbrochen – und die letzte Eiszeit ist auch noch nicht vorbei, vor rund 13 000 Jahren begann nur eine besonders lange Warmzeit.

Obwohl der Unterschied zwischen Warm- und Kaltzeit im Durchschnitt nur vier Grad ausmachte, war die Wirkung gewaltig. Über Nordeuropa bildete sich eine bis zu 3000 Meter dicke Eisdecke, die auf ihrem Weg nach Süden ganze Bergspitzen abtrug und riesige Mengen an Steinen, Sanden und Lößboden bis nach Mitteldeutschland hinein schob. Die in den Warmzeiten entstandenen üppigen Schichten aus Tier- und Pflanzenresten wurden auf diese Weise von den Gletschern der nächsten Eiszeit wieder bedeckt. So entstanden beispielsweise dicke Moorschichten, die sich im Laufe der Jahrtausende zu Torf wandelten. Falls es irgendwo dazwischen auch Spuren menschlichen Lebens gab, konnten die Archäologen in diesen Tiefen mit ihren Spaten jedenfalls nichts ausrichten. Wo und wie sollten sie an mögliche Funde in fünf, zehn oder 15 Metern Tiefe gelangen? Sie konnten sich nur Grabenden anschließen – die beispielsweise Bagger benutzen, die Ausmaße von Parkhäusern haben.

Nach 400 000 Jahren freigelegt – die Holzspeere des Jagdlagers von Schöningen.

Eines der großen Reviere in Deutschland, wo Braunkohle im Tagebau abgetragen wird, liegt zwischen der Stadt Helmstedt und dem 10 Kilometer südlicheren Schöningen. Um an den 15, 30, oft 50 Meter unter der Erde gelegenen Energieträger zu kommen, tragen Schaufelradbagger auf über sechs Quadratkilometer systematisch Schicht für Schicht das Erdreich ab und dringen so immer weiter in die Erdgeschichte vor – und die Archäologen begleiten sie seit über 20 Jahren dabei.

Dabei stießen sie in den oberen zwei Metern aus Humusschichten und Lößböden auf Gräber aus der Eisen- und der Bronzezeit, es folgten urgeschichtliche Siedlungen etwa aus der ersten Bauernkultur in Deutschland (um 6000 v. Chr.). Bis Bagger und Archäologen in 15 Metern Tiefe, schon mitten im Braunkohletorf auf Speere stießen. Es sind die Ältesten, die je entdeckt worden sind – 400 000 Jahre vor unserer Zeit. Normalerweise werden organische Gegenstände wie Holz im Laufe der Zeit von Bakterien zersetzt, doch die können im Torfmoor, aus dem die heutige Braunkohle besteht, nicht überleben. Während sich rundherum die Bagger weiter in die Tiefe fraßen, legten die Archäologen ein ganzes altsteinzeitliches Wildpferd-Jagdlager frei: Nicht nur Speere, sondern auch Berge von Knochen, die überwiegend von Wildpferden, aber auch von Wisent, Rothirsch und Wildesel stammen, mehrere Feuerstellen und einen angebrannten Holzspieß – das erste nachweisbare Schaschlik! Die ganzen Hinterlassenschaften dieser Jagdgesellschaft lagen gewissermaßen »schockgefroren« vor ihnen – das nennen die Archäologen eine »Zeitkapsel«.

Noch weiter zurück in der Menschheitsgeschichte geht es nur dort, wo sowohl frühe Menschen lebten und als auch starke Erosion herrscht. Solch ein für die Erforschung der frühen Menschheitsgeschichte wichtiger Ort ist die Oldovai-Schlucht in Tansania. Nachdem vor rund zwei Millionen Jahren dort Menschen einen See aufsuchten, wurde dieser später mit Sedimenten und Vulkanasche überdeckt. Vor 500 000 Jahren bildete sich genau dort ein gewaltiger Riss im Boden, der von Wassermassen zum heutigen Tal ausgeschwemmt wurde. Ein Glücksfall für die Forscher, die am erodierenden Talhang immer wieder einzelne Steinwerkzeuge und fossile Knochen von Hominiden und ihrer möglichen Jagdbeute finden.

Die Archäologen müssen eigentlich nur rückwärts lesen: Was tiefer liegt, ist in der Regel älter. Diese Technik, Ablagerungen von Erdreich, Bauwerken oder auch Abfällen in ihrer zeitlichen Abfolge zu erfassen nennt sich Stratigrafie (von lat. *stratum* = Ablagerung, Schicht). Für die Geologie hatte schon 1669 der schwedische Forscher Niels Stensen festgestellt: bei Gesteinsschichten, die im Laufe der Zeit aufgeschichtet wurden, liegt das ältere unten und das jüngere oben. Für die humane Spuren hatte der Amerikaner Thomas Jefferson (späterer Präsident der USA) im 18. Jahrhundert die Schichtung eines mehrfach genutzten Grabhügels in Virginia genau erkundet und dokumentiert. Doch diese Methode breitete sich in der Archäologie nur zögerlich aus, weil es hier meist komplizierter zugeht: Die von Menschen erzeugten Schichten sind vielfach verschoben und ineinander gewoben – beispielsweise durch Gräben, Abfallgruben und das Einplanieren aufgegebener Bauwerke. So können die Archäologen beispielsweise im Hügel von Troja 46 einzelne Bauschichten voneinander unterscheiden – wir kommen noch darauf zurück.

KAPITEL 2

Wer hat diese Riesensteine angeschleppt?

*Was mit den antiken Bauwerken geschah,
die weithin sichtbar blieben*

Seit nicht einmal 200 Jahren werden die Bauwerke und Gräber untergegangener Kulturen wissenschaftlich erforscht – doch viele von ihnen stehen schon seit Jahrtausenden in der Landschaft. Schon die Griechen des klassischen Altertums hatten überall in ihrem Land Festungen unbekannter Vorfahren vor Augen. Und über ganz Nordeuropa verteilten sich merkwürdige Bauwerke aus großen Steinen, die aus noch weiter zurückliegenden, grauen Vorzeiten stammten.

Wie verhielten sich die Menschen, die sich in der Umgebung dieser Bauwerke niederließen und über Jahrtausende dort siedelten? Haben sie die Megalithbauten bewundert und bewahrt? Haben sie die Felsenburgen verachtet und als Materiallager für ihre eigenen Bautätigkeiten benutzt? Oder haben sie die Bauwerke einfach links liegen gelassen?

Im Falle der Großsteinbauten in Nordeuropa konnten die Menschen schlecht über sie hinweg sehen. Dazu waren sie erstens einfach zu groß und zweitens waren es zu viele. Noch bis vor rund 200 Jahren standen Tausende von Megalithbauten (griechisch: *megas* = groß, *lithos* = Stein) in den Landschaften West- und Nordeuropas, von Irland über Großbritannien,

Mit seinem sieben Meter breiten und fünf Meter langen Deckstein erinnert der »Heidenopfertisch« bei Wildeshausen tatsächlich an einen von Tragsteinen gestützten Tisch.

Frankreich, Holland, Deutschland bis nach Dänemark, Schweden und Polen. Sie thronten an zentralen Stellen, auf Hügeln und an Flussufern und dienten lange Zeit als wichtige Wegmarken. Wie das gewirkt haben muss, kann man heute noch südwestlich von Oldenburg erfahren: In und um Wildeshausen herum stehen noch 33 solcher Megalithbauten so dicht beieinander, dass man bequem von einem zum anderen spazieren kann. Doch man bleibt vor jedem Einzelnen dieser uralten Bauwerke staunend stehen und fragt: Wie haben die das damals gemacht? Denn die verschiedenen Varianten der Megalithen wurden in Nordeuropa fast immer aus Findlingen erbaut – tonnenschweren Steinen, die von den Gletschern der Eiszeiten über ganz Nordeuropa verteilt wurden. Eine einfache Grabkammer aus Stein für die Verstorbenen und ihre Beigaben (meist ihr Schmuck und Proviant für die Reise ins Jenseits) war beispielsweise der sogenannte Heidenopfertisch. Dieser Dolmen (das bedeutet wörtlich »Steintisch«) besteht aus einem gewaltigen Deckstein (der »Tischplatte«), der von Tragsteinen vorn, hinten und an den Seiten (den »Tischbeinen«) gestützt wird. Die viel aufwendigere Form ist ein sogenanntes Hünenbett, das aus einer ovalen Umwallung von Findlingen besteht, die bis zu 100 Meter lang sein kann und eine oder mehrere Grabkammern im Inneren aufweist – wie die Hünenbetten Kleinenkneten I und II. Von Grab II stehen heute noch Umwallung und Grabkammern, die jedoch nur das von Regen und Wind freigelegte steinerne Gerippe des einstigen Bauwerks bilden. Denn fast alle Großsteingräber waren nach ihrer Vollendung von Erdhügeln bedeckt. In diesem Zustand wurde das Grab I zurückversetzt, indem die Archäologen das umliegende Erdreich wieder über die Umwallung aufgetürmt haben.

Die wahren Flintstones – jungsteinzeitliche Megalithkulturen

Nicht kleckern, sondern klotzen – hieß die Devise in der Jungsteinzeit. Von der Atlantikküste Westeuropas über Nordeuropa bis in den westlichen Mittelmeerraum reicht das Gebiet, in dem die Menschen zwischen 4800 und 2000 v. Chr. Hünen- oder Großsteingräber errichteten – sogenannte Megalithanlagen (griechisch: *megas* = groß, *lithos* = Stein). Es gibt verschiedene Ausführungen: Menhire (lange, aufrecht gestellte Steine), Grabhügel, Steinkreise, Steinreihen oder Dolmen (Kammergräber mit senkrechten Tragsteinen und einem oder mehreren horizontalen Decksteinen). Megalithplätze dienten als Bestattungsorte, Kultanlagen und Opferplätze oder einfach als Markierung des Siedlungsgebietes. Allen gemeinsam ist: Ihren Bewohnern waren Metalle noch unbekannt – deshalb gehören sie in die letzte Phase der Steinzeit. In dieser Jungsteinzeit (Neolithikum) wurden die Menschen sesshaft und begannen Ackerbau und Viehzucht zu betreiben.

Von diesen gewaltigen Bauwerken geht etwas Bedrohliches aus, sie machen uns klein und hilflos. Wir können nicht einmal den kleinsten ihrer Steine zum Wackeln bringen. Nicht umsonst werden sie bis heute Hünengräber und Hünenbetten genannt, also Betten und Gräber von Hünen, Riesen. Denn sie sind so groß, dass Riesen darin hätten bestattet werden können. Der ehemalige Kreisarchäologe von Rotenburg an der Wümme, Wolf-Dieter Tempel, erzählte mir einmal von einer Begegnung in den 1960er-Jahren mit einem Bauern, der in der Nähe eines Großsteingrabes wohnte. Der war fest davon überzeugt, dass in der 8,5 Meter langen Grabkammer Riesen bestattet worden seien – schließlich hatte sein Großvater dort einen Zahn gefunden, der 10 Zentimeter lang war. Der konnte nur von einem Riesen stammen!

Im Mittelalter wurden unzählige Legenden erzählt, wie die Gräber einst entstanden – wie beispielsweise über das Großsteingrab bei Sassnitz auf Rügen, an dessen westlichem Ende zwei große Ecksteine stehen: es war in den Augen der Einheimischen das Grab zweier Riesenkinder, die im nahe gelegenen See ertranken.

So dachten nicht nur einfache Bauern, sondern auch gebildete Menschen noch bis ins 17./18. Jahrhundert hinein, wie der Bentheimer Forscher und Theologe Johan Picardt: »Sicher ist es, dass diese Steindenkmäler nicht von Menschen unserer Gestalt und auch nicht von Einheimischen errichtet wurden. Diese besaßen nicht die Kraft und die Handfertigkeit, solche gewaltigen Prachtbauten zu errichten, auch hatten sie keine Maschinen oder Instrumente, um solche schweren Steine von weither durch unwegsames Gelände zu transportieren und schließlich übereinander zu stapeln, da diese Steine sehr groß und schwer waren … Sie sind alle zusammen Begräbnisplätze von grausamen und barbarischen Riesen, Hünen oder Giganten, den Nachkommen von Menschen schrecklicher Gestalt, riesigen Kräften und tierischer Wildheit, die weder Gott noch die Menschen gefürchtet haben, die nur geboren waren zum Unglück des menschlichen Geschlechts.«

Und ganz ähnlich wie die Herkunft unserer Großsteingräber erklärten sich auch die alten Griechen die Entstehung ihrer

Kyklopenmauern. Über einhundert verlassene Felsenburgen verteilten sich über Anhöhen im südlichen Griechenland – keine davon war jedoch mit der Zitadelle von Mykene vergleichbar.

»Schachtgräberrund A« – so nüchtern benannten Archäologen das auffällige Bauwerk in Mykene, in dessen Tiefen Schliemann seine »Maske des Agamemnon« fand.

Herrschersitz im Zeichen der Löwen

Auf der Atlas-Karte scheint die zerklüftete Peloponnes-Halbinsel wie ein großes tropfendes Dreieck unter dem griechischen Festland zu hängen. Ganz im Südwesten dieses gebirgigen Dreiecks hat sich ein besonders breites Tal zwischen die Berge geschoben, das sich trichterförmig zum Meer hin öffnet. Am Ausgangspunkt dieses Trichter-Tals thront auf einem Felsvorsprung die Festung von Mykene. Dreimal war ich bisher in Mykene und jedes Mal imponierte mir diese Stätte aufs Neue. Selbst beim ersten Mal, als ich über das sture Fakten-Nachbeten meiner Lehrer so erbost war. Dieses Gefühl des Überwältigt-Seins kam vielleicht schon daher, dass wir alle kurz vor einem Sonnenstich standen, als wir den steilen Weg zur Festung in der heißen Mittagszeit erklommen. In allen Reiseführern steht dick und fett: Kommen Sie nur morgens oder abends! Doch fast immer steht man mittags oder nachmittags dort in der mörderischen Hitze ohne die geringste Aussicht auf Schatten. Morgens schafft man es nicht, weil sich die Anreise über die gewundenen Bergstraßen immer länger hinzieht, als man denkt. Und abends kommt man nicht herein, weil die letzte Einlasszeit für die griechischen Antiken Staaten auch in der Sommerzeit 19 Uhr beträgt.

Heute wie einst erstreckt sich diese Festungsanlage über eine Fläche, die mit rund 30 000 Quadratmeter größer ist als 4 Fußballfelder, und wird von einer an abschüssigen Stellen bis zu 17 Meter hohen Mauer aus gewaltigen Kalksteinblöcken umgeben. Tonnen von Gestein – wie mit einer maschinellen Steinsäge in Quader zerschnitten und wie mit einem Schwerkran auf den Berg und an die richtigen Stellen platziert. Doch wie konnten Menschen ohne unsere heutigen Hilfsmittel ein solches Bauwerk hoch oben auf einer Berghöhe errichten? Der Zugang zur Burganlage erfolgt immer noch durch das berühmte »Löwentor«, das in die hohe Festungsmauer eingelassen ist. Zwei riesige Steinquader an den Seiten stützen einen über 20 Tonnen schweren Querbalken, in dem zwei Löwen, die sich zur Rechten und Linken einer Säule aufrichten, eingemeißelt sind. Gleich hinter dem Tor liegt auf der rechten Seite das bemerkenswerteste Bauwerk der mykenischen Burg, das den höchst nüchternen Namen »Schachtgräberrund A« trägt. Es handelt sich um einen 27,5 Meter breiten Kreis, der von zwei Ringen aus geglätteten Sandsteinen umrandet ist. Hier fand Heinrich Schliemann 1876 unter sieben Metern Schutt Gräber mit wertvollsten Beigaben – darunter ein ovales Goldblech, das einem Gesicht nachgeformt wurde. Schliemann erklärte es sofort zur Totenmaske des legendären Agamemnon, der die griechischen Schiffe gegen Troia geführt hatte – seitdem hat die Totenmaske ihren Namen, als wäre er eingebrannt. Obwohl immer wieder daran gezweifelt wird, ob Agamemnon tatsächlich gelebt hat.

Mykenische Kultur

Im Laufe des 16. Jahrhunderts v. Chr. entstanden überall auf der Peloponnes autonome Lehnswesen, die Zitadellen errichteten und Bündnisse bildeten. Häuptlinge oder Fürsten herrschten mit ihrer Familie über den Rest der Gemeinschaft. Überreste solcher Festungen gibt es noch im benachbarten Tiryns und Pylos, aber auch im entfernten Athen. Die größte – Mykene – konnte im 15. Jahrhundert v. Chr. ihre Macht weit über die ganzen Halbinsel ausdehnen und die von einem Erdbeben geschwächten Minoer unterwerfen. Gleichzeitig übernahmen sie deren wichtiges Knowhow – so passten sie die minoische Schrift ihrer Sprache an (aus der Linear-A wurde die Linear-B-Schrift). Die mykenischen Fürstentümer übernahmen auch das minoische Handelsnetz – das beweisen die kostbaren Beigaben der Fürstengräber: das Gold für den Schmuck stammt aus dem Karpatenraum, die Bronze für die Waffen aus Mesopotamien und der Bernstein aus dem Ostseeraum.

Und nach dem Vorbild der Minoer ließ der König von Mykene auf seinem Burgberg eine großartige Palastanlage errichten, deren Mittelpunkt ein buntbemalter Festsaal bildete, dessen hohe Decke von dicken Säulen getragen wurde, die im Zickzack-Stil bemalt waren. Anders als auf Kreta wurde die Palastanlage von der bis zu acht Meter dicken Kyklopenmauer umbaut.

Um 1100 v.Chr. wurde die Burg von Mykene zerstört und nicht wieder aufgebaut, vermutlich durch ein Erdbeben und anschließende Feuersbrünste. Ganz Griechenland versank für rund 400 Jahre in einen Dornröschenschlaf.

Schon die Griechen der klassischen Antike (500–300 v. Chr.) brachten Mykene mit den Homerschen Helden »Agamemnon und Kumpane« in Verbindung. Eigentlich hätten die neugierigen Griechen zu Archäologen werden können, schließlich stammt das Wort »Archäologie« aus dem Griechischen: »Archäo-logos« oder »Archai-logeia« und heißt so viel wie »Lehre von den Anfängen« oder »Altertumskunde«. Außerdem gilt die klassische Antike als die Geburtsstätte der abendländischen Lebensweise: die Griechen wohnten in Stadtstaaten wie Athen und wurden zumindest teilweise demokratisch regiert. Sie gingen abends ins Theater und mit ihren Wehwehchen zum Arzt. Die Schlauesten von Ihnen fragten danach, warum die Welt so ist, wie sie ist. Und sie wollten auch schon wissen, wer und was vor ihnen war. Hätten die neugierigen Griechen die Mauern von Mykene untersucht, wären sie wahrscheinlich auch auf die Gräber gestoßen. Doch sie sahen die Burgen und hatten die Legenden ihrer Helden im Kopf – und sogleich verknüpften sich A und B zu C: Die Helden, die solche Burgen bauen konnten, mussten Riesen gewesen sein! Oder waren es doch die Kyklopen, denn die gewaltigen Wehranlagen werden »Kyklopenmauern« genannt? Kyklopen (oder auch Zyklopen) sind in der griechischen Mythologie Halbgötter von riesenhafter Gestalt mit nur einem Auge im Gesicht. Sie haben Zeus zur Macht verholfen und schmieden ihm weiter seine Blitze, mit deren Hilfe er über die Welt herrscht. Deshalb hat Zeus dafür gesorgt, dass sie nicht arbeiten müssen. Das wiederum hat dazu geführt, dass sie rachsüchtig wurden und verdummten – das eine Auge deutet darauf hin. Heute würden wir sagen: Kampfroboter mit dem Steuerungschip eines Dampfbügeleisens.

Burgen bronzezeitlicher Fürsten

Die heutigen Archäologen dagegen untersuchen Gräber wie die von Schliemann entdeckten, die eindeutig von den Mykenern angelegt wurden – sie verraten einiges über die damaligen Menschen und ihre Zeit. Die Mykener waren zwar keine Riesen, doch die in den Schachtgräbern geborgenen Skelette von 19 Menschen (8 Männer, 9 Frauen, 2 Kinder) waren lang und stark. Dazu die reichen Beigaben an Schmuck und vor allem die vielen Waffen aus Bronze – hier lag eine Elite von Kriegern begraben, die diese Gemeinschaft einst anführte. Die Festungsstadt Mykene war also das genaue Gegenteil einer Gesellschaft von Gleichen: Häuptlinge oder Fürsten herrschten mit ihrer Familie über den Rest der Gemeinschaft. Außerdem fanden die Forscher heraus, dass Schliemann sich geirrt hat, denn die Gräber sind viel zu alt für Agamemnon und den Trojanischen Krieg. Sie stammen aus der Zeit 1600–1500 v. Chr. – in diesem Jahrhundert entstanden überall auf der Peloponnes und in einigen Regionen auf dem griechischen Festland eigenständige Fürstentümer, die im Zentrum ihrer Herrschaftsgebiete Burganlagen wie die von Mykene errichteten. Überreste solcher Festungen gibt es noch im benachbarten Tiryns und Pylos, aber auch im entfernten Athen.

Doch die Mykener waren nicht allein. Zu dieser Zeit gab es schon eine Hochkultur auf Kreta, die sich zeitweise bis auf die Peloponnes erstreckte: die minoische Kultur. Die Minoer waren um 3100 v. Chr. aus dem Nahen Osten eingewandert, trieben Handel im gesamten östlichen Mittelmeerraum, besaßen Schmuck und Waffen aus Bronze, bauten große bunte Palastanlagen und entwickelten eine eigene Schrift (die sogenannte Linear-A-Schrift). Doch um 1450 v. Chr., nachdem ein Erdbeben die Minoer geschwächt hatte, wurden sie von den Mykenern unterworfen. Gleichzeitig übernahmen diese wichtiges Knowhow von den Minoern; so passten sie die minoische Schrift ihrer Sprache an (aus der Linear-A- wurde die Linear-B-Schrift).

Die mykenischen Fürstentümer übernahmen auch das minoische Handelsnetz, das beweisen die kostbaren Beigaben der Fürstengräber: das Gold für den Schmuck stammt aus dem Karpatenraum, die Bronze für die Waffen aus Mesopotamien und der Bernstein aus dem Ostseeraum. Sie übernahmen auch die Palastkultur der Minoer – doch wozu umgaben sie ihre Herrschersitze mit bis zu acht Meter dicken Mauern, fragen sich die Forscher. Denn um die Anhöhe gegen Feinde zu verteidigen, die bestenfalls mit Pfeil und Bogen, Schwert und Lanze bewaffnet waren, hätte auch eine viel bescheidenere Verteidigungsanlage gereicht. Die einzig mögliche Antwort: Die Mauer sollte vor allem die eigenen Untertanen einschüchtern! Doch war es viel aufwendiger, die Kyklopenmauern in Griechenland zu errichten als die Großsteingräber in Nordeuropa. Da es keine Findlinge gab, musste das Gestein aus den massiven Bergen geschlagen, auf die Anhöhe transportiert und dort zu hohen Mauern aufgeschichtet werden. Eine echte Sklavenarbeit! Und genau das war es auch: Sklavenarbeit! Nachdem die Forscher gelernt haben, die Linear-B-Schrift zu entziffern, lässt es sich sogar nachlesen. Die Mykener nutzten ihre Schrift nämlich vor allem für die fürstliche Buchhaltung:

Soundso schuldet uns noch so viel Getreide und so viele Schafe! Nach dem letzten Kriegszug verfügen wir über genau soundso viele Sklaven, die wir nun zum Bau der Festungsmauer einsetzen.

Sklavenhaltung und Einschüchterung? Passt das zum edlen Agamemnon, der zehn Jahre vor Troja ausharrte, nur um die Ehre seines kleinen Bruders zu retten? Was Agamemnon betrifft, spalteten sich die Forscher in zwei Lager: Die einen sagen, Agamemnon sei nur eine mythische Gestalt, einer Dichtung entsprungen wie King Kong – er hat nie gelebt. Die anderen sind etwas vorsichtiger: Legenden wie König Artus oder Agamemnon bergen möglicherweise einen historischen Kern. Im Fall von Agamemnon: Höhepunkt und Untergang der mykenischen Welt. Denn die Geschichte vom Trojanischen Krieg passt genau in die Geschehnisse der späten Bronzezeit: Um 1250 v. Chr. wurde tatsächlich die damalige Stadt Troja zerstört. Ägyptische Hieroglyphen-Texte berichten von einem Ansturm der »Seevölker« (bis heute rätselt man, wer das war), die den friedlichen Handel im östlichen Mittelmeerraum beendeten.

Etwas später ging auch die mykenische Welt unter. Um 1100 v. Chr. wurde die Burg von Mykene zerstört und nicht wieder aufgebaut, vermutlich durch ein Erdbeben und anschließende Feuersbrünste. Ganz Griechenland versank für rund 400 Jahre in einen Dornröschenschlaf. Doch die Kyklopenmauern und das Löwentor überdauerten diese Phase. Und die ganze Zeit über wurden die Geschichten von Agamemnon und Odysseus am Lagerfeuer erzählt – jeder, der einmal »Stille Post« gespielt hat, weiß wie sehr sich die Dinge bei jeder mündlichen Weitergabe verändern. Aus dem mykenischen Kriegerfürsten und Sklavenhalter Agamemnon wurde ein Held, ein Titan an Männlichkeit und Ehre. Es war schließlich ein blinder Dichter, der die ganzen »Stille-Post«-Geschichten sammelte. Homer lebte in einer griechischen Kolonie rund 200 Kilometer südlich von Troia. Als die Griechen ab 800 v. Chr. sich in Stadtstaaten wieder aufrappelten und anfingen, den Mittelmeerraum zu kolonialisieren, hatten sich die Erzählungen über die mykenischen Fürsten zu Heldenlegenden verklärt.

Nichts als Mythen und Legenden? Ganz so stimmt es nicht, es hat auch schon Ausgrabungen in dieser Zeit gegeben. Ende des 5. Jahrhundert v. Chr. tobte zwischen den Griechen ein Bürgerkrieg, den der Feldherr und Historiker Thukydides in seiner »Geschichte des Peloponnesischen Krieges« beschreibt. Darin behauptet er auch, dass vor der Zeit des Troianischen Krieges Phönizier und Karer die Ägäis bewohnt hätten. (Das Volk der Karer lebte im Südwesten der Türkei, die Phönizier im Libanon.) Sein Beweis: Als die Insel Delos von den Verwüstungen durch die Kriege gereinigt wurde, enthielt die Hälfte der Gräber Rüstungen und Grabbeigaben karischer Herkunft. Diese Beweisführung ist eindeutig archäologisch, denn Thukydides führt materielle Fakten für seine Argumente an (auch wenn wir heute wissen, dass diese Zuordnung falsch war). Trotzdem war Thukydides kein Archäologe – warum nicht? »Es handelt sich bestenfalls um zufällige Funde«, urteilt der Archäologe Johannes Bergemann. »Und man hat sich nicht dafür interessiert, wann eigentlich die merkwürdigen Gegenstände entstanden sind. Zudem werden sie nicht gesammelt und ins Museum gestellt.« Die Funde wurden folglich nicht genau dokumentiert und gesammelt, es erfolgte keine zeitliche Zuordnung. Vor allem jedoch: Die Funde blieben zufällig, die Griechen setzten das Graben nicht als Instrument der Wahrheitsfindung ein – sie waren noch keine Detektive der Vergangenheit. Richtig munter wurden die alten Griechen nur, wenn sie meinten, Beweise für ihre Mythen gefunden zu haben. Beispielsweise wenn hin und wieder riesige Knochen in der Nähe mykenischer Burgen gefunden wurden (heute nimmt man an, dass sie wahrscheinlich von urzeitlichen Tieren wie Mammuts oder von Walen stammten). Den Griechen jedoch wurde so endgültig klar: Ihre Vorfahren waren nicht nur charakterliche, sondern auch körperliche Riesen, sie selbst dagegen waren verweichlicht und geschrumpft. Sie konnten nur einer angeblichen viel besseren Vergangenheit hinterhertrauern und diese in Heldengesängen verehren …

Die Stahlskulptur im Steingarten von Hösseringen erinnert an die Sagen von »Hünen«gräbern, die von Riesen errichtet wurden.

Grenzmarken oder Geisterhäuser?

Kyklopen in Griechenland und Riesen in Nordeuropa – heute können wir uns leicht hinstellen und sagen: Alles Humbug, es gab nie Riesen. Doch zweifelsfrei bewiesen hat das erst die wissenschaftliche Forschung der letzten 150 Jahre. Skelette, die in noch verschlossenen Hünengräbern lagen, beweisen nicht nur, dass die Dolmen und Hünenbetten in Nordeuropa eindeutig Grabanlagen waren, sondern sie bezeugen auch, dass die Bestatteten normale Menschen waren, keine Riesen. Und die große Anzahl der Knochen zeigt: in den Großsteingräbern wurden viele Menschen gemeinsam beigesetzt. D. h. sie lebten in einer Gesellschaft, in der alle gleich waren und noch kein Häuptling oder Fürst über die anderen herrschte. Der Großteil der Hünengräber und -betten wurde noch in der Jungsteinzeit erbaut (4800–2000 v. Chr.), zu einer Zeit, als die Menschen in Nordeuropa dazu übergingen, Ackerbau und Viehzucht zu betreiben. Dazu mussten sie die Wälder abholzen und den Boden bearbeiten – und irgendwie gehörten auch die Großsteingräber dazu.

Einige Forscher sagen: Die Megalithbauern haben damit ihr Territorium markiert. Andere Forscher gehen weiter: Die Gräber wurden so in die Landschaft gesetzt, dass die guten Geister der Verstorbenen über das Land wachen und für dessen Fruchtbarkeit sorgen konnten. Und wieder andere Forscher sagen: Die Großsteingräber wurden so abseits der Siedlungen errichtet, dass die unheilvollen Kräfte der Verstorbenen gerade nicht mit den Kräften der Lebenden in Berührung kamen. Tatsache bleibt: Die Megalithgräber wurden an besonderen Stellen errichtet und nicht einfach dort, wo genug Findlinge herumlagen. Und die Megalithbauern waren in der Lage, mit einfachen Mitteln Großsteingräber zu bauen – das haben die Archäologen in Experimenten nachgestellt. Auf Schlitten oder über rollende Baumstämme wurden vor allem Findlinge herbeigeschafft. Mithilfe von langen Holzhebeln aus dünnen Baumstämmen konnten sie die Findlinge leicht anheben und über Rampen wurden Decksteine in die Höhe gezogen.

Das muss ja endlos lange gedauert haben, oder? Für den Bau von Kleinenkneten I haben die Archäologen den zeitlichen Aufwand genau errechnet: 1400 Stunden waren nötig, um Rohstoffe zu gewinnen wie Geröll aus kleinen Steinen, das in die Lücken der Großsteine gestopft wurde. 74 490 Arbeitsstunden dauerte der Transport der Materialien, vor allem der Findlinge, aber auch das Heranschaffen der Erde, mit welcher der Hügel über dem Steingrab errichtet wurde. Dagegen erforderte der eigentliche Bau der Grabanlage nur etwa 33 160 Stunden. Macht alles zusammen: ungefähr 110 050 Arbeitsstunden. 100 Personen – so viel Arbeitsfähige gab es vermutlich in den Dorfgemeinschaften der Gleichen – konnten das bei 10-Stunden-Schichten in rund dreieinhalb Monaten leisten. Die Archäologen haben außerdem Beweise dafür gefunden, dass viele Großsteingräber auch nach der eigentlichen Megalithzeit weiter für rituelle Zwecke genutzt wurden: Etliche Bestattungsreste in den Grabkammern stammen aus der Bronzezeit ebenso wie sogenannte Opferschalen, kleine Näpfe, die in die Megalithsteine geschlagen wurden.

Das Christentum ließ im Mittelalter einerseits etliche heidnische Plätze zerstören, andererseits instrumentalisierte es viele Megalithbauten für die eigene Religion. So wurde aus der Spitze des acht Meter hohen Menhir von St.-Duzec in der Nordbretagne ein Kreuz geschlagen. Den sieben Meter hohen Menhir des hessischen Dorfes Langenstein (der Name des ganzen Dorfes leitet sich von dem »langen Stein« ab) ließen die Geistlichen in die Kirchmauer einbauen. Trotzdem behielten viele Großsteingräber ihren Platz im Brauchtum der einfachen Leute, wie beispielsweise »Visbeker Braut und Bräutigam«. Über 104 Meter erstreckt sich die Umwallung des im Volksmund »Visbeker Bräutigam« genannten Hünenbettes, in dem die knapp zehn Meter lange Grabkammer ruht. In Länge und Art entsprechend befindet sich ein zweites Hünenbett rund vier Kilometer weiter nordwestlich, das folglich zur »Visbeker Braut« erklärt wurde. Der Sage nach fanden Braut und Bräutigam nie zusammen. Denn die Braut soll ihren von den Verwandten auserwählten Bräutigam so gehasst haben, dass sie sich wünschte: lieber will ich zu Stein erstarren, als die Ehe zu vollziehen. Und wie es in Legenden so geht, prompt wurde der Wunsch erfüllt! Hintergrund dieser Sage ist vermutlich der Brauch, Hochzeitszeremonien an den Steingräbern abzuhalten. Warum dort? Dolmen und Hünenbetten wurden als das Werk von Riesen, Zyklopen oder gar teuflischen Mächten angesehen. Doch diese verfügten über ungeheure Kräfte und Fruchtbarkeit, die auf die frisch Vermählten übertragen werden sollten – indem sie ihre Lenden an den Steinen rieben.

Römisches Karthago – die wieder aufgerichteten Säulen lassen erahnen, wie groß die Thermen des Antonius Pius einst gewesen sein müssen.

Hätte das Herzogtum Oldenburg den »Visbeker Bräutigam« nicht am 24. September 1874 für 200 Goldtaler gekauft, wäre er wahrscheinlich wie viele andere Großsteingräber irgendwann in den vergangenen 150 Jahren verschwunden. Denn ab 1800 setzte eine rege Bautätigkeit in Norddeutschland ein. Es gibt allerdings keine Berge oder felsigen Untergrund, die als Steinbruch dienen könnten. So wurden große Findlinge für Kirchen und Befestigungsanlagen genutzt sowie als Mauerpfosten und Grabmale verwendet. Für die Steinfundamente der Häuser, für Brunnenschächte, Brücken und Kopfsteinpflaster mussten Steinmetze Findlinge mit Hammerwerkzeug und Muskelkraft spalten und zerkleinern. Doch irgendwann waren keine passenden Steine mehr da – nun begannen die Steinmetze, die Megalithgräber auseinander zu nehmen. Erst im März 1881 wurde dieser Raubbau unter Strafe gestellt. Doch diese Schutzmaßnahmen kamen zu spät. So stellte der Kreis Uelzen bei einer Zählung 1946 fest, dass nur noch 8 Prozent der Großsteingräber vorhanden waren, die 1846 in eine erste archäologische Karte eingetragen worden waren.

Karthago und die Prophezeiung des El-Bekri

Obwohl das antike Karthago im Jahre 698 n. Chr. von den Arabern erobert und endgültig zerstört worden war, thronte seine gewaltige Ruine das ganze Mittelalter hindurch an der nordafrikanischen Küste, nahe dem heutigen Tunis. »Wenn jemand Karthago jeden Tag besichtigen würde, stieße er jedes Mal auf ein neues Wunder, das er vorher noch nicht bemerkt hatte«, begeisterte sich gut vier Jahrhunderte später der arabische Chronist und Geograf El-Bekri und prophezeite: »Selbst wenn alle Bewohner Nordafrikas mit vereinten Kräften die Marmorblöcke wegtransportieren wollten, würden sie niemals damit fertig werden.« Doch im Jahr 1807 konnte der französische Schriftsteller François Chateaubriand nur noch enttäuscht feststellen: »Wir warfen Anker vor jenen Ruinen, die so unscheinbar waren, dass sie sich kaum vom Boden abhoben. Das also war Karthago.« Wie konnte eine der größten Ruinen-Städte der Antike im Laufe von sechs Jahrhunderten ohne eine Naturkatastrophe nahezu vollständig von der Erdoberfläche verschwinden?

Die Spurensuche führt nach Konstantinopel, zu Bauwerken wie der Haghia Sophia, zum Mailänder Dom und ins englische Canterbury. In wahrhaft großem Stil waren die Marmorblöcke aus den Trümmern Karthagos herausgebrochen worden. Ein Großteil wurde in das Osmanische Reich exportiert, um Moscheen und Paläste zu verzieren. Aber auch das Abendland ließ Karthagos Überreste bedenkenlos plündern. Zum Beispiel im 16. Jahrhundert durch den Flottenadmiral Andrea Doria, Admiral von Karl V. Er bediente sich in exzessiver Form des Marmors, der von seiner Flotte abtransportiert wurde. Diese Marmorblöcke gelangten bis ins englische Canterbury oder wurden zum Bau der Kathedralen von Pisa und Genua verwendet. Und das obwohl Karthago im 2. Jahrhundert n. Chr. zur Wiege des abendländischen Christentums geworden war, an welcher unter anderen der Kirchenvater Augustinus gelehrt hatte.

Karthago: Von Hannibal über die Römer bis zu Augustinus

Für Jahrhunderte beherrschte das punische Karthago mit seinen starken Kriegs- und Handelsflotten das westliche Mittelmeer. Es gründete im Laufe des 6. und 5. Jahrhunderts v. Chr. Kolonien in Marokko, auf Sizilien und der Iberischen Halbinsel.

Als die Römer im 3. Jahrhundert v. Chr. zu einer Weltmacht aufstiegen, kamen sich die beiden expandierenden Reiche in die Quere. Nach vier gebrochenen Verträgen bekämpften sich die Kontrahenten zwanzig Jahre lang im Ersten Punischen Krieg. Zwar konnte die römische Flotte 241 v. Chr. einen entscheidenden Sieg erringen und Karthago verlor Sizilien, doch nach kurzer Pause brach schon 218 v. Chr. der Zweite Punische Krieg aus. Nach der Überquerung der Alpen und mehreren gewonnenen Schlachten marschierte im Jahre 216 v. Chr. Hannibal mit seinem punischen Heer auf die Tore Roms zu, als er nicht mehr von seiner Heimatstadt unterstützt wurde. Bald darauf wurden die Punier in einer erneuen Konfrontation vom Feldherrn Publicus Cornelius Scipio geschlagen.

In einem dritten Feldzug schließlich belagerten die Römer die punische Hauptstadt drei Jahre lang und eroberten sie schließlich 146. v. Chr. Die Mauern und Gebäude Karthagos wurden zerstört, der Boden mit Salz unfruchtbar gemacht und das Areal mit einem Bann belegt. Doch die Römer erkannten die strategische Bedeutung dieser Stätte und gut 100 Jahre später wurde die römische Kolonie »Carthago« gegründet und im Laufe der nächsten Jahrhundert errichteten sie prächtige Paläste, ein Amphitheater und die Thermen.

Im zweiten Jahrhundert nach Christus wandelte sich Karthago zur Wiege des abendländischen Christentums, 170 n. Chr. wurde die erste lateinische Kirchengemeinde gegründet, im 3. und 4. Jahrhundert entwickelte sich Karthago zu einem bedeutenden Bischofssitz. »Ohne Tertullian, Cyprian und Augustinus würde es den abendländischen Katholizismus nicht geben«, meint der Historiker Winfried Elliger. Schließlich wurde Karthago 429 von den Vandalen erobert, von den Byzantinern zurückerkämpft und 698 – nach der Eroberung durch die Araber – endgültig aufgegeben.

Und was an Kunstwerken aus punischer, römischer und frühchristlicher Zeit in den Trümmern geborgen wurde, gelangte über Umwege in die Museen von Wien, Leiden, Madrid, London, Marseille und Krakau. Während die steinernen Überreste weiter schrumpften, wurde die Idee einer karthagischen Archäologie geboren. Zu spät?

Einer der größten, aber nicht der sichersten Tresore der Welt – die Cheops-Pyramide von Gizeh.

Unverwüstlich: Ägyptische Pyramiden und Tempel

Seit Jahrtausenden stehen die großen Pyramiden von Gizeh, Sakkara und Dahschur unübersehbar an den Ufern des Nils und im Wüstensand. Die Tempel von Theben, Edfu und Abu Simbel wurden zwar von Dünen bedeckt, aber selbst die Sandstürme der

Sahara schafften es nie, sie ganz zum Verschwinden zu bringen. Und 2000 Jahre lang versuchten Menschen, die nach dem Untergang des alten Ägypten lebten, sie zu zerstören, abzutragen und wegzuschleppen, was ihnen schön oder nützlich erschien. Die Römer, die Ägypten 30 v. Chr. zu ihrer Provinz machten, waren ganz verrückt nach Obelisken, obwohl diese Kolosse sehr schwer zu transportieren waren; 13 ägyptische Obelisken stehen noch heute in Rom.

700 Jahre später eroberten die Araber das Land und verbreiteten mit dem Schwert in der Hand die gerade neu begründete Religion des Islams. Sie waren überzeugt davon, dass ihr Gott, Allah, der Allmächtige, von dem sie keine Bilder anfertigen durften, ihnen auch befehlen würde, die Bilder anderer Gottheiten zu zerstören. So zerschlugen sie das Gesicht des Sphinx und alle anderen Götterbilder, die sie mit dem Hammer erreichen konnten. Außerdem schlugen sie die glänzenden Kalkplatten von den Pyramiden und verwendeten sie zum Bau von Moscheen und herrschaftlichen Häusern in Kairo. Wie barbarisch, denken wir heute. Doch wie verfuhren unsere Vorfahren mit den Megalithgräbern Nordeuropas?

Was passierte mit den Stätten weiter?

So sehr Karthago auch im Mittelalter und der frühen Neuzeit geplündert wurde, in einem Punkt bewahrheitete sich die Weissagung des El-Bekri: Es blieb noch genug von der römischen und der punischen Stadt übrig, um Archäologen über mehr als ein Jahrhundert zu beschäftigen. Ab Mitte des 19. Jahrhunderts gruben hier Diplomaten, Geistliche und Gelehrte. Anfangs nur in Ruinen des römischen Karthagos wie dem Amphitheater, dem Aquädukt und den Thermen des Antonius, später stießen sie dann auch im Hafenareal und auf dem Bursa-Hügel gleich neben der Kathedrale St. Louis auf Überbleibsel des punischen Karthagos.

Mykene dagegen hat die letzten dreitausend Jahre beinahe unbeschadet überstanden – vor allem deshalb, weil es wenig ökonomisch wäre, unhandliche Kyklopensteine aus einer unwirtlichen Gegend abzutransportieren, die Gestein im Überfluss aufweist.

Im nördlichen Mitteleuropa dagegen ist Steinmaterial knapp, denn es gibt keine Berge oder felsigen Untergrund, die als Steinbruch dienen könnten. Trotzdem wurden bis ins 19. Jahrhundert hinein Megalithbauten nur abgerissen, wenn sie den Ackerbau störten oder wenn die Steine zum seltenen Bau gewaltiger Fundamentmauern benötigt wurden. Dann jedoch setzte eine rege Bautätigkeit in Norddeutschland ein: Die meisten Häuser erhielten mindestens Steinfundamente, Brunnenschächte und Brücken wurden ausgemauert, große Findlinge für Kirchen und Befestigungsanlagen für Grab- und Denkmale verwendet. In der Ausstellung »Steinreiche Heide« des Museumsdorfes Hösseringen lässt sich anhand von Steinmaterial, Originalwerkzeugen und historischen Fotos die aufwendige Arbeit der Steinmetze und Pflasterer nachvollziehen: Transportieren, Spalten, Zerkleinern und Verlegen der Steine.

Diese »industrielle« Verwendung der Findlinge führte dazu, dass gegen Mitte des 19. Jahrhunderts kaum noch große Steine verfügbar waren – wohl oder übel griffen die Steinmetze auf Megalithgräber zurück. »Staatseigentum« musste sogar weithin sichtbar in den Frontstein eines der verbliebenen Ganggräber der sogenannten Königsgräber von Hassel eingemeißelt werden, um es vor Zugriff zu schützen. Denn erst im März 1881 wurde die Zerstörung unter Strafe gestellt, doch da kamen diese Schutzmaßnahmen vielerorts zu spät. So stellte der Kreis Uelzen bei einer Zählung 1946 fest, dass nur noch acht Prozent der Großsteingräber existierten, die 1846 in eine erste archäologische Karte eingetragen worden waren. Erst langsam setzte ein Umdenken ein und die Denkmalschutzmaßnahmen begannen zu greifen. Die reich gewordenen Industrieländer Nordeuropas konnten und wollten es sich nun leisten, die Bauwerke vergangener Epochen zu erforschen und zu restaurieren. Die Wurzeln dieser toleranten Einstellung zu vergangenen Kulturen liegen in der Aufklärung: Zu dieser Zeit wurde die klassische Literatur wieder gelesen. Gleichzeitig wurden zentrale Quellen wie die Bibel auf ihre historische Wahrheit hinterfragt.

In Ägypten schließlich konnten all die geschilderten Plünderungen und Zerstörungen der Bausubstanz der Pyramiden und Tempel wenig anhaben. Der im 19. Jahrhundert einsetzenden industriellen Revolution standen mit ihren von Dampfmaschinen betriebenen Werkzeugen ganz andere Möglichkeiten zur Verfügung, doch genau zu dieser Zeit erwachte das allgemeine Interesse an den antiken Stätten. Verschüttete Tempel, Grabkammer und Pyramideneingänge wurden freigelegt – wozu? Um zunächst kleine Statuen, Grabbeigaben und Mumien kistenweise in die Museen der europäischen Hauptstädte zu schaffen, dann folgte der Abtransport riesiger Kolossalstatuen und Obelisken. Erst gegen Ende des 19. Jahrhunderts begannen die Ägypter ihre Altertümer zu schützen.

Teil II

Die goldenen Zeiten der Archäologie und ihre größten Legenden

KAPITEL 3

Wer verdient die Auszeichnung »Erster Archäologe«?

Verheerende Griechenlandliebe von den Römern bis zu den Päpsten des 18. Jahrhunderts

Ob Frühling, Sommer, Herbst oder milder Winter – egal zu welcher Jahreszeit: Tausende Touristen strömen heutzutage wie autonome Roboter täglich zu den antiken Stätten Roms. Allen voran zum Kolosseum, der antiken Kampfarena, in der Gladiatoren um Freiheit oder Tod rangen, in deren riesigem Wasserpool ganze Seeschlachten nachgestellt wurden und in welcher sich die Römer daran ergötzten, wie die ersten Christen als Löwenfutter dienten. Doch besucht werden auch die weitläufigen Märkte des Kaisers Trajan, der Palatin, auf dem zahlreiche Villen und Paläste großer Herrscher noch weitgehend erhalten sind sowie das Pantheon, das älteste Kuppelgewölbe des Abendlandes. Und das Forum Romanum. Von den römischen Heiligtümern und Prachtbauten, die sich einst hier aneinanderreihten und die im Mittelalter vollkommen unter Schlamm und Schutt begraben waren, haben die Archäologen in den vergangenen 250 Jahren eine erstaunliche Anzahl an Ruinen freigelegt.

Wer verdient eigentlich die Auszeichnung »Erster Archäologe der Welt«? Und wann fing dieser ganze Rummel um die antiken Stätten an? Das Reisen auf den Spuren untergegangener Kulturen

Vom einstiegen Zeustempel in Olympia, einem der Sieben Weltwunder, konnten die Archäologen das gewaltige Fundament und bergeweise Säulentrommeln freilegen.

begann nicht erst mit dem Massentourismus der 1960er-Jahre, auch nicht mit den gut betuchten Bildungsbürgern vor 200 Jahren, sondern schon vor ungefähr 2000 Jahren. Rom war damals jedoch nicht das Ziel, sondern der Ausgangspunkt der ersten großen Touristenströme, die bis nach Kleinasien und Ägypten, vor allem jedoch nach Griechenland führten.

Wie Athen, Olympia und die anderen Stätten in Griechenland im 2. Jahrhundert n. Chr. aussahen, wissen wir heute vor allem dank einer Person, die länger und genauer hinschaute als alle anderen, und das Gesehene aufschrieb. Haben wir es hier vielleicht schon mit einem echten Archäologen zu tun?

Erster Kandidat für die Auszeichnung »Erster Archäologe«: der Römer Pausanias. Pausanias »Beschreibungen Griechenlands« ist der einzige antike Reiseführer, der vollständig überliefert wurde. Dagegen wissen wir über seine Person relativ wenig und auch das nur aus zweiter Hand. Pausanias wurde als Adliger in Kleinasien geboren und lebte ungefähr von 110 bis 180 n. Chr. In seinem Reisebericht, der im Original »Periegesis« heißt, lädt er die

Leser zu einer Rundreise durch die interessantesten Kulturstätten Griechenlands ein – mit Erfolg. Viele römische Touristen hatten Pergamentrollen mit seinen Reisebeschreibungen im Gepäck.

Zu dieser Zeit befand sich das Römische Reich auf dem Höhepunkt seiner Macht: Im 1. und 2. Jahrhundert n. Chr. hatte Rom sämtliche Länder unterworfen, die ans Mittelmeer grenzen, dazu noch Frankreich und Teile von Deutschland und den Britischen Inseln. Die Römer nannten ihre Herrschaft »Pax Romana« (»Römischen Frieden«). Der Tourismus konnte entstehen: Der starke Staat garantierte Sicherheit in seinen Provinzen, ein gut ausgebautes Verkehrsnetz sorgte für bequemes Reisen, viele Römer verfügten über eine größere Reisekasse und eine kleinere Portion Langeweile. Außerdem lag direkt vor der Haustür ein unterworfenes Land mit großer kultureller Vergangenheit: Griechenland. Denn seit 146 v. Chr. war das stolze Hellas römische Provinz.

Athen, die bedeutendste aller griechischen Städte, war zu dieser Zeit nur noch eine Art Freilichtmuseum, das an seine eigene glorreiche Vergangenheit erinnerte. Der römische Dichter Ovid nahm sich sogar die Frechheit heraus, Athen eine »leere Stadt« zu nennen, »von der nur noch der Name übrig ist«. Marktplätze waren Viehweiden, aus den Kornfeldern ragten die Häupter der Marmorstatuen. Nur auf dem kulturellen Sektor – beispielsweise bei Theateraufführungen – blieb Athen führend und aus dem ganzen römischen Reich kamen Interessierte, um an einer der Athener Philosophenschulen zu lernen. Doch die Haupteinnahmequelle der Athener wurde der Tourismus: sie bewirteten die reichen Römer, drehten ihnen allerlei Kitsch an und für eine größere Summe ernannte man sie sogar zu Ehrenbürgern der Stadt.

Die Römer hielten nicht viel davon, die Original-Stätten zu bewahren, nur weil sie das Original waren. Wenn ihnen Olympia, Athen oder auch Troia zu mickrig vorkam, bauten sie es kurzerhand wieder auf: schöner und größer – nach eigenem Geschmack. So erbarmten sich römische Kaiser auch der Stadt Athen: Caesar und Augustus ließen eine neue Agora (einen Marktplatz) errichten, Agrippa ein Odeion (ein kleines rundes Theater) und der Griechenland süchtige Hadrian stiftete ein Gymnasion, eine Bibliothek und ließ – 600 Jahre nach Baubeginn – einen Zeustempel vollenden.

Von Pausanias beschrieben, im 19. Jahrhundert wiederentdeckt: die Orakelstätte von Delphi.

Letztendlich jedoch waren alle Römer völlig verrückt nach griechischer Kultur – so wie wir heute nach allem lechzen, was aus den USA kommt. Dafür gibt es zahlreiche archäologische Beweise – römische Schiffswracks, deren griechische Ladung vom Grund des Mittelmeeres geborgen wurde – wie das sogenannte Wrack von Antikythera. Vor dieser kleinen Insel südlich der Peloponnes entdeckten es Schwammtauchern im Jahr 1900. Das Wrack war beladen unter anderem mit Marmor- und Bronzestatuen sowie Amphoren aus Rhodos und Kos. Anhand der Haushaltsgegenstände konnte es auf die Zeit 70–80 v. Chr. datiert werden, vermutlich war es Teil einer Kriegsbeute. In den folgenden rund 500 Jahren exportieren die Römer aus Griechenland, was nicht niet- und nagelfest war. Archäologen schätzen, dass in dieser Zeit Tausende von Schiffsladungen griechischer Statuen und Säulen, Keramik und Mobiliar von der Ägäis auf die italienische

Halbinsel transportiert wurden. Allerdings war nicht alles antik: die Griechen machten aus der Not eine Tugend – sie fertigten Teller und Vasen, die so aussahen, als stammten sie aus der glorreichen alten Zeit. Und sicherlich wurde den römischen Touristen vieles mit dem Hinweis verkauft: Echt antik, haben wir gestern erst hier ausgegraben!

Römisches Reich

9./8. Jh. v. Chr.	Erste Siedlung, der Legende nach durch Romulus
7. Jh. v. Chr.	Die Etrusker beherrschen Rom
509 v. Chr.	Vertreibung der Etrusker und Gründung der Republik
340–264 v. Chr.	Unterwerfung der Apennin-Halbinsel
264–146 v. Chr.	In drei Punischen Kriegen wird Karthago geschlagen und vernichtet. Rom kontrolliert den westlichen Mittelmeerraum
146 v. Chr.	Hellas wird römische Provinz
51 v. Chr.	Caesar unterwirft Gallien
44 v. Chr.	Caesar wird Diktator auf Lebenszeit, kurz darauf jedoch ermordet
31 v. Chr.	Rom beherrscht den gesamten Mittelmeerraum
27 v. Chr.	Beginn der Kaiserzeit mit Augustus und Ende der sozialen Unruhen in Rom
65 n. Chr.	Christenverfolgung unter Nero
284 n. Chr.	Teilung in ein West- und Oströmisches Reich
475 n. Chr.	Nach Plünderungen durch Goten und Vandalen bricht das Weströmische Reich zusammen

Pausanias hatte bereits in seiner Jugend die gesamte Mittelmeer-welt des damaligen Römischen Reiches besucht: Kleinasien, Ita-lien, Ägypten. Doch seine besondere Liebe galt Griechenland, der Heimat der homerischen Helden und der klassischen Antike. Sein Reiseführer ist nicht mit heutigen Werken vergleichbar: Ers-tens würde heute niemand mehr so viel Zeit und Sorgfalt in seine Recherche legen. Pausanias hat 30 Jahre lang immer wieder die Stätten besucht. Zweitens wollte er gar nicht unbedingt Geld da-mit verdienen. Er stammte aus vermögenden Verhältnissen, das Schreiben war eine Passion, eine Leidenschaft, ein Hobby.

Pausanias hat die klassischen Orte noch in ihrer späten Blüte er-lebt und ausführlich beschrieben. So können wir uns anhand seiner Schilderungen vorstellen, wie ein Besucher Olympia in der Spät-antike sah: Den Kern des antiken Olympias im Nordwesten der Peloponnes am Fuße des Kronos-Hügels bildete der heilige Bezirk »Altis«, was »Wäldchen« oder »Hain« bedeutet. Eigentlich war es ein friedlicher, von Platanen und Olivenbäumen gesäumter Ort. Eigentlich! Doch alle vier Jahre strömten Athleten und Wettkampf-Fans aus der ganzen griechischen, später sogar aus der ganzen rö-mischen Welt, zusammen, um hier ihre Kräfte zu messen. Rund 300 Wettkampf-Festivals gab es in der Antike des 1./2. Jahrhun-derts n. Chr., doch alle – Athleten und Zuschauer gleichermaßen – wollten zum Original, nach Olympia. Da konnte es auf der Altis schon ziemlich eng werden. Deshalb wurde in hellenistischer und römischer Zeit der Platz immer mehr von Gebäuden zugebaut, da-runter die Echohalle, mehrere Thermen, ein Gymnasium für die eifrige Jugend und etliche Villen, die sich olympiasüchtige Herr-scher hier errichten ließen – wie etwa Nero seine Villa.

Durch den Säulengang des spätgriechischen Gymnasiums geht es ins Zentrum von Olympia: Hier befindet sich das Grab des Pe-lops, des mythischen Olympia-Gründers und Namensgebers der ganzen Halbinsel – ein schlichter Erdhügel, der seit dem 5. Jahr-hundert v. Chr. von einer Mauer und einem Säulentor umfriedet wird. Nordöstlich davon reihen sich am Fuße des Kronos-Hügels die sogenannten Schatzhäuser aneinander. Sie waren von den einzelnen Städten und Kolonien der griechischen Welt erbaut worden, um kostbare Weihgeschenke und Siegestrophäen ihrer Athleten aufzunehmen. Die ganze Altis ist mit Stelen und rund 500 Statuen von Siegern angefüllt, die als Helden verehrt werden. Von ihnen erwähnt Pausanias nur diejenigen, die eine rühmliche Geschichte haben (manche haben nämlich nur durch Los gewonnen).

Das Stadion aus hellenistischer Zeit liegt etwas abseits und ist verglichen mit anderen Stadien der Antike wenig komfortabel, denn es gab keine steinernen Ränge, sondern nur Sitzmulden in der Böschung. Mit 200 Metern ist es gerade lang genug für die Hauptdisziplin: Wettlauf über ein Stadion – exakte 192,28 Meter. Anfangs war das die einzige Wettkampfdisziplin, erst später kamen der Lauf über zwei, dann über 24 Stadien sowie der Fünfkampf aus Lauf, Weitsprung, Ringkampf, Diskus- und Speerwurf dazu. In der Spätantike wurden die Spiele gekrönt durch die Wagenrennen – ein Metier für protzende Adelige. Mittelpunkt der Anlage blieb jedoch weiterhin der 457 v. Chr. fertiggestellte Zeus-Tempel. Auf seinem 27,66 x 64,10 Meter großen Fundament erhoben sich 6 x 13 elfenbeinfarbene Säulen jeweils 10,5 Meter in die Höhe. Sie trugen die darüberliegenden beiden Dachgiebel, deren Friese unter anderem das mythische Wagenrennen zeigte. Im Inneren des Tempels wartete auf Pausanias eines der Sieben Weltwunder: die 12 Meter hohe Zeus-Statue, bei deren Anblick manche in Ohnmacht fielen. Pausanias aber blieb cool und lieferte eine ganz sachliche Beschreibung: »Der Gott sitzt auf einem Thron und ist aus Gold und Elfenbein gemacht; ein Kranz liegt auf seinem Haupt, der Ölbaumzweige nachahmt. In der Rechten trägt er eine Nike, auch sie aus Elfenbein und Gold; sie trägt eine Siegerbinde und auf dem Kopf einen Kranz. In der linken Hand hält der Gott ein Zepter, das mit lauter Metalleinlagen verziert ist; der Vogel aber, der auf dem Zepter sitzt, ist ein Adler. Aus Gold sind auch die Sandalen des Gottes und ebenso sein Gewand; das Gewand ist mit Figuren und Lilien eingelegt. Der Thron ist in abwechslungsreicher Arbeit aus Gold und kostbaren

Steinen und Ebenholz und Elfenbein gemacht. Gemalte und plastische Figuren sind an ihm angebracht.«

Übrigens hat Pausanias auch die anderen sechs der Sieben Weltwunder noch in ihrer Pracht gesehen – sie lagen jedoch außerhalb des griechischen Festlandes, das er in seinem Reiseführer beschrieb. Doch für römische Touristen waren die Sieben Weltwunder, was für heutige USA-Touristen New York und die Niagara-Fälle sind: die »Musts«, die Orte, die man gesehen haben muss!

Die Sieben Weltwunder

Nur zwei der Sieben Weltwunder lagen im antiken Griechenland, nur eines auf dem griechischen Festland: Die Zeusstatue im Zeustempel von Olympia. Die zweite Stätte, die man gesehen haben muss, war der Hafen von Rhodos. Eine riesige Statue aus Bronze wies den Schiffen dort die Einfahrt. Zwei weitere Stätten lagen in Kleinasien, der heutigen türkischen Westküste: der ungeheuer große Artemis-Tempel von Ephesos und die letzte Ruhestätte des persischen Königs Mausolos in Halikarnassos, ein gigantisches Grabmal das diesem Typus seinen Namen gab (Mausoleum eben!). Nur eine Stätte lag im Nahen Osten, in Mesopotamien: Die sogenannten Hängenden Gärten von Babylon – bis heute rätselt man, wie die Bezeichnung »Hängender Garten« gemeint war. Handelte es sich um terrassenförmig angelegte Gärten oder wortwörtlich um wie Weinreben herabhängende Pflanzen? Zwei weitere Weltwunder lagen in Ägypten: Der spätantike Leuchtturm von Alexandria und die Pyramiden von Gizeh. Einige antike Autoren zählen auch den Zeus-Altar von Pergamon mit zu den Weltwundern.

Für eine Nominierung Pausanias' zum ersten Archäologen spricht: Seine gründliche Recherche (wer lässt sich schon 30 Jahre Zeit?) und seine sachliche Zurückhaltung. Doch gegen seine Nominierung spricht: Er war kein Forscher, sondern Reiseberichterstatter, als Mythen-, ja häufig sogar als Legendensammler unterwegs. So notierte er beispielsweise über den unbesiegbaren Faustkämpfer Theogenes: »Als er gestorben war, ging ein Mann, der ihn bei Lebzeiten gehasst hatte, jede Nacht zu seiner Statue und geißelte das Erz, als ob er damit Theogenes weh tue. Diesem Frevel machte die Statue ein Ende, indem sie auf ihn fiel; die Söhne des Mannes klagten die Statue wegen Mordes an.« Solche Geschichten sind schon in der Antike zu schön, um wahr zu sein. Pausanias sammelte nur, er hat nichts hinterfragt, geschweige denn Theorien überprüft, indem er nachgegraben hätte.

Einerseits raubten die Römer Griechenland aus, andererseits bewahrten sie die Kultstätten und bauten sie aus. Ganz anders verhielten sich ihre eigenen Nachfahren mit dem römischen Erbe im mittelalterlichen Rom. Gleich zweimal war das geschwächte Rom im 5. Jahrhundert n. Chr. geplündert worden: von den Goten und von den Vandalen. Der endgültige Untergang kam 475 n. Chr., als Konstantinopel zur neuen Hauptstadt wurde – rund 1000 Jahre lang zerfielen die Überbleibsel der einstigen Hauptstadt.

Tiere grasen über den Ruinen des einstigen Zentrums der antiken Großmacht Rom. »Campo Vacchano« wurde das Forum Romanum seit dem Mittelalter auch genannt – Kuhweide.

Rom im ausgehenden Mittelalter. Rom blieb durchgehend bewohnt und war auch während des Mittelalters Ziel von Reisenden und christlichen Pilgern. Doch mit Ausnahme des Vatikans gleicht die ganze Stadt einer Mischung aus Schrott- und Abenteuerspielplatz. Die Menschen erblicken hier und dort halb versunkene Ruinen, doch das Wissen über die Antike ging vor langer Zeit verloren. Zahlreiche Überschwemmungen des Stadtflusses Tiber führten dazu, dass ein Großteil der antiken Stätten von Meterdicken Schlammschichten überdeckt wurde. So bildet das Forum Romanum nur noch eine Weide, aus der vereinzelte Ruinenfragmente herausragen. Oberirdische Antiken wie das Kolosseum verfallen langsam, aber unaufhaltsam. Trampelpfade führen durch diese Ruinenlandschaft zu den Unterkünften, die die Menschen aus allerlei Materialien zusammengezimmert haben. Die Bevölkerung besteht nur noch aus einem Bruchteil der über eine Millionen Menschen, die hier in der Glanzzeit (1./2. Jahrhundert n. Chr.) lebten. Diese Menschen gehen praktisch vor: Was lässt sich weiter verwenden, was lässt sich recyceln? Metalle sind sehr begehrt. Die großen Steinquader der antiken Gebäude sind mit Metallklammern verbunden, sie werden aus den Gebäuden herausgezogen. Die Folge: Brücken und Bögen stürzen nun erst recht ein. Gleichzeitig ließ das christliche Rom die antiken Stätten weitgehend zerstören oder zu Kirchen umgestalten. Tempel, Theater und Thermen wurden zu Marmorsteinbrüchen, das Material wurde für den Bau von Kirchen verwendet. Oder noch schlimmer: Aus Marmor wurde Kalk gebrannt, den man als Baumaterial zum Binden und Abdecken benötigte. Diese Plünderungen gaben den Ruinen ihre heutige Farbe: die Ruinen des antiken Rom zeigen seitdem ihr Skelett aus rotem Ziegelstein. In der Kaiserzeit dagegen waren die öffentlichen Gebäude von weißem Marmor umkleidet – Roms Stadtkern leuchtete weiß in der Sonne.

Trajansmärkte in Rom: Weil der ganze Marmor geraubt wurde, sieht man heute fast nur die nackten Ziegelsteinskelette der antiken Gebäude.

Vom Antiquitätenjäger zum Orakel-Priester

Unser zweiter Kandidat für die Auszeichnung »Erster Archäologe« ist der Anconer Kaufmann Cyriacus Pizzicolli. Von seinen Lebensdaten ist nur bekannt, dass er um 1453 gestorben ist. Er war der erste Kaufmann und Antiquitätenhändler, der sich vom Saulus zum Paulus wandelte. Wie viele andere, durchstreifte er zunächst auf einem weißen Pferd jeden Tag die Stadt – auf der Suche nach verkaufbaren Antiquitäten. Doch im Laufe der Zeit wurde er von der Schönheit der antiken Monumente ergriffen. Er traute sich bald nicht mehr, die Gebäude zu beschädigen, um mit Gewalt an Dekor- und Frieselemente zu kommen. Doch er kannte die Skrupellosigkeit seiner Kollegen, und so machte er sich Sorgen um den Erhalt der antiken Bauwerke. Er begann, ihre Fassaden und Innenräume in Skizzen aufzuzeichnen, um die Bauwerke und ihre Grundrisse zu erfassen. Überreste, Tempel, Theater, Paläste und Thermen, herrliche Obelisken und bemerkenswerte Bögen untersuchte er, fertigte Listen an und versuchte schließlich, alles seinen Zeitgenossen zu erklären. Als Kaufmann beschränkte sich sein Tun nicht auf Rom. Er unternahm ausgedehnte Reisen entlang der italienischen Küsten und weiter bis nach Griechenland, Palästina und Ägypten. Und auch darüber verfasste er Berichte, zeichnete die Monumente und schrieb unveröffentlichte Texte und Inschriften ab.

Er käme als erster Archäologe in Frage, doch was gegen seine Nominierung spricht: Er ging nicht systematisch vor, sondern nach Lust und Laune, untersuchte die Gebäude nicht von A bis Z, sondern vor allem die, die ihm nennens- und erhaltenswert erschienen. Vor allem jedoch: Seine Notizen und Zeichnungen sind sehr ungenau. So stellt er in seiner Zeichnung des Parthenons die Marmorsäulen überdimensional hoch dar – das Gebäude geht eher in die Höhe als in die Breite – und vermittelt eine vollkommen falsche Dimension. Und schließlich gab er alle sachliche Bescheidenheit auf: »Mein Beruf ist es, die Toten aus der Hölle auferstehen zu lassen. Ich habe diese Kunst von der Priesterin des Orakels von Delphi gelernt«, so beichtete er einem Priester.

Der Kult, in Delphi mithilfe von Orakeln die Zukunft weiszusagen, war schon vor über 1000 Jahren aufgegeben worden. Doch vielleicht hatte sich Cyriacus zu lange über die Gasquellen gebeugt, die schon die griechischen Priesterinnen genutzt hatten, um in Trance zu geraten. Cyriacus war zweifelsohne etwas abgedreht. Er träumte davon, die antiken Kulturen wieder aufleben zu lassen. Pure Träumerei, denn Griechenland fiel für einige Jahrhunderte dem Osmanischen Reich zu.

Marmorpomp für Päpste

In Rom dagegen wurde mit der Renaissance im 15./16. Jahrhundert die Erinnerung an die Antike wieder wach. In der Renaissance (wörtlich: Wiedergeburt) befreiten sich die Menschen langsam aus dem beengten Weltbild des Mittelalters. Nicht mehr der christliche Glaube bestimmte die Vorstellung über die Welt, die

Natur und den Menschen. Nun begann man, die Natur und das menschliche Wesen ohne Einschränkungen zu erforschen. Beispielsweise durch Kunst: Im Mittelalter waren die Menschen nur schemenhaft (fast wie eine Art Comicfiguren) dargestellt worden – es kam ja nicht auf das Aussehen an! Nun jedoch trat der Mensch als einmaliges Wesen mit ganz individuellen Zügen in den Vordergrund: Jeder Muskel, jede Gesichtsfalte. Kunst und Weltanschauung hatten ein großes Vorbild: die griechisch-römische Antike. Der neue Wunsch nach künstlerischer Gestaltung erfasste auch den Vatikan: 1506 ordnete Papst Julius II. den Bau des Petersdoms an. Die an der gleichen Stelle bereits seit 1000 Jahren stehende Petersbasilika musste dafür platt gemacht werden, in ihr war kein Platz mehr für ein pompöses Grabmal, wie es dem Papst vorschwebte. Die Päpste waren damals keine selbstlosen Heiligen wie Johannes Paul II. – sie verschafften ihrer Verwandtschaft, die sie ins Amt gehebelt hatte, Vorteile und wollten der Nachwelt mittels eines Grabmales in Erinnerung bleiben, das größer war als all jene ihrer Vorgänger.

Die Bauherren des Petersdomes hatten freie Hand bei der Neugestaltung des Stadtkerns. Zahlreiche antike Gebäude mussten Straßenschluchten weichen und dienten als Baumaterial für den Dom. Dafür räumten Arbeiter einen Hügel nahe dem Kolosseum frei, als sie in unterirdische Räume einbrachen. Sie hielten sie zunächst für Grotten, später wurde klar, dass es sich um den »Domus Aurea« handelte – den großen Palast, den Kaiser Nero nach dem Brand von Rom errichten ließ und der später zu einer Thermenanlage umgebaut wurde. Im Geröll wurden zahlreiche Skulpturen freigelegt, darunter 1506 das Super-Meisterwerk der antiken Kunst schlechthin: die Laokoon-Gruppe. Aus feinstem Marmor haben Künstler um die Zeitenwende eine Skulptur geschaffen, die zu leben scheint: Ein muskulöser Mann und zwei ihn flankierende Jungen kämpfen mit zwei Schlangen. Es ist Laokoon, ein troianischer Priester, der davor warnte, das hölzerne Pferd der Griechen in die Stadt zu ziehen. Um ihn mundtot zu machen, schickte der Gott Apoll Schlangen, die den Priester und seine Söhne erwürgten.

Die Laokoon-Gruppe, die schon von Plinius d. Ä. lobend erwähnt wird, ist »nur« als römische Marmorkopie aus dem 1. Jahrhundert n. Chr. erhalten. Gleichwohl hat sie nachhaltig auf die europäische Kunst- und Geisteswelt eingewirkt.

Die Entdeckung der Laokoon-Gruppe war wie ein Startschuss: nun wurde der Boden Roms systematisch von Schatzgräbern durchwühlt. Ende des 16. Jahrhunderts gibt es allein in Rom über 90 Privatsammlungen. Auch Papst Julius II., der den Bau des Petersdoms anordnete, legte sich eine Sammlung klassischer Skulpturen zu. Den Anfang macht gleich das nicht überbietbare Highlight: die Laokoon-Gruppe wurde sofort ein Publikumsmagnet und der Glanz der wiederentdeckten antiken Skulpturen strahlte bis in den Norden Deutschlands hoch.

Der hochbegabte Ästhet aus Stendal

Unser dritter Kandidat wurde 1717 in Stendal geboren: Johann Joachim Winckelmann war sicherlich das, was man heute »hochbegabt« nennt. Doch er stammte aus einfachen Verhältnissen, er war der Sohn eines Schumachers. Um trotzdem Latein und Griechisch lernen zu können, wurde er Chorknabe (die meisten Kirchenlieder wurden damals noch in diesen »toten« Sprachen gesungen). Mit den so erworbenen Sprachkenntnissen konnte er Geschichte, Medizin und evangelische Theologie studieren. Der übliche Weg für ihn wäre eine Anstellung als Pfarrer gewesen, doch eigentlich interessierte er sich mehr für Kunst. Einige Jahre schlug er sich als Hauslehrer durchs Leben, bis er eine Stelle als Bibliothekar in Dresden bekam. Der Dresdener Hof hatte Kontakte zum Vatikan – um dort Fuß zu fassen, konvertierte Winckelmann zum katholischen Glauben. Mit Empfehlungen in der Tasche reiste er 1755 nach Rom, wo er zunächst Bibliothekar, dann Verwalter der antiken Sammlung des Kardinals Albani und schließlich Verwalter der Altertümer des Vatikans wurde.

Gleichzeitig verfasste Winckelmann seine »Kunstgeschichte«, die er jedoch ganz am Ideal der griechischen Klassik ausrichtete. Das heißt: für ihn waren diese Kunstwerke Ausdruck des wahren Charakters aller Griechen: die Liebe zur Schlichtheit, aber auch zum stilvollen Ausdruck verbunden mit dem Streben nach Bescheidenheit und Tapferkeit. Das ist so realistisch, als würde ein Außerirdischer Gast bei einer Fußball-WM oder den Olympischen Spielen sein und seiner Heimat funken: Die Menschen könnten unser Vorbild sein – sie gehen so fair miteinander um! Dabei hatte Winckelmann durchaus auch die praktische Seite der Archäologie im Blick. Mitte des 18. Jahrhunderts bekamen Roms Antiquitätenjäger neue Suchareale: die 79 n. Chr. vom Vesuv verschütteten Orte Herculaneum und Pompeji bei Neapel. Der spanische Ingenieur Rocque Joaquin de Alcubierre begann 1738 in Herculaneum, ab 1748 auch in Pompeji nach Kunstschätzen zu suchen. Immer mehr Gelehrte und Kunstliebhaber reisten nach Pompeji, unter ihnen auch Winckelmann, der jedoch von den chaotischen Ausgrabungen vor Ort geschockt war. Er kritisierte in einem »Sendschreiben« das unmethodische Vorgehen der Grabungen – damit machte er zugleich Pompeji in ganz Europa bekannt.

Das wäre ein guter Start für den ersten Archäologen – doch hier beginnt Winckelmanns Tragödie. Er hat nie selbst ausgegraben und nie Griechenland gesehen. Dabei war er gerade auf dem Weg dorthin. Er träumte davon, Olympia auszugraben. Seine Reisebörse war gut gefüllt. Davon hat er wohl auch einem Gast im Gasthof nahe Triest erzählt. Er wurde ermordet und ausgeraubt.

Diese ersten Ansätze zu einer Auseinandersetzung mit der Antike hatten noch keinen detektivischen Charakter. Mit seinem verengten Blick auf die Kunst prägte Winckelmann allerdings für über 200 Jahre eine recht einseitige Vorstellung von der klassischen Antike. Denn Winckelmann unterlief eine gravierende Fehleinschätzung: Er erkannte nicht, dass viele der farblosen und glatten Skulpturen in Rom keine griechischen Originale waren, sondern nur Kopien. Häufig Kopien von griechischen Bronzestatuen. (Auch bei der Laokoon-Gruppe rätseln die Wissenschaftler noch, ob es ein Bronze-Original gab). Und diese Bronzestatuen waren – das beweist heute mikroskopische Spurensicherung an den Originalen – bunt angemalt. Überhaupt: Statuen und ganze Tempelfassaden wie das Athener Parthenon waren äußerst bunt und lebhaft gestaltet. Selbst die klassischen Griechen liebten es nicht – wie Winckelmanns dachte – schlicht und einfarbig, sondern bunt und üppig.

Übrigens: Die ersten Ausgrabungen, deren Tätigkeit uns überliefert wurde, fanden nicht in Griechenland, sondern im Zweistromland (heute: Irak) statt. Zwei babylonische Könige – Nebukadnezar II. und Nabonid – ließen bereits im 6. Jahrhundert v. Chr. verschüttete Tempel, Paläste und Grabanlagen im legendären Ur freilegen und restaurieren. Doch sie wollten nichts Neues über die Vergangenheit in Erfahrung bringen, sondern sich vielmehr als rechtmäßige Erben einer jahrtausendealten Tradition darstellen. Daher: Wegen unarchäologischen Verhaltens von der Meisterschaft um den Titel »Erster Archäologe« ausgeschieden!

Er gilt als Begründer der wissenschaftlichen Archäologie und Kunstgeschichte in Deutschland: Johann Joachim Winckelmann (1717–1768) in einem Porträt aus dem Jahr 1764 von Angelica Kauffmann (1741–1807).

KAPITEL 4

Morgens Beamter, abends Schatzsucher –
waren die größten Archäologen Außenseiter?

Außenseiter, Abenteurer und exzentrische Ausgräber
erkundeten Ninive, Babylon und Ur

Was kann man in seinen zwei Stunden Mittagspause Aufregendes anstellen? Im Zeitalter von Smartphones und Schnellrestaurants dürfte das kein Problem sein, doch im 19. Jahrhundert gab es all dies noch lange nicht. Unterhaltung, die Geld kostet, war sowieso zu teuer für einen kleinen Angestellten, der gerade einmal so über die Runden kam. Im 19. Jahrhundert gab es nur folgende Auswahl: in die Kirche gehen, einen der öffentlichen Parks aufsuchen oder eine der neuen Bibliotheken. Zu einer stattlichen Bibliothek hatte sich das British Museum gemausert. Hier wurden auch archäologische Funde eingelagert und ausgestellt – außerdem suchte man händeringend nach Helfern. So kam es, dass ein gewisser Mr. George Smith seine Mittagspausen damit verbrachte, im British Museum Keilschrifttafeln aus Ninive und anderen assyrischen Orten zu sortieren und zu entziffern. Smith war ein junger Banknoten-Graveur und Bewunderer von Austen Layard, einem der führenden britischen Archäologen des 19. Jahrhunderts, und Henri Creswicke Rawlinson, ebenfalls Archäologe, Sprachwissenschaftler, Diplomat und später Begründer der modernen Assyriologie. Rawlinson wurde schließlich auf den jungen

Lange vor Indiana Jones – für seine Expeditionen durch das gefährliche persische Grenzland musste der Forschungsreisende Austen Layard Mitte des 19. Jahrhunderts in die Rolle eines Bachtiaren-Kriegers schlüpfen.

Mann aufmerksam, der inzwischen ohne Mühe die Keilschrift lesen und verstehen konnte. Rawlinson verschaffte ihm eine Stelle als Helfer in der Assyrischen Abteilung. Schon bald konnte Smith einen Text übersetzen und veröffentlichen, in dem babylonische Astronomen die Sonnenfinsternis des Jahres 763 v. Chr. genau beschrieben haben. (Die Babylonier glaubten an die Macht der Sterne und unternahmen nichts ohne vorher ein Horoskop zu erstellen.)

Irgendwann im Jahr 1872 glaubte Smith dann, seinen Augen nicht zu trauen, als er sah, was da auf der halben Tontafel stand, die er aus den Tausenden von ähnlichen Puzzleteilen zusammengesetzt hatte. »Als ich die dritte Spalte überflog, entdeckte ich eine Stelle, an der es heißt: Das Schiff saß auf den Bergen von Nizir fest«, erzählte er später. Smith hatte einen assyrischen Bericht über die Sintflut entdeckt. Und so konnte es geschehen, dass ein Laie einen Vortrag vor der »Society of Biblical Archaeology« hielt, zu dem sogar der britische Premierminister William Gladstone erschien. Die Besucher erhofften sich neue Bestätigungen über das Alte Testament – und diesen Gefallen tat Smith dem staunenden Publikum: Auf der von ihm entdeckten Keilschrifttafel ist von nichts Geringerem die Rede als der biblischen Sintflut. Nur heißt der assyrische Noah nicht Noah, sondern Utnapischtim. Er überlebt mit seiner Familie und seinen Tieren an Bord seines Schiffes, das nach der großen Flut auf dem Berg Nizir strandet. Ein Vogel wird ausgeschickt und kommt zurück, weil er keinen Nistplatz findet. Nur ist es keine Taube, sondern ein Rabe. Doch dann bricht der Text ab … Die Zuhörer waren begeistert von dem Bericht, manch einer fragte: Warum schickt man diesen jungen Mann nicht nach Mesopotamien, um die fehlenden Tafelstücke zu suchen? Auch die große Zeitung »Daily Telegraph« lobte überschwänglich, und die Redaktion hatte eine Idee: Die Zeitung übernimmt die Kosten der Expedition und das British Museum schickt Smith nach Ninive. Smith wird ständig über seine lange und schwierige Suche berichten und die Leser werden dem Erscheinen des »Telegraphs« entgegenfiebern – hohe Auflagen über Monate garantiert.

Die Sintflut – nach mesopotamischen Quellen

Lange vor der Bibel erzählte das Gilgamesch-Epos Folgendes über die Sintflut: Als Gott Enlil erbost über die Menschheit war, beschloss er, alles Leben durch eine große Flut zu vernichten. Doch Gott Ea warnte seinen Zögling Utnapischtim. Der erbaute ein Schiff und rettete damit seine Familie und alle Arten des Tier- und Pflanzenreiches. Nachdem die Flut wieder zurückwich, opferte Utnapischtim allen Göttern. Enlil sah ein, dass er zu hart gewesen war und deshalb verlieh er Utnapischtim und seiner Frau Unsterblichkeit.

So wurde es beschlossen und umgesetzt. Die Sache hatte nur einen Haken: Smith brauchte zwar einige Zeit, um nach Ninive zu reisen, denn er nutzte die Anreise für zahlreiche Abstecher zu anderen antiken Highlights, doch kaum war er in Ninive eingetroffen und hatte mit der Suche begonnen, da war sie schon beendet. Keine Spannung, keine Dramatik – er fand die Tafeln innerhalb von fünf Tagen. Smith hatte nicht etwa übersinnliche Fähigkeiten oder eine raffinierte Methode, ganz im Gegenteil. Er ließ nur einfach die Gräben und die Schutthaufen, die Layard hinterlassen hatte, noch einmal absuchen. Pech im Glück: Für die Zeitung war die Sache gelaufen und Smith wurde auf der Stelle zurückbeordert. Kleiner Trost: Später beauftragte ihn das British Museum mit zwei weiteren Expeditionen.

Smith ist das Paradebeispiel für den Außenseiter: ein einfacher Mann, der nur aus Lust und Leidenschaft die archäologische Forschung zu seinem Hobby wählte. Auf Anhieb fand er das, wonach Berufsarchäologen häufig ihr Leben lang vergeblich suchen. Für Archäologie-Autoren wie Ceram ist es die durch keine Ausbildung verfälschte Genialität dieser Menschen, die den Erfolg des Außenseiters ausmacht. Unterstellt wird so von Cerams Hauptwerk »Götter, Gräber und Gelehrte« bis zur heutigen Archäologie-Berichterstattung in den meisten Medien: Außenseiter wären einfallsreicher, wagemutiger und konsequenter in ihrer Grabungsarbeit als Grabungsleiter mit Professur und festem Monatsgehalt. Waren auch die anderen erfolgreichen Ausgräber Mesopotamiens Außenseiter?

Abenteurer und Agenten

Der erste Europäer, der nach dem Untergang des Römischen Reiches den Orient bereiste und über antike Stätten berichtete, war im 16. Jahrhundert der Augsburger Arzt Leonhart Rauwolff. Er bestimmte die genaue Lage von Ninive und dem legendäre Babylon. Der nächste europäische Forschungsreisende war der deutsch-dänische Mathematiker und Kartograf Carsten Niebuhr. Er nahm an einer sechsjährigen Arabien-Expedition (1761–1767) teil und brachte erstmals exakte Kopien von mesopotamischen Inschriften nach Europa. Ihm folgte der 1787 geborene Engländer Claudius James Rich, der als erster Europäer die Ruinen von Ninive und Nimrud untersuchte und die ersten ausführlichen Aufzeichnungen über die Ruinen von Babylon zu Papier brachte. Rich lernte mit neun Jahren Arabisch, überlebte einen Schiffsuntergang vor Malta und reiste als Orientale verkleidet durch den Nahen Osten. Er wurde Agent der größten Handelsorganisation der damaligen Zeit, der East India Company, und sammelte zudem auf Ruinenstätten Antiquitäten für das British Museum – ein klassischer Außenseiter.

Das gilt auch für Richs französischen Kontrahenten Paul-Emile Botta (der, der die Keilschrift für Wurm-Löcher hielt). Botta war kein Historiker, sondern Arzt und Abenteurer. Als er 1842 französischer Konsul in der nordirakischen Stadt Mossul wurde, hatte er vor allem eine Aufgabe: für den Louvre alle lohnenswerten Antiquitäten aufzukaufen, derer er habhaft werden konnte. Er grub auch selbst in Ninive und einer benachbarten Ruinenstätte. Obwohl der Tigris sich im Frühjahr in einen reißenden Strom verwandelte, ließ Botta Skulpturen und andere exotische Schätze für den Abtransport auf Flöße binden. Er musste vom Ufer aus tatenlos zusehen, wie der Großteil seiner Beute gleich wieder in den Fluten versank.

In Bottas Fußstapfen schließlich trat der Brite Austen Layard. Eigentlich hatte er sich als junger Erwachsener auf den Weg gemacht, um auf einer Kaffeeplantage eines Onkels auf Ceylon zu arbeiten. Auf seiner Reise dorthin erkundete er zunächst den Orient und entschied sich, dort zu bleiben. Er lebte einige Jahre von inoffiziellen diplomatischen Missionen, wurde mehrfach ausgeraubt, von schweren Krankheiten heimgesucht und vorübergehend von einem Beduinenclan versklavt, bis er in Mossul den bereits erfolgreichen Botta kennenlernte und Zeichnungen von dessen Funden anfertigte. Ab 1845 grub er für das British Museum in Nimrud, Assur und Babylon mit dem Auftrag »möglichst viele Kunstgegenstände bei geringstem Zeit- und Geldaufwand zu beschaffen«. Layard wurde als einer der ersten Archäologen berühmt, tatsächlich jedoch war er eher ein Beutejäger.

Zeit für eine Zwischenbilanz: Allesamt waren die Entdecker und Ausgräber bisher Außenseiter. Sie waren in der Regel Abenteurer, Diplomaten, Kaufleute und hatten keine kunsthistorische oder gar archäologische Ausbildung. Es konnte ja auch gar nicht anders sein! Denn seit wann gibt es Institutionen und Ausbildungen in diesem Bereich? Die großen Forschungsinstitutionen wurden zwar schon im Laufe der 1. Hälfte des 19. Jahrhunderts eingerichtet – 1829 wurde das »Instituto di Corrispondenza Archeologica« in Rom gegründet, aus dem dann das »Deutsche Archäologische Institut« hervorging, 1835 wurde das British Museum eröffnet, 1846 das Französisches Kulturinstitut in Athen. Doch Lehrstühle für Archäologie entstanden erst in der 2. Hälfte des 19. Jahrhunderts an den Universitäten Europas und Amerikas. Nun konnte man das Fach studieren – aber übernahmen nun ausgebildete Archäologen die Ausgrabungen?

Zu dieser Zeit verlagerte sich die Erforschung Mesopotamiens vom gebirgigen Norden in den unwegsamen Süden, von den jüngeren assyrischen Reichen hin zu den alten Reichen und Stadtstaaten

Nur mit riesigem Aufwand ließ sich so große Beute wie ein »geflügelter Stier« ins Londoner British Museum transportieren.

der Babylonier und Sumerer. Obwohl die Paläste und Stufentürme der Babylonier und Sumerer so groß waren wie die Pyramiden in Ägypten, sind ihre Überreste jämmerlich. Das liegt am Material: Im Zweistromland fehlte es an hartem Gestein, dafür gab es tonhaltige Erde im Überfluss. Die Sumerer lernten, selbst größte Gebäude aus ungebrannten Lehmziegeln zu errichten, nur bedeutende Bauwerke wurden zusätzlich mit gebrannten Ziegeln ummauert. Die Überschwemmungen und Wüstenstürme, Hitze und Kälte haben in rund 4000 bis 6000 Jahren die einst prächtigen Bauwerke in schlichte Lehmhügel zurückverwandelt. Die Ausgrabungen dieser Lehmberge verlangte eine neue Herangehensweise. Mehrmals wurde in der zweiten Hälfte des 19. Jahrhunderts vergeblich versucht, die gewaltigen Erdmassen von Babylon zu bezwingen – die legendäre Stadt, deren frevelhafter Turmbau scheiterte, weil Gott die verschiedenen Sprachen unter die Menschen schickte. Erst als Robert Koldewey kam, änderte sich das.

Ein Kauz als Grabungsgeneral – Babylon

Wenn man einen Ausgräber zum »kauzigen Außenseiter schlechthin« stempeln kann, dann offensichtlich Robert Koldewey. Das fängt schon beim Aussehen an: Der hagere Mann mit dem spitzen Gesicht hat sein Kopfhaar fast kahl geschoren, doch dazu trägt er einen wilden Rauschebart, der fast ungepflegt aussah. Bevor er einen Ausgrabungstunnel betrat, vertrieb er mit Gewehrschüssen Hyänen und Eulen. Und er liebte es, leichtgläubige Zeitgenossen zu veräppeln! Koldewey war eigentlich Architekt, der immerhin Kunstgeschichte und Archäologie als Nebenfächer belegt hatte – typisch für die zweite Generation von Ausgräbern. Er arbeitete zunächst auch als Architekt für die Stadt Hamburg, doch mit 27 Jahren, 1882, erhielt er die Gelegenheit, an einer Grabung in Assos (Kleinasien) teilzunehmen.

Von da an hatte es ihn gepackt! Verschiedene Ausgrabungen in Griechenland, Kleinasien sowie im Nahen Osten folgten. Als er nach seinen ersten Ausgrabungen keine neuen Aufträge bekam, musste er vorübergehend als Lehrer in einer Gewerbeschule arbeiten. Dort vertrieb er sich die Langeweile, indem er Kollegen und Schülern Geschichten erzählte wie diese: »Die babylonische Sonnenglut macht die Haut platzen, weshalb die Araber stets Nadel und Faden bei sich haben, um die Haut zuzunähen … und die Zigaretten braucht man nur gegen den glühenden Sand zu halten, um sie anzuzünden.«

Doch dann wurde er erlöst: die 1898 gegründete Deutsche Orient-Gesellschaft beschloss, als erstes Projekt Babylon systematisch ausgraben zu lassen und ernannte Koldewey zum Grabungsleiter. Endlich pfiffen ihm wieder die Kugeln der Räuber um die Ohren und er konnte erneut Besucher reinlegen. Als wieder einmal andächtige Europäer die berühmte Grabungsstätte besichtigten, entdeckten sie einen Ziegel, der mit dem Namen Nebukadnezars gestempelt war. Koldewey schrie vor Begeisterung über diesen Fund und beschlagnahmte ihn sofort – tatsächlich jedoch wurden damals sämtliche Ziegel mit dem Namen des Bauherren gestempelt wie heute mit einem Firmenlogo.

Doch ausgerechnet dieser kauzige Koldewey wurde zu einem der ersten Ausgräber, die ihr Projekt generalstabsmäßig angingen. Zu Beginn dieser aufwendigsten Grabung, die je in Vorderasien stattfand, erfassten seine Mitarbeiter die sichtbaren Konturen von Gebäuden und Mauern und entwickelten daraus einen Stadtplan: der rechteckige Stadtkern war von einer doppelten Lehmziegelmauer mit Graben umgeben. Es war die Stadt Nebukadnezar II. (604–562 v. Chr.), des Herrschers, der Jerusalem zerstören und die Juden nach Babylon deportieren ließ. Nachdem die Babylonier den langen Machtkampf mit Assyrien gegen Ende des 7. Jahrhunderts v. Chr. für sich entscheiden konnten, ließ er die mehrfach geplünderte und zerstörte Stadt größer und schöner wieder aufbauen als jemals zuvor – sie erstreckte sich schließlich weit über den Kern hinaus auf 12 Quadratkilometer. Diese riesige Stadt lag nun unter bis zu 20 Meter dicken Sand- und Lehmschichten. Obwohl 200 bis 250 Arbeiter tagtäglich mithilfe einer Feldbahn schufteten, konnte in rund 15 Jahren (1899–1915) nicht alles ausgegraben werden. Die Archäologen hatten die Qual der Wahl und entschieden sich für einen Längsschnitt durch den Stadtkern: von den großen Tortürmen, die einst in das Zentrum der Stadt führten, die Prozessionsstraße entlang bis zu der Stelle, wo sie den Königspalast vermuteten; und natürlich suchten sie nach dem einstigen Turm von Babel.

1902 begann die Freilegung des Ischtar-Tores, geweiht der Göttin der fruchtbaren Erde und des Krieges. Die Arbeiter bargen Mengen an gut erhaltenen, blau glasierten Ziegeln, die abwechselnd mit Stieren und dem Fabelwesen »Musch-Chusch« verziert waren – dem Symboltier des Stadt- und Reichsgottes Marduk oder Baal. Es waren genug, um damit das Tor im Pergamonmuseum in Berlin nachzubauen. Sechs Jahre, von 1900 bis 1906, dauerte die Freilegung der sogenannten Südburg, des Stadtpalastes Nebukadnezars. Die Gebäude waren um fünf große, aneinander gereihte Innenhöfe gruppiert und boten in der sommerlichen Hitze viel

Überreste des Ischtar-Tores in Babylon (1932).

Schatten. Und hier irgendwo lagen auch die legendären »Hängenden Gärten«, eines der Sieben Weltwunder. Koldewey glaubte sie in einem Gewölbebau im Nordosten des Palastes gefunden zu haben. Doch wenn das stimmt, wäre der Blick der Herrscher auf die Stadtmauer gefallen. Eher können die Gärten auf dem gewaltigen Vorwerk errichtet worden sein, das damals zur Umlenkung der Flussströmung in den Euphrat erbaut wurde.

Noch enttäuschter waren die Ausgräber, als sie den viel beschworenen Turm freilegten: Nachdem sie die leichtere Erde abgetragen hatten, war nichts weiter übrig als ein Haufen ineinander verbackener Lehmziegel; immerhin war der quadratische Grundriss eines der größten Bauwerke der antiken Welt mit 90 mal 90 Metern noch zu erkennen. Hier erhob sich einst das Zikkurat, Stufe für Stufe schmaler werdend, in die Höhe – ebenfalls 90 Meter, so hoch wie die Freiheitsstatue in New York oder das Tadsch Mahal in Indien. Auf der obersten Stufe war ein Tempel errichtet, damit der Stadtgott Marduk/Baal eine Wohnstätte direkt unter den Menschen hatte.

Insgesamt erbrachte die ganze aufwendige Grabung nur wenige in Berlin ausstellbare Funde. Hatte der Fluch der Israeliten doch Erfolg? Als »Sündenbabel« verurteilten die Verfasser des Alten Testaments – überwiegend Dorfbewohner – das allzu freizügige und verschwenderische Leben in der Stadt, in die sie verschleppt worden waren. Aus dem gleichen Grund bewunderten die alten Griechen – ebenfalls eingeschworene Stadtbewohner – Babylon und nannten es respektvoll »Mutter aller Städte«. Was jedoch nicht stimmt, denn Babylons Geschichte begann viel später als diejenige vergleichbarer Städte in Südmesopotamien. Während Babylon das erste Mal in Quellen aus dem 22. Jahrhundert v. Chr. erwähnt wird, reichen die Ursprünge von südmesopotamischen Städten wie Uruk, Lagasch und Ur bis ins 4. oder gar 5. Jahrtausend v. Chr. zurück.

Spuren der Sumerer im sumpfigen Süden

Erst gegen Ende des 19. Jahrhunderts wagten sich Forscherteams in den Süden Mesopotamiens und trotzten den regelmäßigen Überschwemmungen, unerträglicher Hitze und der feindseligen Bevölkerung. 1877 begann der Franzose Ernest de Sarzec in Lagasch und seinen Nachbarresidenzen zu graben. Sogleich legte seine Grabungsmannschaft Kunstwerke frei, die der Blütezeit der sumerischen Kultur entstammen: zahlreiche Reliefs, Inschriften und neun große Statuen aus Diorit. Doch nach jeder Grabungssaison, wenn Sarzec seine Arbeiten wegen der jährlichen Überschwemmungen oder Sommerhitzen unterbrach, kamen ganze Heere von Schatzsuchern nach Lagasch und durchwühlten die freigelegten Areale nach antiken Objekten. (Rund 35 000 Tontafeln sollen auf diese Weise illegal nach Europa und in die USA gelangt sein). Doch die allererste Großstadt der Menschheit mit Stadtmauer, Palmengärten und großen Heiligtümern und darüber hinaus Sitz des legendären Königs Gilgamesch, lag noch weiter im Süden: Uruk.

Uruk – Heimatstadt des Gilgamesch

Nordwestlich von Lagasch liegt in der südmesopotamischen Ödnis ein riesiges Ruinenfeld aus zahlreichen Lehmhügeln, auf dem Unmengen von Keramikscherben und glasierten Ziegeln verstreut liegen. Warka wird es von den Einheimischen nach dem benachbarten Dorf genannt. Bereits 1849 verbrachte der Engländer William Kenneth Loftus einige Tage dort, ließ kleine Grabungen vornehmen und schlussfolgerte: Warka musste der Ort sein, den die Sumerer selbst Uruk nannten. Erforscht wurde dieser unzugängliche Ort Uruk unter der Leitung des deutschen Archäologen Julius Jordan erst ab 1911, gleich wieder unterbrochen durch den Ersten Weltkrieg und seine Folgen und dann ab 1928. Im Prinzip halten die Ausgrabungen bis heute an – wären da nicht die vielen Unterbrechungen durch den Iran-Irak-Krieg, den Ersten und Zweiten Golfkrieg und die darauffolgenden bürgerkriegsähnlichen Zustände.

Mit der Erforschung der Stadt wurde ihre wichtige Rolle für die mesopotamische Frühgeschichte immer deutlicher: Uruk war vom 5. Jahrtausend v. Chr. bis um 500 n. Chr. durchgehend besiedelt (über 5000 Jahre!). Hier und da konnten die Archäologen monumentale Ziegelmauern von einstigen Großbauten freilegen.

Die überall verstreut liegenden schwarzen, weißen und roten Tonstifte wurden wie Nieten zu Zickzack-, Winkel-, Dreieck- und Rautenmuster in die Wände gespickt. Auf einigen Abschnitten wurden Gräben und Fundamente der alten Stadtmauer freilegen – so ließ sich die Größe der Stadt bestimmen. Im 4. Jahrtausend v. Chr. hatte die Stadt mit 550 Hektar ihre größte Ausdehnung erreicht, so groß wie 800 Fußballfelder! Das heißt: es gab bereits vor 5000 bis 6000 Jahren eine Megastadt. Niemand konnte nun mehr ernsthaft bezweifeln, dass Uruk in dieser Zeit das Zentrum der Entwicklung in Südmesopotamien bildete. Genau davon berichtet ein literarischer Text – »Gilgamesch« ist in der gleichnamigen Dichtung der Gottkönig von Uruk. »Gilgamesch« wurde das Nationalepos Mesopotamiens wie »Ilias« und »Odyssee« für die Griechen. (Und das nur am Rande erwähnt: die Odyssee hat in vielen Punkten vom Gilgamesch-Epos abgeguckt). Die Existenz der Stadtmauer beweist aber auch: Die Stadt musste sich verteidigen. Es hat Kämpfe mit anderen Städten um die Vorherrschaft gegeben – der Kampf mit Lagasch wird im Gilgamesch-Epos geschildert.

Eitler Halbgott und Trotzkopf – Gilgamesch (Ein Filmdrehbuch)

Gilgamesch ist halb göttlichen Ursprungs, König von Uruk und außerdem grenzenlos eitel (dabei gab es damals noch kein Hollywood!). Das mögen die Götter gar nicht und erschaffen den Wilden Enkidu, der genauso stark und stur ist wie Gilgamesch. Als dieser davon erfährt, schickt er Enkidu eine Frau, die ihre weiblichen Reize dafür einsetzt, Enkidu zu zähmen und nach Uruk zu bringen. (Was bei King-Kong später funktionierte, klappte auch schon in Mesopotamien!) Die beiden Männer treffen aufeinander – und prügeln sich sofort. Der harte Kampf endet unentschieden: Enkidu und Gilgamesch werden daraufhin die engste Freunde und bestehen ge-

meinsame Abenteuer. So reisen sie zum gefährlichen Zedernwald und überlisten dort den riesigen Wächter Humbaba.

Gilgamesch interessiert sich mittlerweile nur noch für seinen Kumpel und weist überheblich das Liebeswerben der
Göttin Ischtar ab. Diese schickt zur Strafe ein Untier, doch
auch das können die beiden Helden töten. Damit haben sie jedoch eine göttliche Regel verletzt. Ischtar nimmt eine Auszeit
und klagt beim höchsten Schiedsrichter, dem Gottvater Enlil.
Die Strafe heißt: da Gilgamesch zur Hälfte göttlich ist, halten
sich die Götter an Enkidu und lassen ihn sterben.

Über den Tod des Freundes kommt Gilgamesch nicht hinweg, er irrt umher, bis er sich auf die Suche nach Utnapischtim macht. Dieser hat die Sintflut überlebt und ist seitdem
unsterblich. Gilgamesch entlockt ihm das Geheimnis seiner
Unsterblichkeit, doch die Pflanze vom Meeresboden, die ver-
jüngt, wird ihm von einer Schlange gestohlen. Gilgamesch
kehrt heim, setzt sich wieder auf seinen Thronsessel und regiert bis an sein Lebensende weiter – allerdings mit ziemlich griesgrämiger Miene. Seine Eitelkeit hat ihm das Schicksal ausgetrieben. (Kein Happy-End – Hollywood würde das
Drehbuch ablehnen!)

Doch so wichtig die Ausgrabungen in Uruk für die frühe süd-
mesopotamische Geschichte ist, sie gerieten in den 1920er-Jah-
ren ganz in den Hintergrund gegenüber einer Grabung, bei der es
um die Heimat des jüdischen Stammvaters Abraham sowie Goldschätze in Grabkammern geht – die Ausgrabung von Ur.

Ur: Enttäuschende Bauwerke, prächtige Gräber

50 Kilometer südöstlich von Uruk liegt der Tell al-Maqajjar.
Auch er bestand im 19. Jahrhundert aus nicht viel mehr als
einer größeren Ansammlung von Lehmhügeln. Doch immer-

hin konnte 1853 der englische Konsul in Basra, J.G. Taylor, ihn an Hand von Inschriften, größtenteils auf gebrannten Ziegeln, als Sitz der Stadt Ur identifizieren. Ur in Chaldäer (Babylon) wird im Alten Testament als die Heimat Abrahams genannt und in der Stadt am Unterlauf des Euphrat wurde der erste Stufenturm lange vor Babylon errichtet. Auch hier bedurfte es mehrerer Anläufe, bis sich Engländer und Amerikaner zu einer Grabung zusammentaten, deren Leitung dem Briten Charles Leonard Woolley übertragen wurde. Woolley war nun ein Archäologe der neuen Generation, nach unserer Zählweise der dritten: Er hatte Archäologie in Oxford studiert – zu dieser Zeit längst ein Studienfach – als Museumskonservator in Oxford gearbeitet und an zahlreichen Forschungsexpeditionen und Ausgrabungen in Ägypten, Nubien und Syrien teilgenommen. Von 1922 bis 1934 legte Woolley einen Großteil des ehemaligen Ur frei, nicht nur Heiligtümer und Gräber, sondern auch Wohnsiedlungen. Das befestigte Stadtgebiet selbst hatte die Form eines Ovals und maß der Länge nach 1300 Meter, in seiner Mitte erhob sich einst das Zentralheiligtum.

Saddam Hussein, der sich als Nachfolger mesopotamischer Herrscher sah, ließ auch das Zikkurat von Ur teilweise rekonstruieren.

Das Zikkurat von Ur erreichte mit einer Grundfläche von 62 mal 43 Metern zwar nur ein Drittel der Größe des Turms von Babylon, doch es war das Älteste, Vorbild aller späteren mesopotamischen Stufentürme. Über fünf Stufen hob es sich in die Höhe, von drei Richtungen aus führte jeweils eine Rampentreppe zum Turmvorbau auf der ersten Stufe. So wollten die Einwohner von Ur ihrem Mondgott Nanna und seiner Gemahlin Ningal nahe kommen. In östlicher Richtung angrenzend konnte Woolleys Team Fundamentmauern großer Gebäudekomplexe mit Innenhöfen freilegen. Sie waren dem Gott Nanna und seinen obersten Priesterinnen vorbehalten. Daran schloss sich der fast quadratischen Palast des Königs Urnammu an, der nach Jahrhunderten der Fremdherrschaft 2064 v. Chr. »König von Sumer und Akkad« wurde. Keine fünfzig Meter weiter in südöstlicher Richtung lag der königliche Friedhof, auf den Woolley nicht erst 1927, sondern gleich zu Beginn der Ausgrabungen gestoßen war. Und hier zeigt sich, welch ein cooler Profi Woolley war! Er ließ sich und dem Grabungsteam fünf Jahre Zeit, bis er die Königsgräber des frühdynastischen Ur (2600–2300 v. Chr.) freilegen ließ. Nach dieser »Wartezeit« waren alle eingearbeitet und sein Team zuverlässig, was nicht zuletzt daran lag, dass er als erster Grabungsleiter für kostbare Funde Prämien vergab.

Und noch ein Hindernis legte sich den Ausgräbern in den Weg – Woolley gab ihm den Namen: »Großer Totenschacht«. In den Zugangsrampen zu den Königsgräbern lagen zahlreiche Skelette von Soldaten, Höflingen und Frauen – in einer die von 68 Frauen und 6 Männern. Weil die Archäologen neben allen Leichen Schalen aus Ton, Stein oder Metall fanden, gingen sie davon aus, dass die Betreffenden Gift genommen hatten, um ihrem König oder ihrer Königin ins Jenseits zu folgen. Und dann fand Woolley »sie«! »An dem einen Ende lag auf den Resten einer Holzbahre die Leiche der Königin, neben ihrer Hand ein goldener Becher. Ihr Oberkörper war gänzlich unter Perlen aus Gold, Silber, Lapislazuli, Karneol, Achat und Chalzedon verborgen«, schrieb er über diesen Moment. »Über dem eingedrückten Schädel lagen die Reste eines Kopfputzes, der ein sorgfältiger gearbeitetes Gegenstück zu dem der Hofdamen war. Als Unterlage diente ihm ein Goldband, das mehrfach um das Haar geschlungen war. Die Abmessungen dieser Windungen zeigen, dass es sich nicht nur um das natürliche Haar, sondern um eine zu fast grotesker Größe aufgepolsterte Perücke gehandelt haben musste.«

Leonhard Woolley (Bildmitte, links neben seiner Frau) mit seinem Team vor dem Grabungshaus, zu dessen Bau man überwiegend antike Bauelemente verwendete (siehe die Rundziegel am Dachrand).

Seine Entdeckung wurde zur Sensation – denn die freigelegten Grabbeigaben machten mit einem Schlage deutlich, über welch eine Hochkultur die bis dahin weitgehend unbekannten Sumerer verfügt hatten. Wie müssen da die Königsgräber der eigentlichen Glanzzeit, der 100 Jahre späteren 3. Dynastie, ausgesehen haben? Doch sie waren natürlich alle längst ausgeraubt. Von diesem Reich, das seine 23 Stadtstaaten und 90 Vasallentümer straff verwaltete, zeugen immerhin rund 24 000 Verwaltungsurkunden – Tontäfelchen mit Keilschrift.

Woolley war bei weitem kein Außenseiter mehr, sondern ausgebildeter Archäologe. Allerdings war seine Arbeit bei aller Umsichtigkeit doch noch sehr auf die Jagd nach Schätzen fixiert. So wurde in den Folgejahren auch Kritik an seiner Arbeit laut: die Ausgrabungen wurden zu eilig vorgenommen, sodass es heute schwierig ist, die genaue Lage der Gräber zu bestimmen.

Babylon, Uruk und Ur – heute

Zwischen 1978 und 1988 veranlasste Saddam Hussein (er war seit 1979 irakischer Diktator und wurde 2003 von den USA und ihren Alliierten gestürzt) 1000 Arbeiter mit rund 70 Millionen Backsteinen einzelne Bereiche von Babylon wieder aufzubauen, besonders das Ischtar-Tor und den Palast von Nebukadnezar II. Denn Hussein sah sich als sein legitimer Nachfolger – auch er wollte Jerusalem zerstören. Auch das Zikkurat von Ur wurde von der irakischen Regierung zum Teil rekonstruiert. Die ersten beiden Stufen wurden wieder errichtet und mit gebrannten Ziegeln ausgekleidet.

Während der beiden Golfkriege jedoch wurde es mehrfach unter Beschuss genommen und trug einige Granatentreffer davon. Babylon wurde 2003/2004 von den amerikanischen Soldaten als Militärcamp benutzt; schwere Fahrzeuge furchten ihre Radspuren durch die Antike Stätte. Es kam in dieser Zeit zu vielen Plünderungen. Doch im Jahr 2019 wurde Babylon endlich von der UNESCO zum Weltkulturerbe erklärt und damit stehen Gelder zur Verfügung, um besonders gefährdete Bauwerke zu sanieren. Währenddessen blieben viele antike Stätten im Nachkriegschaos unbewacht und wurden von Raubgräbern heimgesucht – was zurückblieb, gleicht Kraterlandschaften auf dem Mond. Einzig Uruk entging bisher diesem Schicksal. Von Anfang an haben dort die Ausgräber die Einwohner des Dorfes Warka zu Verbündeten gemacht: Früher als Grabungshelfer, heute bewacht der Dorfvorsteher mit einem alten Sturmgewehr das Gelände gegen Raubgräber, wo Archäologen des Deutschen Archäologischen Instituts wieder die älteste Stadt der Welt erforschen.

Außenseiter heute

Woolley wurde im Nachhinein nur kritisiert, Smith dagegen – und damit noch einmal zurück zu unserem Musteraußenseiter – musste sein naives Vorgehen mit dem Leben bezahlen. Er reiste mit einer zweiten Mission nach Mesopotamien; er verstand zwar viel von Keilschriften und dem alten Mesopotamien, doch wusste wenig über die gegenwärtigen Verhältnisse im Land und sein Klima. Es war mitten im mesopotamischen Sommer, besonnene Ausgräber und Diplomaten flohen vor der Hitze in die Berge. Doch Smith wollte gegen jeden Rat unbedingt von Mossul nach Aleppo reisen – mitten durch die syrische Wüste. Er erkrankte an der Ruhr (einer fieberhaften Durchfall-Krankheit) und kein Arzt war in der Nähe. Als man Smith schließlich nach Aleppo brachte, war er schon so entkräftet, dass er starb.

Gibt es heute noch Menschen wie unseren Mr. Smith? Ja, doch wenn wir heute von Außenseitern sprechen, müssen wir zwei Gruppen unterscheiden. Die einen sind vor allem deshalb Außenseiter, weil sie Amateure sind. Die Erforschung der Vergangenheit benötigt Amateure, denn ohne die ehrenamtlichen Helfer und Hobbyarchäologen wäre die Denkmalpflege in der heute betriebenen, intensiven Weise nicht realisierbar. Diese Amateure erhalten eine kurze Ausbildung und arbeiten offiziell für die Denkmalbehörden.

Doch wenn die Medien von »Außenseitern« berichten, dann meinen sie verwegenen Einzelgänger, die auf eigene Faust und meistens ohne Grabungserlaubnis nach Atlantis, dem Alexandergrab oder dem Heiligen Gral suchen. Dabei setzen sie auf unumstößliche Quellen und geheime Botschaften. Sie glauben, die allein gültige Interpretation gefunden zu haben – Amen. Für solche Einzelgänger ist in der Archäologie kein Platz mehr. An großen Grabungsprojekten sind bis zu einhundert Wissenschaftler unterschiedlichster Disziplinen beteiligt. Die Ergebnisse werden auf Kongressen, Arbeitstagungen und in Fachzeitschriften zur Diskussion gestellt. Nur in den Medien genießen Außenseiter noch hohes Ansehen: Einsame Helden, die gegen die Betonköpfe der Behörden kämpfen – Indiana Jones lässt grüßen. So ein Vorzeige-Einzelgänger ist der Unterwasser-Forscher Frank Goddio, der im Hafen von Alexandria den Palast der Kleopatra ortete. Doch ist Goddio wirklich ein Außenseiter? Auch wenn er mit einem kleinen Katamaran um die Welt segelt, ist er längst Teil eines großen Unternehmens, das ihm zuarbeitet. Und ganz selbstverständlich arbeitet er mit den Behörden zusammen.

KAPITEL 5

»Haltet den Dieb« oder »Ein Hoch auf den Retter« – wurden die bedeutenden Antiken geraubt oder gerettet?

Wie ganze Grabkammern und Altäre in die Museen von London, Paris und Berlin wanderten

Es ist schon merkwürdig: Wer wissen will, wie der berühmte Zeus-Altar von Pergamon (einige antike Autoren zählten ihn zu den antiken Weltwundern) aussah, der reist nicht nach Bergama an die türkische Ägäis, sondern nach Berlin – zumindest bald wieder, wenn der große Umbau der Museumsinsel endlich abgeschlossen sein wird. Denn im dortigen Pergamonmuseum ist der ganze Altar nachgebaut, mit dem Großteil der Original-Marmorfriese.

Auch die ältesten Sammlungen ägyptischer Kunst und Mumien sind nicht in Ägypten, sondern im Ägyptischen Museum in Berlin, im Pariser Louvre oder im British Museum in London zu sehen. Und wenn man gerade im British Museum ist, kann man sich dort auch die schönen Marmorfriese anschauen, die einst das Parthenon auf der Athener Akropolis zierten. Und deshalb kommt es in den europäischen Metropolen immer wieder zu ähnlichen Szenen wie im Pergamonmuseum, wenn Griechen,

Türken oder Ägypter darauf aufmerksam machen, dass dort geraubte Kulturgüter stehen.

In der Tat begann die Archäologie nicht als umsichtiges Denkmalschutz-Unternehmen. Im 18. und 19. Jahrhundert stiegen Länder wie Großbritannien, Frankreich und mit einiger Verzögerung auch Deutschland zu großen Industrienationen auf. Ihren Führungsanspruch in der Welt wollten sie auch im kulturellen Bereich beweisen: Sie ließen große Museen bauen und füllten sie mit antiken Kunstwerken aus der Mittelmeer-Region. Sie stellten sich aber nicht hin und verkündeten: Wir wollen unsere seelenlosen Fabrik- und Kasernenstädte mit antiker Kunst füllen! Nein, sie rechtfertigten ihre Tun: Die Antiken werden zwar entwendet, doch das ist häufig der einzige Weg, sie zu retten! Sonst würden sie von der dortigen Bevölkerung und den heidnischen Regierungen zerstört. Und eine weitere, wunderbare Rechtfertigung für den Raub war der »Geist der Freiheit«. »Es ist Zeit, dass alle diese genialen Monumente der Griechen den Boden verlassen, der ihrer nicht mehr würdig ist«, erklärt das Gründungsmitglied des Louvres, Jacques Lebreton, voller Überzeugung. »Sie wurden in einem freien Land geschaffen, und nur in Frankreich können sie sich heimisch fühlen.«

Ähnlich dachten natürlich die Engländer über England, die Deutschen über Deutschland, die Italiener über Italien und so fort ... Heute dagegen ist man sich rückblickend einig: Die Arbeiten vor Ort waren vor allem Such-, genauer gesagt Raubgrabungen. Die erste Phase der Archäologie glich einem nationalen Beutezug, was an Kunstwerken aus der antiken Zeit geborgen wurde, gelangte über Umwege in die Museen von Paris, London und Berlin, aber auch von Wien, Leiden, Madrid, Marseille, Turin, Palermo und Krakau. Waren die ersten Archäologen nur »Räuber« oder auch ein wenig »Retter« – was stimmt?

Das größte dorische Gebäude Griechenlands, der Parthenon, thront noch heute auf der Akropolis über der Stadt Athen.

Die Elgin-Marbles des Parthenon

Ziemlich klar scheint die Sache im Falle der sogenannten Elgin-Marbles zu sein. Zu Beginn des 19. Jahrhundert hatte Thomas Bruce, bekannt als Lord Elgin, das Glück, britischer Botschafter in der osmanischen Hauptstadt Konstantinopel (heute Istanbul) zu sein. Warum das günstig war? Die Osmanen herrschten über den Balkan und die Osmanen hatten als Muslime – genau wie die Araber in Ägypten – wenig Interesse an antiken Monumenten. Außerdem war die Position des Osmanischen Reiches (dessen Heer zweimal vor den Toren Wiens stand) im internationalen Geflecht so schwach, dass man vom kranken Mann am Bosporus sprach. Vom Westen her drängten England und Frankreich, von Norden her die Russen heran. Damit die Russen nicht zu stark wurden, übernahm einmal Frankreich, einmal England die Beschützerrolle der Osmanen.

Anfang des 19. Jahrhunderts war England an der Reihe und so konnte Elgin ohne große Anstrengung vom Sultan ein Ferman (eine Grabungserlaubnis) erlangen, das ihn auf der Athener Akropolis nach Lust und Laune rauben ließ. Und wofür entschied sich Elgin? Natürlich für die transportablen »Sahnehäubchen« der Akropolis: die noch vorhandenen Statuen und Friese der Tempelanlagen aus der klassischen Zeit. Im Juli 1801 rückte Elgins Bautrupp auf der Akropolis an. 400 Arbeiter rüsteten das Parthenon ein, um 56 der 96 der Friesplatten sowie 17 Giebelfiguren zu entfernen. Außerdem raubte er Platten vom Fries des kleinen, aber feinen Nike-Tempels. Aus der Korenhalle des Erechtheions, der Kulthalle für verschiedene Götter und Helden, ließ er eine Mädchenstatue entfernen. Das Gebäudedach drohte einzustürzen und musste durch einen Ziegelpfeiler gestützt werden.

Akropolis von Athen

Noch immer thront die Akropolis majestätisch über Athen – auch wenn sie heutzutage häufiger von Smogwolken der Sechs-Millionen-Metropole eingehüllt wird. Ihr rund 300 x 150 Meter großes Fundament ist ein natürliches, rund 100 Meter hohes Felsplateau, das an drei Seiten steil abfällt. Seit dem 7. Jahrhundert v. Chr. wurde es allmählich zum Tempelberg umgebaut, doch der klassische Ausbau begann erst, nachdem die vereinten Griechen 480 v. Chr. die Perser bezwangen.

Der Weg führte über die 80 Meter lange steinerne Rampe am Tempel der Athena Nike vorbei, durch die dorische Säulenfront des Propyläens, des monumentalen Eingangstempels aus Marmor, in den eigentlichen Tempelbezirk. Dort standen einst neben zahlreichen Gebäuden eine neun Meter hohen Bronzestatue der Athena sowie Hunderte kleiner Weihegeschenke – Statuen, Inschriften, Möbel. Doch dominiert wurde er von zwei Bauwerken: dem Kultzentrum Erechtheion und dem Parthenon-Tempel. Er erhebt sich im südlichen Bereich als architektonischer Höhepunkt der ganzen Akropolis und letztlich der ganzen griechischen Antike. Mit diesem Tempel der Athena Parthenos (altgriech. *Parthenon* = »Jungfrauen-gemach«) wollten die Athener ganz bewusst alles Bisherige, besonders den bis dahin als Maßstab geltenden Zeus-Tempel in Olympia, in den Schatten stellen: Mit gut 31 x 70 Metern Grundfläche und 8 x 17 Säulen wurde der Parthenon das größte dorische Gebäude Griechenlands; statt Kalkstein wurde Marmor verwendet und für einen dorischen Tempel überreiche Verzierungen angebracht.

Doch diese Aktion löste nicht den großen Freudenjubel aus, mit dem Elgin in England gerechnet hat. »Ich hatte das unaussprechliche Missvergnügen, sehen zu müssen, wie der Parthenon seine schönsten Skulpturen verlor und wie viele architektonische Bauteile zu Boden stürzten.« berichtet der Augenzeuge Dodwell.

Auf Zeichnungen, die vor und nach dieser Aktion gemacht wurden, wird das Ausmaß deutlich: Um wertvolle Friese und Skulpturen unversehrt zu bergen, wurden sie brachial aus den Bauwerken gerissen, bei manchen größeren Objekten wurden nur das Gesicht oder andere markante Einzelheiten herausgehauen.

Viele kleine Elgins!

Unter den Augenzeugen, die mitansehen mussten, wie die Beute auf Schiffe verladen wurde, war auch der romantische Dichter und Vorkämpfer für die griechische Unabhängigkeit, Lord Byron. Er war erbost und griff zur Feder. Heraus kam ein Gedicht mit Passagen wie:

»*Aber welcher war es von all den Plünderern Deines Heiligtums/ dort auf den Höhen, auf denen Pallas Athene allein zurückblieb ...*

Schande über dich Kaledonien, denn dieser Mann war dein Sohn.«

Nur ein Gedicht? Was heute die Schlagzeilen in Boulevard-Zeitungen sind (»Wir sind Papst«), das richtete die Gedichte-Sammlung 1811/12 »Junker Harolds Pilgerfahrt« aus. Byrons Verurteilung des Raubes der »bedauernswerten Reste« eines »blutenden Landes« und zahlreiche weitere Proteste zeigten Wirkung: Erst nach langen Debatten und für einen Hungerlohn übernahm das British Museum das Raubgut. In den gebildeten Kreisen wurde das Verhalten Elgins aufs Äußerste missbilligt (man lud ihn einfach nicht zum Tee ein). Das hielt die Menschen jedoch nicht davor zurück, in großen Scharen die ausgestellten Friese zu bewundern. Am heftigsten protestierten die, die in kleinerem Maßstab das Gleiche taten wie Elgin – zum Beispiel der französische Schriftsteller Francois René Chateaubriand. Freimütig bekannte er: »Als ich die Zitadelle (Akropolis) verließ, nahm ich mir ein Marmorstück aus dem Parthenon mit; auch vom Grab des Agamemnon habe ich ein Bruchstück an mich genommen; und schließlich habe ich eigentlich von allen Bauten, die ich bisher besucht habe, immer ein Andenken gesammelt. Es sind nicht so schöne Erinnerungsstücke wie die, die der Graf von Choiseul und Lord Elgin mitgenommen haben, aber meinen Ansprüchen genügen sie.« Erst als die Griechen 1829 ihre nationale Unabhängigkeit von den Osmanen erstritten, konnten sie den Export von Antiken ganz verbieten.

Herkules mit Hydraulikkenntnissen – der Große Belzoni in Ägypten

In Ägypten dagegen schien der kulturelle Reichtum unerschöpflich zu sein. Das zumindest war der Eindruck der ersten Wissenschaftler, die 1799 die Altertümer des Nil-Landes systematisch untersuchten. Neben Soldaten nahmen auch rund 150 Wissenschaftler an der französischen Ägypten-Expedition teil. Auch Ägypten gehörte Anfang des 19. Jahrhunderts noch zum Osmanischen Reich, das zu dieser Zeit ja vom Britischen Empire gestützt wurde. Doch das wurmte die Franzosen, ganz besonders einen: den kleinen, machthungrigen Feldherrn Napoleon. 1799 landeten Napoleons Truppen bei Alexandria und eroberten das Land im Handumdrehen. Doch als sich eine britische Kriegsflotte einmischte, verließen die Franzosen 1802 bei Nacht und Nebel das Land. Napoleons Truppen mussten wieder abziehen, die Ergebnisse ihrer ersten systematischen Erfassung der ägyptischen Altertümer jedoch blieben erhalten.

1000 Jahre muslimische Herrschaft hatten den Pyramiden, Tempeln und Kolossalstatuen nur wenig anhaben können. Doch nach dem Abzug der Franzosen und einer kurzen Zeit der Anarchie konnte der Truppenführer Mohammed Ali zum Gouverneur des Landes aufsteigen. Der neue Pascha hatte große Pläne: Er wollte das Land modernisieren und holte Ingenieure und Maschinen aus Europa. Allein zwischen 1810 und 1828 verschwanden mindestens 13 antike Tempel beinahe spurlos in Kalkfabriken und wurden zu Baumaterial in den Fundamentmauern neuer Gebäude. Das dafür benötige Kapital beschaffte Mohammed Ali, indem er großzügig die Erlaubnis zur Plünderung der antiken Stätten erteilte, deren Existenz die Wissenschaftler der Napoleon-Expedition überall in Europa durch ihre Publikationen bekannt machten. Doch in Ägypten haben nicht nur Tempel und Pyramiden kolossale Ausmaße: die Statuen sind groß wie Häuser und die Obelisken zwanzig Meter hoch. Herkules wanted! Man glaubt, er sei einem Hollywood-Film entsprungen (vielleicht mit Arnold Schwarzenegger und Hulk Hoogan in der Titelrolle). Aber nein, Giovanni Belzoni gab es wirklich und sein Leben ist unverständlicherweise noch nicht verfilmt worden. Denn bevor er sich mit den ägyptischen Pyramiden befasste, gehörte seine Leidenschaft und Kraft menschlichen Pyramiden. Der 1778 im italienischen Padua geborene Giovanni Belzoni war ein Jahrmarkt-Kraftprotz, der Anfang des 19. Jahrhunderts zusammen mit seinem Bruder Francesco durch Europa zog. Zwei Giganten: Francesco war mit 1,80 m größer als der durchschnittliche Mann damals (1,65 m). Doch Giovanni überragte ihn deutlich – deshalb wird seine Größe

Retter oder Räuber? Nach seinem Tod wurde Muskelprotz Belzoni mit diesem Kupferstich als Held gefeiert.

mit sieben Fuß angegeben, 2,10 m. So groß wie heute die Basketball-Superstars, aber deutlich kräftiger gebaut. Denn Giovannis Spezialität war es, gleichzeitig zwölf erwachsene Menschen zu tragen, die an seinen Armen hingen und auf seinen Schultern ruhten. Die Spitze dieser menschlichen Pyramide bildete häufig eine kleinwüchsige Frau, die eine Fahne schwenkte. Das war Sarah, Giovannis spätere Frau. Und so müssen wir uns dieses illustre Gespann vorstellen, wie es auf einer Feluke (einem ägyptischen Lastensegler) nilaufwärts reist: Der gewaltige Giovanni, die kleine Sarah, der treue irische Diener James Curtin und ein ständig betrunkener Übersetzer sowie ein paar Seile und Hebebalken.

Wie dieses Gespann nach Ägypten kam? Giovanni hatte neben seiner Kraftmeierei Hydraulik studiert (Die Kunst, mit Wasser- oder Luftdruck, Dinge zu bewegen oder zu steuern – beispielsweise Bremsen). Während er im Frühjahr 1815 auf Malta weilte, hörte er, dass der neue Pascha von Ägypten europäische Ingenieure ins Land holen wollte. Giovanni kam, baute eine selbst konstruierte Wasserschöpfanlage und blamierte sich vor dem Pascha. Doch Giovanni war ein Mann der Tat, er erkannte eine andere Chance: Hier gab es im wörtlichen Sinne »große Dinge« zu bewegen. Der Handel mit ägyptischen Altertümern erlebte gerade einen ungeheuren Aufschwung. Diplomaten erhielten von ihren Regierungen den Auftrag, Objekte zu beschaffen, die in den Museen der europäischen Metropolen für Aufsehen sorgen sollten. So arbeitete Bernardino Drovetti für Paris, aber auch Turin und Berlin, und der Brite Henry Salt für das British Museum. Salt engagierte Belzoni, denn für Größe, Kraft und Hebelkünste gab es keinen besseren Experten. Belzoni war von einem kolossalen Ramses-Kopf berichtet worden, der am westlichen Nilufer bei Luxor liegen sollte. Er fand ihn schließlich im Ramses-Tempel unweit des Dorfes Qurna – mehr als 3 Kilometer vom Nil entfernt: 2,70 Meter hoch und 7 bis 8 Tonnen schwer. Belzoni ließ eine einfache Holzkonstruktion bauen, die von 80 Arbeitern gezogen wurde (die natürlich aus Qurna kamen). Der Transport zum 3 Kilometer entfernten Nil benötigte 16 Tage. 16 Tage, in denen Belzoni in seiner westlichen, warmen Kleidung wie verrückt schwitzte und regelmäßig hinter einem der wenigen Büsche verschwand – Magen und Darm hielten ihn auf Trapp. Er war am Ende seiner Kräfte, als der riesige Kopf am Ufer des Nils für den Abtransport nach Kairo gelagert wurde.

Die nächsten Ziele lagen weiter im Süden: der Tempel von Philae und Abu Simbel, zwei Monumente, die auf der ägyptischen Grenze zu Nubien lagen. Besonders Abu Simbel, ein Felstempel mit riesigen Steinstatuen, Abbilder von Ramses II., sollte diese dunkelhäutigen Nachbarn einschüchtern, die immer wieder das ägyptische Reich bedrohten. In Philae ließ Belzoni dekorierte Steine aus den Tempelwänden brechen. Doch in Abu Simbel scheiterte er mit seinem Team an den Sandmassen, die der Wüstenwind in den Eingang des Felsentempels blies. Inzwischen nahmen die Rivalitäten zwischen französischen und britischen Antikensammlern beständig zu. Als Belzoni Monate später wieder in Philae landete, waren die dekorierten Blöcke zerstört und jemand hatte »Operation misslungen« darauf gekritzelt. Dafür gelang es Belzoni bei dieser Expedition, endlich den Eingang von Abu Simbel freizulegen. Doch welche Enttäuschung erwartete ihn im Inneren: Nur riesige Statuen – nichts, was sich vom größten Kraftprotz seiner Zeit abtransportieren ließ. Wieder in Kairo hatte er erneut Pech, als er sich den Weg zur Grabkammer der Chephren-Pyramide erkämpfte: sie war leer! Und es kam noch dicker: Als Belzoni nach über einem Jahr wieder in Luxor landete, hatten sich dort die Franzosen breit gemacht.

Jeder Schritt zerquetscht eine Mumie

Belzoni war wütend, doch er gab nicht auf, sondern wandte sich jenseits des Nils der Nekropole des antiken Theben zu. Der Hüne stampfte durch Grabkammern und über Mumien: »Bei jedem Schritt zermalmte ich irgendwo eine Mumie unter meinen Füssen … Nach der Anstrengung, die es bedeutete, einen solchen Ort zu betreten, suchte ich einen Platz, um mich auszuruhen … ich kam indes auf dem Leichnam eines Ägypters zu sitzen, und mein Gewicht zerquetschte ihn wie eine Hutschachtel.« Doch das Mumienzerquetschen war nicht ganz sinnlos: Belzoni fand sechs Grabanlagen, darunter das Grab des Pharaos Sethos I. – auch wenn Belzoni es zunächst mit einem anderen Grab verwechselte. Es galt lange Zeit als die schönste Grabanlage im Tal der Könige. Die über einhundert Meter langen Korridore und Kammern sind über und über mit bunten Wandgemälden bedeckt. Darauf sind der Pharao, das Sonnenboot, mit dem er das Reich durchquert, zahlreiche Unterweltgötter und immer wieder das Hauptmotiv zu sehen: Osiris, der Chefgott des Todes, und seine Rolle im Jenseits. Von der Decke leuchten die unterschiedlichen Sternbilder – symbolisiert durch Löwe, Stier und Krokodil. Belzoni brauchte nur 10 Tage, wozu Archäologen heute 10 Jahre benötigten: die Grabanlage zu untersuchen, auszuräumen und zu schützen. Ein Besucherstrom begann ... Doch durch die Atemluft der vielen Besucher und Wasser, das in die Grabkammer einfiel, zerfielen die Wandbemalungen.

1829 machte hier Jean-François Champollion Zwischenstation – der Mann, der als erster die Hieroglyphenschrift entziffert hatte. Er war eigentlich ein Gegner der Plünderungen. Doch als er den Zerfall mit eigenen Augen sah, regte er an, die Wandgemälde nach Frankreich zu bringen. »Seien Sie versichert, mein Herr, dass Sie eines Tages das Vergnügen haben werden, einige der schönen Flachreliefs aus dem Grab Sethos' I. im Französischen Museum zu sehen. Das wird der einzige Weg sein, sie vor der drohenden Zerstörung zu retten ...« Diese Ansprache war an englische Archäologen gerichtet, die natürlich heftigst protestierten.

Und wer gewann den Machtkampf? Die Wandreliefs wurden weder nach Paris noch nach London gebracht. Selbst der Muskelmann Belzoni hatte vor dieser Maßnahme zurückgeschreckt, er ließ stattdessen von der gesamten Grabanlage Kopien anfertigen. Sie wurden mit großem Erfolg in London und anderen europäischen Städten ausgestellt. Und wie sieht das Grab Sethos I. heute aus? Leider ist es noch immer gefährdet, denn die drei Rettungsaktionen der letzten fünfzig Jahre zeigen wenig Wirkung. Es könnte auch anders aussehen dank neuer Konservierungsverfahren – das zeigt das Grab von Nefertari, der Lieblingsgattin des Pharaos Ramses II., im Tal der Königinnen. Damit die hier vom amerikanischen Getty Conservation Institute 1985 bis 1992 durchgeführten Restaurierungen langfristig erhalten bleiben, müssen Luftfeuchtigkeit und Kohlendioxyd-Gehalt der Luft niedrig gehalten werden: nur 150 Besucher dürfen die Grabkammer täglich betreten. Dank dieser Maßnahmen lassen sich seit 1995 wieder die lebendigen Darstellungen bewundern, wie Nefertari auf dem Weg ins Jenseits mit den Göttern der Unterwelt zusammentrifft. Lebendigkeit, Präzision und Fülle der Darstellungen wirken so intensiv, dass sie den Anschein von Zuckerbäcker-Stil erwecken. Die satte Farbgebung auf dickem Putz wird durch die bei der Restaurierung verwendete Acrylschicht noch verstärkt.

Zu groß, um fortgeschleppt zu werden: Riesige Statuen von Ramses II. liegen noch heute umgestürzt in seinem Tempel am Nil.

Doch nicht nur Engländer und Franzosen bedienten sich in Ägypten. Auch die erste große deutsche Expedition unter Karl Richard Lepsius 1842 bis 1845 verfolgte eine Doppelmission. Lepsius fertigte Karten von Gizeh und Sakkara an und publizierte später das zwölfbändige Epos »Denkmäler Ägyptens und Äthiopiens«. Gleichzeitig schaffte er jedoch auch 15 000 Funde in 194 Kisten außer Landes – den Grundstock für das Ägyptische Museum in Berlin, dessen Direktor er später wurde. All dies geschah im Rahmen der lange praktizierten Fundteilung.

Fundteilung

In vielen an Antiken reichen Ländern wie Ägypten oder dem Irak galt bei Ausgrabungen lange Zeit das Prinzip der Fundteilung: Was Archäologen an transportablen Fundstücken freigelegt hatten, wurde in zwei etwa gleichgroße Hälften geteilt. Eine blieb in Ägypten, die andere konnten die Archäologen mitnehmen. Auf diese Weise gelangte auch die berühmte Büste der Königin Nofretete nach Deutschland. Sie war am 6. Dezember 1912 bei Ausgrabungen der Deutschen Orient-Gesellschaft (DOG) unter der Leitung von Ludwig Borchardt in Tell el-Amarna, der Hauptstadt des Pharaos Echnaton, entdeckt worden. Sie ist heute die Hauptattraktion des Ägyptischen Museums Berlin, das seit dem 16. Oktober 2009 wieder im Neuen Museum (Nordflügel) auf der Berliner Museumsinsel untergebracht ist. Als Ägypten 1923 nach langer Fremdherrschaft wieder eine Nation wurde, wurde sogleich die Ausfuhr antiker Güter verboten. Trotzdem schafften Raubgräber weiterhin kostbare Stücke nach Europa und in die USA, wo Kunstliebhaber viel Geld dafür bezahlten. International wurde der Handel mit diesen Raubgütern erst 1970 durch die »UNESCO-Konvention über Maßnahmen zum Verbot und zur Verhütung der unzulässigen Einfuhr, Ausfuhr und Übereignung von Kulturgut« geächtet. Diesem Abkommen trat die Bundesrepublik Deutschland erst im Jahre 2008 bei.

Mit diesem Ausverkauf war erst 1858 Schluss, als der König von Ägypten, Said Pascha, einen Franzosen zum ersten Generaldirektor der Ägyptischen Altertümer ernannte. Das war ein kluger Schachzug von Said Pascha: Indem er einen Ausländer, Auguste Mariette, damit beauftragte, hatte er eine Person für diesen wichtigen Posten ernannt, die von den Ausgräbern akzeptiert wurde. Außerdem war so gesichert, dass der oberste Antikenschützer nicht im heimischen Bakschisch-Klüngel steckte. Noch dazu war Auguste Mariette ein echter Idealist: Den ehemaligen französischen Lehrer hatte daheim das Ägypten-Fieber gepackt. 1850 war er an den Nil gekommen, um in koptischen Klöstern frühchristliche Manuskripte zu kaufen. Nachdem ihm die Mönche das verweigert hatten, nutzte er seine Gelder, um in der Pyramidenstätte Sakkara zu graben. Er legte eine unterirdische Nekropole frei – diese umsichtige Grabung brachte ihm viel Anerkennung und etwas später, 1857, einen Folgeauftrag von Said Pascha: Für den französischen Prinzen Napoleon (es ist der Cousin Napoleon III.) soll er eine schöne kleine Sammlung ägyptischer Altertümer zusammenstellen. Mariette bekam dafür Gelder und ein Dampfboot gestellt und er konnte in Gizeh, Sakkara, Theben und Elephantine graben. Der Prinz kam dann gar nicht, aber das war egal. Denn Mariette konnte Said Pascha nicht nur dazu überreden, ihn weiter ausgraben zu lassen, er wurde ein Jahr später zum Leiter der Altertümerverwaltung ernannt. Und die kleine Sammlung für Napoleon bildete den Grundstock für das Ägyptische Nationalmuseum in Kairo. Im Laufe seiner inzwischen 150-jährigen Geschichte wurde es schließlich doch zu dem Ort, wo die meisten und kostbarsten Kunstwerke des alten Ägypten aufbewahrt werden.

Kommen wir nun zu der Rettungsgeschichte der Archäologie schlechthin – dem Pergamonaltar.

Zufällige Rettung eines antiken Weltwunders

Die schöne Geschichte von der zufälligen Rettung der Altarfriese von Pergamon, die noch immer in den meisten Reiseführer steht, lautet so: im Jahr 1873 baute der deutsche Ingenieur

Carl Humann in der Nähe von Bergama eine Straße. Zufällig fiel ihm dort eine Marmorplatte mit einem Relief auf, die ein Bauer in seiner Karre transportierte. Er kaufte dem Bauern die Platte, die zu Kalk verbrannt werden sollte, ab und schickte sie an die königlich-preußischen Museen nach Berlin. Dort erkannte man die Bedeutung des Fundes und setzte alles zur Rettung Notwendige in Bewegung.

Das Fundament des Pergamonaltars an seinem ursprünglichen Aufstellungsort.

So viel Dramatik – doch leider wird auch hier wieder die eigentliche Entdeckungsgeschichte von Legenden überwuchert. Wahr ist allerdings: Der Mann, der den Pergamonaltar fand, der in Ephesos, Priene, Milet, Didyma und Bogazköy forschte, war eigentlich kein Archäologe, sondern Ingenieur, ein kranker Ingenieur noch dazu. Ein Lungenleiden führte dazu, dass er sein Studium vorzeitig beenden musste. Er folgte einer Einladung seines Bruders Franz auf die Insel Samos, der dort mit dem Ausbau des Hafens Tigani beschäftigt war. Human nutzte seinen Aufenthalt, um den teilweise freigelegten Heratempel zu erforschen und weiter auszugraben. Da das Mittelmeer-Klima Humann gut tat, blieb er in der Gegend. Er verlegte seinen Aufenthalt nur nach

Istanbul, wo ihm die historischen Bauten und die persönliche Freiheit imponierten – ausgerechnet im Osmanischen Reich, das als großer Unterdrücker dargestellt wird: »Hier in der Türkei lebt man in der Tat viel freier als in Preußen oder irgendeinem anderen deutschen Vaterlande. Für den Europäer wenigstens existieren Presse-, Versammlungs- und Redefreiheit in vollem Maße. Steuern bezahlt er verhältnismäßig wenige. Mit Pässen und anderer lästiger Aufsicht wird man nicht gequält. Jeder kann sich Geld verdienen, wie er will, ohne dass der Staat sich patriarchalisch ins Mittel legt.«

Der rekonstruierte Pergamonaltar im gleichnamigen Museum auf der Berliner Museumsinsel.

Weil Briten und Deutsche dem Osmanischen Reich militärischen Beistand gegen das zaristische Russland leisteten, öffnete sich das Land in den 60er-Jahren des 19. Jahrhunderts notgedrungen dem Westen – die Zeit war günstig für forsche Händler und Ingenieure. Die Brüder Humann erhielten vom Großwesir persönlich Vermessungsaufträge und schließlich 1867 ein Ferman für den Bau von Straßen in Kleinasien. Bereits 1864 hatte Carl die Akropolis von Pergamon besucht und sich darüber empört, dass sämtlicher, transportabler Marmor zu Kalk verbrannt worden war. Lange bevor er die ersten Friesplatten des Altars 1867 fand, konnte er dank seiner Beziehungen den Kalkbrennern das Handwerk legen lassen. In unmittelbarer Gefahr hatten sich die Altarskulpturen allerdings nicht befunden, denn sie waren so fest in die byzantinische Stadtmauer verbaut, dass Humann sie während der späteren Grabungskampagne nur mithilfe einer Handwinde von 12 Tonnen

Hebekraft freibekam. 1873 ging das Straßenbauprojekt der Gebrüder Humann Bankrott, und Carl suchte eine neue Aufgabe. Er hatte dem Leiter der Berliner Antikensammlung, Ernst Curtius, die ersten Friesfunde aus Pergamon gezeigt. Doch in der Reichshauptstadt war man zunächst nicht interessiert: Das waren keine schlichten Kunstwerke griechischer Klassik, wie sie Winckelmann vorschwebten, sondern viel zu plastische Darstellungen irgendeines Götterkampfes. Zu Humanns Enttäuschung wandte sich Curtius lieber den Ausgrabungen in Olympia zu. Erst Curtius' Nachfolger, Alexander Conze, brachte die Friesplatten mit einer Bemerkung des antiken Schriftstellers Lucius Ampelius in Verbindung, der von einem »großen Marmoraltar mit großen Marmorskulpturen« berichtete – für ihn eines der sieben Weltwunder.

Pergamons berühmter Athene- oder Zeus-Tempel?

Einst thronte er auf der südlichen Spitze des Burgberges von Pergamon, von wo aus er weit in die antike Landschaft hinein strahlte. Der freistehende monumentale Altar, den König Eumenes II. im 2. Jahrhundert v. Chr. errichten ließ, gilt als das bedeutendste erhaltene Kunstwerk des Hellenismus. Auf einem 35,5 x 33,4 Meter tiefen Fundament wurde der Altar in U-Form angelegt: alle Sockelwände sind mit plastischen Reliefskulpturen geschmückt, von Westen her führt eine 20 Meter breite Freitreppe auf die Säulengänge. Die Skulpturen aller Außenwände erzählen eine Geschichte: An der Seite Zeus und Athenes kämpfen rund 50 Götter des griechischen Olymps zusammen mit der anatolisch-orientalischen Muttergöttin Kybele gegen die Giganten, erdgebundene Halbgötter, die nach der Macht greifen. Es gibt genauso gute Gründe den Tempel Athene und nicht – wie in der Regel – Zeus zuzuordnen. Er sollte den Sieg Pergamons, das im 3. und 2. Jahrhundert v. Chr. nur ein kleines Königreich an Kleinasiens Küste bildete, über die brandschatzenden keltischen Galater verherrlichen. Die plastischen Skulpturen des Pergamonaltars haben allerdings wenig mit dem Schlichtheitsideal der griechischen Klassik gemein: Im Originalzustand waren sie bunt angemalt und mit metallenen Zierrat bestückt.

Eines der antiken Weltwunder kam gerade recht, denn das vereinte Deutsche Reich schickte sich an, Kulturnation zu werden. Und das hieß: große Kunstwerke in großen Museen. Bereits während der ersten Grabungskampagne 1878 konnte Humann 39 Friese freilegen und nach Berlin verschicken. Als sie dort im folgenden Jahr ohne große Vorankündigungen ausgestellt wurden, war die Begeisterung über diese überlebensgroßen Götter und Giganten groß. Nach einigem Hin und Her wurde schließlich eine eigene Halle für den rekonstruierten Altar errichtet, in dem Museum, das heute seinen Namen trägt (Pergamonmuseum).

Die Ausgrabungen in Pergamon selbst finden seit einhundert Jahren keinen Abschluss. Humanns Nachfolger Wilhelm Dörpfeld und Theodor Wiegand ließen das gesamte Stadtgebiet der Akropolis erforschen. Obwohl sie erste Schutzmaßnahmen für den Erhalt der Bauwerke einleiteten, blieben ihre Arbeiten in erster Linie Suchgrabungen. Um die Jahrhundertwende glich die Akropolis einem Trümmerfeld. Erst mit der 1971 einsetzenden, neuesten Grabungskampagne hat sich die Zielsetzung völlig gewandelt. Unter der langjährigen Leitung von Wolfgang Radt stand das Bewahren an erster Stelle. Eine umfassende Restaurierung der Anlage kombinieren die Wissenschaftler mit einer Sicherung von Funden wie z. B. Mosaikböden und der Erforschung der Unterstadt.

Und was soll mit dem berühmten Altar geschehen? »Der ist rechtmäßig nach Deutschland gekommen«, erklärt Wolfgang Radt. »Das ursprüngliche Ferman sah zwei Drittel der Funde für das Deutsche Reich vor, das übrige Drittel wurde den Osmanen im Nachhinein abgehandelt.« Trotzdem haben sich die Archäologen mit den türkischen Behörden auf einen »Ausgleich« geeinigt. Mit viel Aufwand wurde vom Deutschen Grabungsteam das Trajaneum, ein römisches Heiligtum am Gipfelpunkt der Akropolis, rekonstruiert.

KAPITEL 6

Megacooler Ausgräber oder schlitzohriger Schwindler?

Die Wahrheit über den berühmtesten Archäologen aller Zeiten

Wenn man heute nach einem großen oder gar dem größten Archäologen aller Zeiten fragt, wer fällt einem dann ein? Carl Humann, der Entdecker des Pergamonaltars? Oder Arthur Evans, der Ausgräber von Knossos? Vielleicht Howard Carter, der die Grabkammer Tutanchamuns fand? Nein, die meisten kennen diese Archäologen kaum. Heinrich Schliemann jedoch kennt jeder. Und jeder weiß, dass er Troja entdeckt und ausgegraben hat. Manche wissen auch noch, dass er eigentlich Kaufmann war, der sich erst in späteren Jahren der Archäologie zuwandte. Und einige wenige wissen sogar, dass er anfangs erbittert gegen die Archäologen seiner Zeit ankämpfen musste, die zuerst nicht glauben wollten, dass es Troja überhaupt gegeben hat, und dann daran zweifelten, dass der heldenumwobene Ort dort gelegen hatte, wo Schliemann ihn lokalisierte.

Nicht nur zu Lebzeiten war Schliemann umstritten – bis in unsere Zeit gehen die Einschätzungen über ihn weit auseinander. »Ein Mensch des 19. Jahrhunderts, der seine Zeit verkörperte und zugleich über sie hinauswies«, so ehrte ihn noch 1961 der Archäologe Roland Hampe. Für den Sachbuch- und Romanautor Phillip Vandenberg dagegen, der 1995 eine 400-seitige Biografie des Ausgräbers veröffentlichte, war Schliemann als Persönlichkeit eine Mischung aus »komplexbeladenem Egomanen«, »Helden und Schurken« und »Dichter seines eigenen Lebens«. Wie lässt sich dem Geheimnis dieses Mannes heute auf die Schliche kommen?

Gehen wir vom Sichtbaren aus: Aus den frühen Lebensjahren gibt es nur ein einziges Foto, aufgenommen 1861 in Sankt Petersburg. Ein recht kleiner, unscheinbarer Mann posiert vor der Kamera. Er trägt einen auffällig zu weiten, teuren Mantel mit breitem Wolfspelzkragen, der bis auf den Boden reicht, seine Hände verlieren sich in den viel zu langen Ärmeln. Und der große Zylinderhut, doppelt so hoch wie sein Kopf, soll seine kleine Statur von 1,56 Meter etwas in die Höhe strecken. Kleiner Mann – (möchte gern) ganz groß!

Das soll Heinrich Schliemann sein?, wird mancher ausrufen. Der berühmteste und bedeutendste Archäologe aller Zeiten? Ja und Nein. Ja, er ist mit Sicherheit der berühmteste. Und er wurde zum Inbegriff des Selfmade-Mannes des 19. Jahrhunderts: Aus armen Verhältnissen hat er sich mit eigener Kraft und Klugheit zum reichen Geschäftsmann emporgearbeitet und dann ganz der Bildung und Wissenschaft zugewandt. Doch, ob er auch der bedeutendste Archäologe, also zu Recht der berühmteste ist – daran zweifeln mittlerweile immer mehr Forscher bei der Beschäftigung mit seinem Leben, seiner Arbeit. In den letzten Jahren drängt sich immer stärker der Verdacht auf, dass der berühmteste Archäologe zugleich auch einer der größten Aufschneider war. Denn das Meiste, was von seiner Tätigkeit und seinem Leben bekannt wurde, stammt von ihm selbst.

Während er seine Grabungen leitete, schrieb er fortlaufend Tagebuch und Artikel für die »Augsburger Allgemeine Zeitung« und die Londoner »Times«. Allen anderen Grabungsteilnehmern verbot er dagegen strikt, irgendetwas über die Entdeckungen zu veröffentlichen. Die Welt sollte nur das über Troja wissen und denken, was er bestimmte. Und nicht nur über Troja – Heinrich

Kleiner Mann ganz groß – der junger, gerade reich gewordene Heinrich Schliemann.

Schliemann wollte auch festlegen, was über sein Leben bekannt wurde. So schrieb er die Biografie seines Lebens zurecht, ließ Unangenehmes weg und schmückte an anderen Stellen aus: Mit der »Ilias« in der Hand durchstreifte der Kaufmann Heinrich Schliemann im August 1868 die Troas, das Gebiet südlich der Einmündung der Dardanellen-Meerenge in die Ägäis. Als er akribisch die Ortsangaben Homers mit den geografischen Gegebenheiten vor Ort verglich, erkannte er: Troja konnte nicht, wie einige Zeitgenossen glaubten, landeinwärts auf dem Festungsberg Pinarabasi liegen, sondern musste sich zwischen den Flüssen Skamander und Simoeis auf dem Hisarlik-Hügel befinden. Unter großen Opfern grub er Troja aus – und finanzierte dieses Projekt selbst. Reich war er nur geworden, um später seine kostspieligen archäologischen Unternehmungen finanzieren zu können.Denn eigentlich stammte er aus armen Verhältnissen. Er hatte vorzeitig die Schule verlassen und bei einem kleinen Kaufmann in die Lehre gehen müssen. Allein durch Zähigkeit, Sprachgewandtheit und gewagte Kalkulationen hatte er sich in kurzer Zeit ein Vermögen erhandelt. Auf der Höhe seiner Karriere wandte er sich dann der Bildung zu, fand das sagenumwobene Troja und grub in Mykene Schätze aus. Auf diesen Augenblick habe er bereits seit seiner Kindheit hingearbeitet, erklärte er in seiner späteren Autobiografie.

Skrupelloser Emporkömmling

Erst seitdem in jüngster Zeit Schliemanns Leben kritisch erforscht wird, bröckelt diese Legende. Über 60 000 Briefe und ganze Stapel von Tagebüchern hat Schliemann in seinem Leben geschrieben, vieles davon wird erst jetzt gesichtet. Ergänzt durch zeitgenössisches Archivmaterial, tritt eine ganz andere Geschichte zu Tage: die einer unglücklichen Kindheit, eines ehrgeizigen Aufsteigers, eines skrupellosen Kaufmanns und eines ebenso skrupellosen Archäologen. Der kleine, eher hässliche Mann aus der Provinz arbeitete sich in Handelskontoren in Hamburg und Amsterdam verbissen empor. Fleiß und Selbstüberschätzung rangen dabei um die Wette: »Sie haben keine Kenntnisse von Menschen und Welt, schwatzen und versprechen viel zu viel, schwärmen immerwährend von Hirngespinsten. Wenn Sie Ihr Ziel erreicht glauben, werden Sie grob und arrogant gegen Freunde. Befleißen Sie sich, ein praktischer Mensch zu werden und bescheidene Manieren zu erwerben«, schrieb sein Arbeitgeber dem damals 25-jährigen Heinrich ins Stammbuch. Den Ratschlag hat sich Schliemann nicht zu Herzen genommen – sonst wäre er nicht dieser reiche Kaufmann und Archäologe geworden.

Dank seines Sprachtalents wurde er 1846 nach Sankt Petersburg geschickt. Doch kaum sah er eine günstige Gelegenheit, schnell zu Geld zu kommen, nahm er sie zu seinem eigenen Nutzen wahr. Er kündigte seinem Arbeitgeber, gründete ein eigenes Kontor und verdiente ein kleines Vermögen. Dann hörte er von einer Möglichkeit, noch schneller Geld zu verdienen. In Kalifornien wurde Gold gefunden, ganz Amerika befand sich im Goldrausch. Mit 30 000 Dollar im Gepäck reiste Schliemann 1850 nach Amerika, grub aber nicht selber nach Gold, sondern gründete eine Goldgräberbank. Weit unter Marktwert kaufte er Gold, zahlte aber in bar und verkaufte das Gold zu Marktpreisen weiter. In kurzer Zeit verdoppelte er so sein Vermögen. 1853 brach der Krim-Krieg aus, Russland kämpfte gegen die Türken, die von England und Frankreich unterstützt wurden, um die Herrschaft über das Schwarze Meer und die Dardanellen-Meerenge. Schliemann unterlief Ein- und Ausfuhrverbote kriegswichtiger Waren und lieferte das Salpeter für die Feuerwaffen an Russland. Er hatte keine Skrupel, sondern bedauerte nur eines: den Friedensschluss nach drei Jahren. Inzwischen war er mehrfacher Millionär, konnte von den Zinsen leben – und sich der eigenen Bildung widmen. Also auf nach Troja? Keineswegs! Er reiste durch den Nahen Osten und durch Kleinasien, ohne sich für die Stätten Homers zu interessieren. In Sankt Petersburg löste er 1864 endgültig sein Geschäft auf und begab sich auf eine zweijährige Weltreise, die ihn nach Indien, Indonesien, China, Japan und wieder nach Amerika führte – nur nicht in die Ägäis.

1866, mit 44 Jahren, schrieb sich Schliemann an der Pariser Universität als Student ein: Sprachen, Philosophie und Ägyptologie – aber keine Archäologie. Alles beweist: Schliemann dachte bis zum Jahr 1868 überhaupt nicht daran, Archäologe zu werden.

Homer und seine Dichtungen

Die Zeit zwischen dem 10. und 8. Jahrhundert v. Chr. werten die Historiker als das »Mittelalter der Antike«: Die Ägäisbewohner verfügten über keine Schrift und TROIA-Hisarlik war nur sporadisch besiedelt. Doch die ganze Zeit über wurden die Geschichten von Agamemnon und Odysseus am Lagerfeuer erzählt – jeder, der einmal »Stille Post« gespielt hat, weiß, wie sehr sich die Dinge bei jeder mündlichen Weitergabe verändern. Aus dem mykenischen Kriegerfürsten und Sklavenhalter Agamemnon wurde ein Held, ein Inbegriff von Männlichkeit und Ehre. Als der blinde Dichter Homer die ganzen »Stille-Post«-Geschichten sammelte und in zwei Epen zusammenfasste, waren seit der tatsächlichen Zerstörung der Stadt im 12. Jahrhundert v. Chr. bereits 400 Jahre vergangen.

In der »Ilias« berichtet er von der Entführung der schönen Helena, der Belagerung Trojas und dem Zweikampf zwischen Achill und Hektor, nicht aber vom Untergang der Stadt durch die List mit dem Pferd. Die »Ilias« – Troja wurde von den Griechen Ilion genannt – diente dabei als Göttersaga, Heldenepos und Ahnenchronik zugleich. Helden, die mit den Göttern rangen, sollen die Vorfahren der Griechen gewesen sein. Neben dem Unterhaltungswert hatten die immer wieder erzählten Episoden eine weitere wichtige Funktion: Hunderte von griechischen Kämpfern und deren Familien wurden in den sogenannten Schiffskatalogen angeführt, deren Nachfahren aus diesen Erwähnungen Ansprüche auf Land und gesellschaftliche Stellungen ableiten konnten.

In der »Odyssee« berichtet Homer schließlich von der schier endlosen Heimfahrt des listigen Odysseus – vom Untergang Trojas wird nur am Rande berichtet.

Erst mit 46 Jahren wandte er sich Homer zu. Um die Stätten der Schlachten Achills und Agamemnons gegen Hektor und Aeneas zu besichtigen, brach er 1868 zu einer Bildungsreise in den Ägäisraum auf. Als »gewöhnlichen Touristen«, der einen »pleasure trip« machen wolle, bezeichnete er sich selbst zu Beginn seiner Reise, da ihm die für wissenschaftliche Untersuchungen notwendigen Kenntnisse fehlten. Vier Monate nach seiner Rückkehr jedoch veröffentlichte er sein Reisetagebuch – mit dem anmaßenden Untertitel »Archäologische Untersuchungen«. Darin behauptete er, eigene Beobachtungen und seine genaue Auslegung von Homers »Ilias« hätten ihn Troja entdecken lassen. Da sich Schliemanns Verwandlung vom Kaufmann zum Forscher dort vollzog, sind die Geschehnisse auf der Troas im August 1868 von besonderem Interesse.

Es ist nicht verständlich, warum die meisten Biografien, die Zeitungen sowieso, bis heute die Schliemannsche Selbstdarstellung unhinterfragt übernehmen: Er sei mit dem Motiv, Troja zu suchen, nach Kleinasien gereist, dort habe er mit der »Ilias« in der Hand den Hisarlik-Hügel als Stätte des alten Troja geortet. Aber was geschah 1868 wirklich auf der Troas? Wie konnte sich Heinrich Schliemann in nur vier Monaten von einem Bildungsreisenden ohne Antiken-Wissen in einen Archäologie-Kundigen verwandeln? Lässt sich die Wahrheit nach so langer Zeit überhaupt noch herausfinden?

Das geheimnisvolle Tagebuch

Athen im Juli. Mit 42 °C ist heute einer der heißesten Tage in der Stadt. Der Asphalt des Platzes vor dem Parlament kocht förmlich. Jeder versucht, von Schatten zu Schatten zu hüpfen. Hier in Athen verwirklichte Schliemann seinen Klassiktraum. Er ließ sich ein Haus mit Säulen, Inschriften und Statuen antiker Gestalten bauen. Auf dem Athener Friedhof liegt er in einem pompösen Grab bestattet. Und in der Athener Gennadius-Bibliothek, die der Amerikanischen Schule für Archäologische Studien angeschlossen ist, befindet sich ein Großteil des schriftlichen Nachlasses von Heinrich Schliemann. Ich laufe zur Gennadius-Bibliothek am Fuße des Lykavettos-Berges. Schon nach wenigen Metern läuft mir der Schweiß über den Rücken. Ich hatte der Bibliothek einen Brief geschrieben, dass ich die Schliemann-Tagebücher gern einsehen würde, und heute Morgen habe ich noch einmal telefonisch nachgehakt: »You are welcome.« Es herrscht die unkomplizierte, amerikanische Art. Die Bibliotheks-Mitarbeiterin ist sehr freundlich und erklärt, sie mache den Job erst seit Kurzem. Vor allem aber ist es im kleinen Lesesaal kühl. An den Wänden der Galerie hängen Bilder englischer Gelehrter und der Königin. Man fühlt sich ins 19. Jahrhundert zurückversetzt. Ruhe, Kühle, langsame Bewegungen – welch ein Kontrast zur Hektik des modernen Athens.

Schliemann ist als Vielschreiber bekannt. Deshalb überlegte ich, wie viele Tagebücher er über seine wohlgemerkt erste Reise in die Welt der Klassik, nach Italien und Griechenland, verfasst haben mochte? Ob meine Eingrenzung »August 1868«, die ich der Bibliothekarin genannt hatte, ausreichen würde? Doch sie kommt mit nur einem kleinen gebundenen Kladdenheft zurück. Da der Rücken des Bandes sich aufgelöst hat, wird er in Schaumstoffpolster gebettet. Schon beim ersten Durchblättern wundere ich mich: Die Kladde ist nur bis zur Hälfte vollgeschrieben.

Der Berichtszeitraum reicht vom 5. Mai (Rom) bis zum 30. August (Athen). Fast vier Monate war Schliemann unterwegs, und nur wenige Tage davon in der Umgebung Trojas, der Troas. Kann es stimmen, dass diese Region (Kleinasien) sein »eigentliches« Reiseziel war? Während seines Aufenthaltes in Italien schreibt er auf Italienisch, ganz Bildungsreisender. Er beschreibt die antiken Stätten und Kulturdenkmäler. Aus welchem Gestein die Dinge sind, wo was zu finden ist. Detektivisch genau schildert er sämtliche antiken Gebäude, von wem erbaut, wer hat den Dekor gemalt. Er zählt nur auf, zieht keine Schlüsse. Am 5. Juli, gerade in Galipoli, auf dem westlichen Ufer der Dardanellen-Meerenge, gelandet, wechselt Schliemann mitten im Satz vom Italienischen ins

Griechische. Was sofort auffällt: Der Italienteil umfasst ungefähr 100 Seiten, der griechische nur knapp 20 – von der Troasfahrt existieren zwei Seiten pro Tag.

Er schreibt öfters Inschriften ab, kopiert Zeichen und Symbole. Leider bin ich selbst an dieser Stelle mit meinem Latein (besser gesagt: mit meinem Touristengriechisch) am Ende. Aber zwei, die es besser können, haben sich des Tagebuchs angenommen. Die britischen Historiker M. Lehrer und D. Turner übersetzten die Tagebuchseiten Zeile für Zeile und verglichen sie mit den späteren Aussagen Schliemanns.

Den größten Teil seiner siebenwöchigen Reise verbringt er auf Ithaka und der Peleponnes-Halbinsel, also in Griechenland. Nur eine knappe Woche ist der Troas zugedacht – und davon verbringt er die meiste Zeit auf Pinarabasi, lässt von einheimischen Arbeitern kleine Probegrabungen vornehmen und begeht immer wieder das Gelände. Vom Hisarlik-Hügel ist die ganze Zeit über nicht die Rede! Mit Hilfe des Tagebuchs können die für Schliemanns weiteres Leben entscheidenden letzten drei Tage auf der Troas genau rekonstruiert werden:

14. August – nach einem sechstägigen Aufenthalt auf der Troas will Schliemann von Çanakkale aus, der Hafenstadt am Ausgang der Dardanellen-Meerenge, nach Istanbul reisen. Er beabsichtigt, die Troas zu verlassen, ohne den Hisarlik-Hügel näher besichtigt zu haben. Wenn er ihn überhaupt gesehen hat, dann am 9. August im Vorbeireiten, ohne dass er dabei an Troja gedacht hätte. Er würdigt diesen unbedeutenden Hügel mit keinem zweiten Blick. Doch nun passiert das Entscheidende: Schliemann verpasst sein Schiff und muss zwei Tage warten.

15. August – zwei Tage in Çanakkale quasi gefesselt. Der findige Geschäftsmann Schliemann, der neugierig wie eine Maus überall herumschnuppert, dreht auch in dieser verschlafenen Provinzhauptstadt jeden Stein um, auf der Suche nach etwas Interessantem. Dabei trifft er mit dem britischen Diplomaten Frank Calvert zusammen. Der Hobbyarchäologe und ausgezeichnete Kenner der Troas weist auf Hisarlik hin. Er lädt Schliemann in sein Haus

ein, zeigt ihm Karten von der Troas und schwärmt von den Grabungsmöglichkeiten dort. In sein Tagebuch notiert Schliemann über diese Begegnung: »Er [Calvert] rät mir nachdrücklich, dort zu graben. Er sagt, der ganze Hügel besteht aus Siedlungsschichten. Er zeigte mir seine große Sammlung von Vasen und anderen Funden, die er dort während seiner Grabungen entdeckte.«

16. August – Schliemann reist zunächst nach Istanbul und dann weiter nach Paris. Während das Dampfschiff die Fluten der Dardanellen-Meerenge durchpflügt, reift in seinem Kopf eine Idee. Er kann es kaum erwarten, am Ziel seiner Reise, in Paris, anzukommen. Beinahe wäre er schon zwei Tage früher abgereist, hätte er nicht die Fähre verpasst. Aber dann ... nicht auszudenken! Denn noch vor drei Tagen war er ein gewöhnlicher Bildungsreisender gewesen – doch blitzschnell erkannte er seine einmalige Chance, von der Welt anerkannt zu werden. Das macht Schliemanns eigentliche Größe aus, als Kaufmann und als Ausgräber: Er erkennt eine Chance, wenn sie sich bietet, und greift sofort zu. Während der ganzen Rückreise nach Paris ist er nervös und hibbelig. Das Schiff kommt viel zu langsam voran, Schliemann wird fast krank vor Angst, jemand könnte ihm bei seinem Plan zuvorkommen. Immer wieder muss er an Deck gehen, um frische Luft zu schnappen. Doch dann überwältigt ihn ein rauschhaftes Glücksgefühl. Er, ein in Ausgrabungen völlig unerfahrener Mann ohne große Bildung, bekommt vielleicht die Möglichkeit, Troja zu finden. Wenn er nur daran denkt, kribbelt es ihm durch den ganzen Körper. Er dreht sich in den Wind und saugt gierig die Luft ein. Jetzt muss alles schnell gehen, er muss handeln, bevor ihm jemand zuvor kommt. In Paris macht er sich sofort an die Arbeit und schreibt sein Reisetagebuch: Seine Detailkenntnisse entnimmt er fremden Reisebeschreibungen und den Ausführungen Calverts. Denn während er in Paris sein Buch schreibt, nimmt er gleichzeitig per Briefwechsel archäologischen Nachhilfeunterricht bei Calvert: »Wann ist es am günstigsten, mit der Arbeit zu beginnen? Bitte senden Sie mir genaue Angaben über sämtliche Gerätschaften und alle notwendigen Dinge,

die ich mitnehmen soll … Kann ich genug Arbeiter bekommen? Wie lange wird es dauern, bis ich den künstlichen Hügel abgetragen habe?«

Außerdem liest er Unmengen kulturgeschichtlicher und archäologischer Bücher. All das Wissen, das er sich in nur vier Monaten aneignet, fließt in sein Buch »Ithaka, Peloponnes und Troja – Archäologische Forschungen«. Das zeugt aber nicht nur von Wissen, sondern auch von Fantasie, denn einige Szenen sind frei erfunden, wie seine ausführlichen Beschreibungen des Hisarlik-Hügels: »Gegen zehn Uhr morgens kamen wir auf ein weit ausgedehntes hochgelegenes Terrain, welches mit Scherben und Trümmern von bearbeiteten Marmorblöcken bedeckt war. Vier einzeln stehende, zur Hälfte im Boden vergrabene Säulen zeigten die Stelle eines großen Tempels an. Die weite Ausdehnung des mit Trümmern besäten Feldes ließ uns nicht bezweifeln, dass wir auf dem Umkreise einer großen, einst blühenden Stadt standen, und wirklich befanden wir uns auf den Ruinen von Neu-Ilium, jetzt Hisarlik genannt, welches Wort Palast bedeutet.« Noch schwerwiegender jedoch ist eine Tatsache: Heinrich Schliemann begann seine Archäologie-Karriere mit einer Lüge. Der alleinige Verdienst an der Entdeckung Trojas kommt Frank Calvert zu. Der britische Diplomat wuchs im Osmanischen Reich auf und nahm bereits mit 21 Jahren (1849) an einer ersten Exkursion in die Troas teil. Spätestens 1860 identifizierte er den Hügel »TROIA-Hisarlik« als die Stadt »Troja«, die Homer in seinen Dichtungen besingt. (Der Klarheit wegen wollen wir ab jetzt unterscheiden zwischen dem Ort TROIA-Hisarlik und Troja als literarischem Schauplatz.)

Calvert erwarb Grundstücke, führte Probegrabungen durch und publizierte seine Erkenntnisse in kleinen Beiträgen. Aber die Ausgrabungen überforderten seine finanziellen und organisatorischen Fähigkeiten. Diese Aufgabe verlangte einen Mann vom Format Schliemanns. Es zeichnet Schliemanns Spürsinn aus, dass er die Chance sofort erkannte, mit der Freilegung TROIA-Hisarliks Ruhm in der Welt der Kultur zu ernten. Parallel zu den

Grabungsarbeiten, die er seit 1871 leitete, setzte sich Schliemann selbstgerecht in Szene, versorgte die europäischen Zeitungen mit seinen Grabungsberichten und drängte Calvert immer mehr in den Hintergrund. Als Calvert sich wehrte, indem er in einem Artikel seine früheren Grabungsergebnisse zusammenfasste und Schliemanns Arbeiten als Fortsetzung seiner eigenen titulierte, kam es zum offenen Streit zwischen den beiden. Außer sich vor Wut, geriet Schliemann, als Calvert in einem offenen Brief an den »Guardian« 1875 das längst Verdrängte aussprach: »Als ich den Doktor [also Schliemann] im August 1868 zum ersten Mal traf, war ihm der Ort Hisarlik als Platz von Troja neu.« Nun behauptete Schliemann, schon vor seiner Reise in die Troas 1868 TROIA-Hisarlik lokalisiert zu haben. Der Größenwahn stieg ihm zu Kopf, doch die bewundernde Öffentlichkeit folgte ihm – und vergaß Frank Calvert.

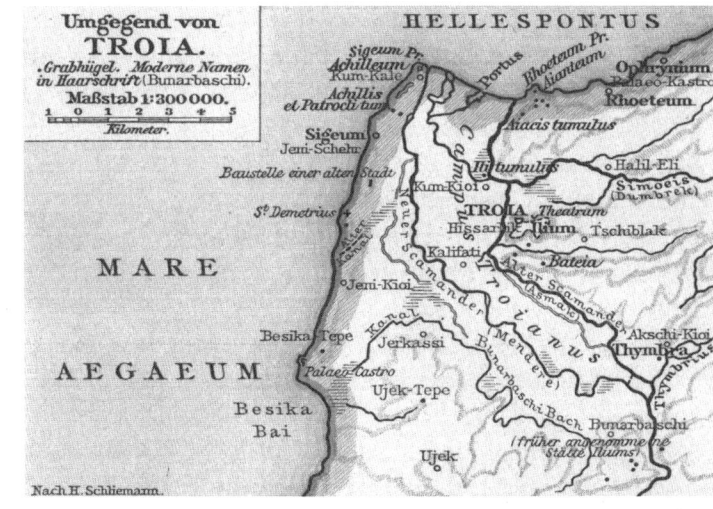

Umgebung von Troja nach Heinrich Schliemann mit dem Flusslauf des Skamander.

Menschen, die in ihrer Kindheit etwas ganz Schreckliches erlebt haben, das sie nicht wieder loslässt, haben drei Möglichkeiten, damit umzugehen:

- Sie leiden ein Leben lang darunter.
- Sie machen eine Therapie, doch diese Möglichkeit besteht erst seit Anfang des 20. Jahrhunderts durch Seelenforscher wie Siegmund Freud.
- Sie verdrängen es im Laufe ihres Lebens – das klappt am besten, wenn man die quälende Geschichte durch eine andere ersetzt.

Genau Letzteres hat Heinrich Schliemann getan. Seit er 1873 sein erstes Buch über TROIA-Hisarlik veröffentlichte, pflegte er allen seinen Publikationen eine Selbstbiografie beizufügen. Die hatte in manchen Teilen nur noch wenig mit der Realität gemeinsam. Doch Schliemann schrieb und erzählte sie so oft, dass er sie vermutlich am Ende sogar selbst glaubte. Schließlich war er davon überzeugt, dass er schon als Kind dem Vater erklärt hatte, er würde einmal Troja ausgraben, und erzählt über sich selbst:

Gern nahm der Vater den Knaben abends nach getaner Arbeit auf den Schoß und erzählte ihm Märchen und Legenden. Besonders gern erzählte er ihm aber auch von den Helden Homers. Von Paris, der die schöne Helena nach Troja entführt hat, von Agamemnon, der daraufhin zusammen mit Achilles, Odysseus und vielen Gefolgsleuten nach Troja segelte und die ummauerte Stadt zehn Jahre lang belagerte. Nach vielen Kämpfen und Zweikämpfen wurde Troja schließlich mit einer List, dem hölzernen Pferd, in dem sich Odysseus mit seinen Freunden versteckte, erobert und zerstört. Schließlich erinnerte sich Schliemann wieder ganz genau: Weihnachten 1829 hatte ihm der Vater »Jerrers Illustrirte Weltgeschichte« geschenkt. Darin war ein Bild vom brennenden Troja. »...und niemand weiß, wo es lag?«, hatte der Sohn den Vater gefragt und, als der nickte, erklärt: »Wenn ich groß bin, finde ich Troja und den Schatz des Königs.«

Im Turbotempo durch den Trojanischen Krieg

Zehn Jahre belagerten Odysseus und seine Kampfgefährten Achill, Agamemnon und Ajax das mächtige Troja, bevor es durch eine List fiel – das weiß so ziemlich jeder, spätestens seit dem Troja-Film von Wolfgang Petersen mit Brad Pitt als Achill. Der Boss von dem ganzen Unternehmen war Agamemnon, der König von Mykene, wo das ganze Drama auch beginnt und endet!

Beinahe wäre Agamemnon gar nicht König geworden. Denn sein Vater, der kluge, weise und zu gutmütige König Atreus, wurde von seinem Stiefsohn Aigisthos ermordet, der den Thron einnahm. Doch als Agamemnon alt genug war, verjagte er Aigisthos vom Thron. Zu dieser Zeit wurde Agamemnons jüngerer Bruder Menelaos König von Sparta und heiratete die schönste Frau der damaligen Welt Helena (»Miss Mykene« sozusagen). Doch Helena ließ sich vom schönsten Mann der damaligen Welt, dem trojanischen Prinzen Paris, entführen. Das wiederum verletzte die Ehre des mächtigsten Mannes in Mykene und Bruders von Menelaos, Agamemnon. Er rief zu den Waffen, alle mykenischen Fürsten sammelten sich mit ihren Heeren und gemeinsam segeln sie nach Troja. Während die Griechen die Stadt 10 Jahre lang belagern, langweilte sich Agamemnons Frau Klytämnestra so sehr, dass sie sich einen Geliebten nahm, ausgerechnet den verjagten Aigisthos. Als Agamemnons Heer Troja erobert und zerstört hatte, segelte es zurück nach Mykene. Agamemnon war so happy, nach Hause zu kommen, das er unvorsichtig war und durch einen Hinterhalt von Aigisthos umgebracht werden konnte. Doch Agamemnon wurde gerächt: seine Tochter Elektra sann auf Rache und stiftete ihren Bruder Orest dazu an, die Mutter zu ermorden.

Bis in die kleinsten Details gibt C. W. Ceram in seinem Archäologie-Bestseller »Götter, Gräber und Gelehrte« diese Szene wieder. Wortwörtlich folgt er der Selbstbiografie Schliemanns. Und auch die anderen Biografen und Historiker hegten lange Zeit nicht den geringsten Verdacht. Zu beeindruckt waren sie von dem beispiellosen Wandel des Kaufmanns zum Forscher. Doch was verbirgt sich hinter der Fassade aus Mythen und eitlen Selbstdarstellungen wirklich? Die Geschichte vom kleinen Heinrich und dem liebevollen Vater sollte eine schlimme Wahrheit verdrängen. Obwohl der Vater Pastor in Ankershagen war, lebte er ausschweifend: er soff, was das Zeug hielt, und trieb sich mit anderen Frauen herum, auch der jungen Magd im eigenen Haus. Seine eigene Frau misshandelte und schwängerte er pausenlos. Sie war gerade einmal 36 Jahre alt und hatte neun Kinder geboren, als sie erschöpft und willenlos starb. »Nervenfieber« attestierte der Arzt, doch Heinrich, zu dem Zeitpunkt neun Jahre alt, war sein Leben lang überzeugt, dass der Vater die Mutter systematisch in den Tod getrieben habe. Die Erniedrigung hätte nicht größer sein können: Die geliebte Mutter tot, der Vater ein Säufer und Ehebrecher, dem die Gemeinde das Pastorenamt entzog. Die Kinder wurden von ihren Altersgenossen gemieden, Heinrich musste die Schule abbrechen und bei einem Krämer in die Lehre gehen.

Diese Schande, gepaart mit seiner kleinen, unscheinbaren Statur, erzeugte einen gewaltigen Minderwertigkeitskomplex, der Schliemann sein Leben lang verfolgte. Doch eben dieser Komplex spornte ihn auch an, der Welt zu zeigen, was in ihm steckt. Und um das zu erreichen, war ihm beinahe jedes Mittel recht. Er hatte ein auffallendes Talent für Sprachen – im Laufe seines Lebens lernte er zahlreiche, darunter Russisch und Griechisch. Doch lernen ist das falsche Wort, er paukte sie sich in nur wenigen Wochen ein wie ein Besessener. So wurde er ein mit allen Wassern gewaschener Geschäftsmann und auch in seinem neuen Metier, der Bildung, blieb er seinen Methoden treu.

Ungeduldiger Ausgräber mit erkauftem Doktorhut

Ein Doktortitel wäre für einen Ausgräber nicht schlecht, dachte Schliemann nach seiner Ägäisreise. Also nahm er seinen Reisebericht »Ithaka, Peloponnes und Troja« und reichte ihn zusammen mit einer üppigen Schenkung als Habilitation an der Universität Rostock ein. Angenommen! Manche sprechen deshalb offen davon, er habe sich den »Doktor« einfach erkauft. Und bereits vor dem ersten Spatenstich in TROIA-Hisarlik im Herbst 1871 berichtete er in zahlreichen Zeitschriften von seinen erfolgreichen Grabungen. Doch in Wirklichkeit verließ ihn der Mut beinahe schon nach drei Wochen. »Ich glaube jetzt nicht mehr, jemals Troja hier zu finden«, schrieb er in sein Tagebuch. Umso mehr Übereifer entwickelte er – gegen alle Ratschläge Frank Calverts: Weil er den Palast des Priamos auf dem Urboden vermutete, zog er einen gewaltigen Graben (heute Schliemanngraben genannt) durch den Hisarlik-Hügel und ließ den »ganzen künstlichen Teil«, alle Spuren nachfolgender Kulturen, achtlos an die Seite räumen. Sämtliche Funde in den tieferen Bereichen stellte er in den Zusammenhang mit der »Ilias«. Obwohl er nur eine kleine schäbige Burganlage fand, erklärte er sie als »Palast des Priamos«. Als er kurz vor Grabungsschluss 1873 einen Schatz fand, konnte es nur der »Schatz des Priamos« sein. Heute werden diese Funde der frühen Bronzezeit zugeordnet, mehr als 1000 Jahre älter als das von Homer besungene Troja!

Schliemann hatte keine Skrupel, seinen »Schatz des Priamos« an den türkischen Behörden vorbei aus dem Land zu schmuggeln. Dank Schliemanns Propagandafeldzug nennt die ganze Welt bis heute diesen Schatz, der nach dem Zweiten Weltkrieg für fünf Jahrzehnte verschwunden war, bis er 1995 in Moskau wieder auftauchte, fälschlicherweise den »Schatz des Priamos«. Im Jahr des Schatzfundes verkündete Schliemann, es gebe nichts mehr zu erforschen, er habe alles gefunden, was überhaupt zu finden sei – nicht nur darin sollte er sich täuschen. Doch Schliemann hatte schon das nächste Objekt seiner Begierde auserwählt: Mykene,

Leider ohne Detektiv-Gespür ließ Schliemann einen gewaltigen Graben in den Hirsalik-Hügel, das einstige Troja, hineintreiben.

die alte ummauerte Festung im Südosten der Peloponnes. Um die Grabungslizenz zu bekommen, zögerte er nicht, Teile des TROIA-Hisarlik-Fundes gegenüber der griechischen Regierung als Pfand einzusetzen.

Die 1874 begonnenen Grabungen in Mykene verliefen nicht so chaotisch wie in TROIA-Hisarlik, Schliemann konnte sich auf ein kleines, vielversprechendes Areal auf dem Burgberg konzentrieren. Allerdings überschritt er immer wieder die strengen Auflagen, die ihm die griechische Regierung gemacht hatte. So grub er nicht nur wie vereinbart auf dem Burgberg, sondern legte auch Gräber unterhalb der Akropolis frei. Nach einer Pause 1875 stieß er im Folgejahr, wieder auf dem Burgberg, auf das Gräberrund A mit seinen reichen Grabbeigaben.

Und wieder triumphierte Schliemann – und irrte sich dabei kolossal. Dieses Mal wollte er nicht mit Homer, sondern mit Pausanias' Beschreibung (»Reisen in Griechenland«) in der Hand die Gräber der Helden des Trojanischen Krieges finden. Doch was er fand, war 300 Jahre älter als die Zeit seiner geliebten Helden im 13. Jahrhundert v. Chr. Denn nur der obere Teil der Grabanlage mit seiner Kultanlage gehört zur späten Bronzezeit (der Zeit des Trojanischen Krieges). Schliemann hatte wieder unwissend durch diesen Zeithorizont hindurch in die anonyme Vorgeschichte graben lassen. Doch als er dort Totenmasken freilegte, meinte er, eine davon könne nur die von Agamemnon sein. Wieder landete er einen PR-Coup, bevor Experten ihm widersprechen konnten. Er telegrafierte an den griechischen König: » In höchster Freude melde ich Euer Majestät, dass ich die Gräber aufgedeckt habe, welche die von Pausanias vertretene Überlieferung als die Grabstätten von Agamemnon, Kassandra, Eurymedon und ihren Gefährten bezeichnete, … die sämtlich ermordet wurden.« Seitdem ist die »Totenmaske des Agamemnon« in aller Welt bekannt – allen Widerrufen zum Trotz.

Nach diesem Fund verlor Schliemann das Interesse an Mykene, veröffentlichte jedoch ein Buch über seine Ausgrabungen, um seine Sicht der Dinge zu verewigen. Kommen, gezielt ausgraben und einen Schatz abräumen, den man einem antiken Helden zuordnen kann – nach dem gleichen Motto wie in TROIA-Hisarlik und Mykene wollte Schliemann auch noch in Delphi, Olympia und auf Kreta graben. Doch das eine Mal (in Olympia) bekam er keine Grabungserlaubnis, das andere Mal (auf Kreta) war ihm das Grundstück, das er erwerben sollte, zu teuer. Er fuhr dort hin und zählte die Olivenbäume, obwohl er sie ohnehin hätte fällen müssen. Es waren weniger, als auf dem Papier standen, der Kaufmann in ihm zürnte und er reiste wieder ab. 20 Jahre später grub Arthur Evans genau an dieser Stelle den Palast von Knossos aus.

Sophia Schliemann (1852–1933), ab 1869 zweite Ehefrau Schliemanns, mit Goldschmuck aus dem großen Schatzfund von Troja.

Ilias – warum nicht Trojas?

Ilias ist die altgriechische Adjektivbildung zu *Ilios*, die Burg, wörtlich also »zur Burg gehörend«. Da in der Dichtung Homers *Ilios* ein Alternativname für Troja ist, kann man *Ilias* folglich auch mit »zu Troja gehörend« übersetzen.

Zunächst hatte die berühmte Dichtung gar keinen Titel, es war eben »die« Dichtung, so wie es im Christentum die »Heilige Schrift«, eben die Bibel, oder im Islam »das Buch« beziehungsweise der Koran ist. Erst über drei Jahrhunderte nach ihrer Entstehung, das heißt im 5. Jahrhundert v. Chr., wählte der griechische Historiker Herodot den Namen *Ilias* für das zentrale Werk der Griechen. Wann und warum der Name »Troja« stärker in den Vordergrund rückte, ist unbekannt. Jedenfalls wurden die zahlreichen Nacherzählungen im europäischen Mittelalter bereits als »Troja-Romane« bezeichnet.

55 Jahre – doch kein bisschen weise

Schliemann war nun 55 Jahre alt und hatte sich in nicht mal zehn Jahren vom harmlosen Bildungsreisenden zum Ausgräber gemausert, über den jeder spricht. Wurde er dadurch reifer? Wir lassen einen Augenzeugen aus dieser Zeit sprechen, den britischen Archäologen Flinders Petrie: »Schliemann: klein, runder Kopf, rundes Gesicht, runder Hut, große runde Glotzaugen, ein ungemein munterer Typ, dogmatisch, aber stets bereit, dazuzulernen.« Dogmatisch, aber bereit dazuzulernen – das heißt wohl auch: Er nimmt nur an, was ihm für seine Zwecke sinnvoll erscheint. Nicht zuletzt wegen dieser anmaßenden Art blieb seine Arbeit in Fachkreisen lange Zeit umstritten und die Gelehrtenwelt versagte ihm die Anerkennung. Deshalb bleibt ihm nichts anderes übrig, als doch noch einmal in TROIA-Hisarlik zu graben. 1878 begann er mit einer zweiten Kampagne – und dieses Mal machte er es schon etwas besser. An seiner Seite hatte er nun den Arzt und Gelehrten Rudolf Virchow, der riet zu umsichtigem Vorgehen und untersuchte auch das Pflanzen- und Knochenmaterial. Vor allem hielt Schliemann jeden Grabungsschritt schriftlich fest. Diese lückenlose Dokumentation ermöglicht es den Archäologen heute nachzuvollziehen, wie die Stätte einmal ausgesehen haben muss.

Doch sein dogmatischer Anspruch blieb bestehen: Er allein war »Mr. Troja«! Als Virchow, sein Intimus und bester Berater, in Berlin eine Abhandlung über Skelettfunde der zweiten Grabungskampagne auf der Troas herausgeben wollte, schickte ihm Schliemann ein Telegramm in die Reichshauptstadt und erklärte kurz und knapp: »Nichts über Hanai-Tepe veröffentlichen, sonst Freundschaft ruiniert und Liebe zu Deutschland.« Die erste Konsequenz war klar formuliert, die zweite jedoch etwas rätselhaft. Mit der »Liebe zu Deutschland« meinte er seinen Entschluss, die TROIA-Hisarlikfunde dem Berliner Museum zu vermachen. Daran war Virchow gelegen und er zog sein Anliegen zurück – aber was Schliemann tat, war schlicht und einfach Erpressung. Er genoss mittlerweile großes Ansehen als Archäologe, nicht nur in der breiten Öffentlichkeit, sondern auch in der Forschung, die Methoden, seine Ziele zu erreichen, blieben allerdings die eines windigen Spekulanten. Doch für die dritte Grabungskampagne in »TROIA-Hisarlik« 1882 hatte Schliemann von den Ausgrabungen in Olympia den begabten Architekten Wilhelm Dörpfeld abwerben können. Ein einmaliger Glücksfall für die Erforschung der Stätte, denn als Dörpfeld sich die Grabungsstätte ansah, hatte er sofort einen Verdacht: Schliemann hatte am »Troja« der Ilias vorbei in viel frühere Zeiten graben lassen. Deshalb untersuchte Dörpfeld die von Schliemann verachtete 20 Meter dicke Schicht von Siedlungsresten genau: Was kommt vorher, was kommt nachher? Wie viele Schichten gibt es? Wo wurde die Abfolge der Schichten durch Erosion verändert?

Schliemann war jedoch nicht interessiert an dieser Detailarbeit, er ließ es bei der einen Grabungskampagne bewenden. Stattdessen unternahm er mit Dörpfeld an seiner Seite in den kommenden Jahren Ausgrabungen an der mykenischen Burg von Tiryns sowie Reisen nach Ägypten. Doch während dieser Zeit wurden Schliemanns Grabungsergebnisse in »TROIA-Hisarlik« immer wieder in Zweifel gezogen. Zwei Konferenzen mit internationalen Wissenschaftlern vor Ort, 1889 und 1890, brachten ihm nicht die entscheidende Anerkennung seitens der Gelehrten, die er auf seine Kosten hatte anreisen lassen.

Schliemann musste seinen großen Irrtum erkennen: Bei der Grabung 1882 hatten seine Arbeiter eine Mauer durchstoßen, die, wie er notierte, »in höchst solider Weise aus großen lagerhaften Steinplatten ohne Mörtel besteht«. Dieses monumentale Bauwerk wollte er bei der vierten Grabungskampagne, die gleich nach der Konferenz 1890 startete, unter der Führung von Dörpfeld freilegen lassen. Doch ein altes Ohrenleiden kam ihm dazwischen. Er beendete die Grabungen schon im August, ließ sich aber wegen vieler Termine erst im November in Halle operieren und reiste gegen den ärztlichen Rat in Richtung Athen ab, wo er mit seiner Familie Weihnachten feiern wollte. Auf dem Weg dorthin legte er mehrere Zwischenstopps ein, um unter anderem seinen Verleger in Leipzig zu sprechen und in Neapel neue Funde aus Pompeji anzuschauen. Das Ohr schmerzte wieder, doch Schliemann achtete nicht darauf. Mitten in Neapel brach er zusammen. Da er keine Papiere bei sich hatte, wollte das Krankenhaus diesen unscheinbaren Mann nicht aufnehmen. Nur ein italienischer Arzt, dessen Rezept er bei sich trug, konnte ihn identifizieren. Schliemann, aus der Ohnmacht erwacht, wollte unbedingt wieder ins Grand Hotel. Als er dort durch das Foyer getragen wurde, erklärte der Besitzer einem Gast: »Das ist der berühmte Schliemann!«

Heinrich Schliemann starb am 26. Dezember 1890, bevor er seinen letzten TROIA-Hisarlik-Plan realisieren konnte. Erst 1893/94 legte sein Nachfolger Wilhelm Dörpfeld die Verteidigungsmauer aus der TROIA-Hisarlik-VI-Phase frei. Heute sind sich die Archäologen einig, dass es sich dabei um die Festungsanlage des spätbronzezeitlichen TROIA-Hisarlik handelt. Das heißt die wahre Burg der Helden, die Homer in seiner Dichtung schil-

dert, hat Schliemann, der Ausgräber von TROIA-Hisarlik, nie mit
eigenen Augen gesehen.

*Heinrich Schliemanns pompöses Grabmonument auf dem Ersten Athener
Friedhof.*

KAPITEL 7

Von Angkor Wat bis zu den Maya-Tempeln von Palenque

Dem Dschungel entrissen, vor dem Vergessen bewahrt?

Im Jahre 1814 auf Java. Nachdem die Männer der Niederländischen Ostindien-Kompanie den indonesischen Archipel 200 Jahre lang ausgebeutet haben, hat vor drei Jahren das aufsteigende britische Empire die Herrschaft dort übernommen und Thomas Stamford Raffles zu seinem Gouverneur ernannt. Während seine Vorgänger nicht nur Javas sondern die gesamt südostasiatische Vergangenheit als barbarisch abtaten und ignorierten, übernahm der 30-jährige bildungshungrige Leutnant außer der Verwaltung auch das Amt des Präsidenten der »Batavian Society of Arts und Scienes« und lässt nun das Land und seine kulturellen Reichtümer intensiv erforschen. Ausgerechnet einer von Raffles niederländischen Offizieren, H. C. Cornelius, macht 25 Kilometer nordwestlich von Yogyakarta den erstaunlichsten Fund.

Wie solch eine Entdeckung abläuft beschreibt der Archäologe John Miksic: »Ich stelle mir vor: Als Cornelius diese Stätte zum ersten Mal sah, stieß er auf ein von wilden Pflanzen und Gestrüpp zugewuchertes Areal – deutlich dichter bewachsen als die Umgebung. Hier und dort muss er einzelne Statuen gesehen haben, die aus dem Boden herausragten. Nur diese

Ursprünglich waren alle Buddhastatuen der oberen Terrassen von Stupas eingeschlossen und konnten nur durch die Öffnungen berührt werden, was Glück bringen sollte.

Figuren erregten anfangs seine Aufmerksamkeit – ganz offensichtlich hatte ihm niemand erzählt, dass der gesamte Hügel ein menschengemachtes Bauwerk war. Erst nach und nach, denke ich, begann er zu begreifen, dass es sich hier um etwas sehr viel Größeres handelt als ein paar Statuen auf einem urwüchsigen Hügel. Ich selbst habe zwei oder drei ähnliche Erfahrungen gemacht mit kleineren, nicht so bedeutenden Bauwerken wie Borobudur.«

Cornelius fertigte etliche Skizzen des Ortes an und eilte zurück nach Jakarta. Raffles war von der Nachricht begeistert, doch er steckte bis über beide Ohren in der Arbeit. Denn kaum zum Gouverneur ernannt, hatte Raffles sogleich mit einer umfangreichen Neugestaltung der Kolonie begonnen: Er setzte eine Landreform durch, die den Bauern das Land zurückgab, reduzierte die Beamtenschaft, schränkte den Sklavenhandel und die Einfuhr von Opium ein und wollte sogar eine kostenlose medizinische Versorgung einführen. Aber auch das Land interessierte ihn; so oft er konnte, erkundete er Flora und Fauna der Insel, bestieg die Vulkane und ließ sich die Kultur der Einwohner erklären.

Erst ein Jahr nach Cornelius Entdeckung startet eine Expedition und legt die rund 400 Kilometer von Jakarta aus durch den Dschungel auf Pferden zurück. Am 18. Mai 1815 stand Raffles dann endlich vor diesem seltsamen Hügel – und war elektrisiert. Er ahnte verborgene Größe und ließ in nur zwei Wochen das Bauwerk durch 200 Einheimische von Unterholz und Erdreich befreien – nicht nur Raffles, alle Anwesenden wurden von dem Anblick überwältigt. »Dem Bauwerk haftet etwas Sogartiges an, ja Zwanghaftes. Jeder Teil ist auf das Ganze ausgerichtet.« So fasst Raffles Biograf Nigel Barley die Wirkung zusammen. »Man kann sich gar nicht dagegen wehren, auf dem Weg der Erleuchtung immer weiter nach oben fortzuschreiten.« Denn dieses 115 Meter lange und ebenso breite, 33 Meter hohe, angeblich von Barbaren errichtete Bauwerk bildet nicht weniger als eine Meditation aus Stein. Streng genommen ist Borobudur eine Stufenpyramide, die massiv über einem natürlichen Hügel errichtet wurde. Sie besteht aus ansteigenden und dabei kleiner werdenden Terrassen, sechs quadratischen und drei runden, und gipfelt in der Mitte in einer steinernen, glockenförmigen Stupa.

Je nach der Perspektive des Betrachters ändert das Bauwerk seine Erscheinungsweise: Von fern sieht Borobudur wie eine große Stupa aus, beim Näherkommen verwandelt es sich jedoch in eine mit Buddhafiguren geschmückte Stufenpyramide. Von oben gar, das konnte Raffles noch nicht sehen, gleicht es einem Mandala, dessen Muster eine geheime Botschaft trägt. Wer den Tempel schließlich begeht – da war Raffles wohl der Erste, der dies nach Jahrhunderten wieder bewusst tat – macht eine Lehrreise durch die drei Seinsformen gemäß des buddhistischen Weltverständnisses: Die unterste Ebene Kamadhatu, die Welt der Begierden, wird in 160 Steinreliefs voller Leidenschaft und Leid in Alltagsszenen dargestellt. Die darüberliegenden fünf quadratischen Terrassen bilden Galerien, auf deren Reliefs der Lebensweg Buddhas, aber auch seine Vorleben und das Nachwirken in der Welt erzählt wird. Auf den obersten drei runden Terrassen wird Arupadhatu, die Sphäre der Formlosigkeit dargestellt. Da das Formlose nicht abbildbar ist, soll die auf der obersten Terrasse in einer abgebrochenen Spitze auslaufende große Stupa den vollkommen vergeistigten Zustand der Leere, des Nirvanas, symbolisieren. Auf den sie umgebenden drei runden Ebenen stehen 72 kleinere, gitterförmige Stupas, in denen Buddhastatuen in unterschiedlichen Haltungen ruhen. So vereint Borobudur Lehrpfad, Stupa und Mandala in einem einzigen kunstvollen Bauwerk.

Wenige Monate später erreichte Rattles die Anweisung, dass er im Auftrag der englischen Regierung die Kolonie an die Holländer zurückzugeben hatte. Danach reiste Raffles über Umwegen nach England und verfasste seine »History of Java«. Mit diesem Sammelsurium seiner Erlebnisse und Erfahrungen machte er Borobudur in der westlichen Welt bekannt. Aber er war kein ruhiger Schreibtischforscher: Nach einem kurzen Aufenthalt in Bengkulu gründete er 1819 den Kolonialposten Singapur. Die Niederländer indes setzten nicht nur die von Raffles begonnenen Reformen in Indonesien fort, sie führten 1817 auch die Freilegung von Borobudur weiter. Allerdings schützten sie dieses auf der Welt einmalige Bauwerk nicht weiter gegen Wind, Wetter und Raub – mit bösen Folgen.

Borobudur

Der Name Borobudur leitet sich vermutlich von Bharabuddha ab, was »erhabener Buddha«, aber auch »viele Buddhas« bedeuten kann. Erst seit 1983 erstrahlt das Bauwerk wieder in seiner ursprünglichen Pracht. Rund 2500 Meter umlaufende Reliefdarstellungen, 504 Buddhafiguren und 72 Stupas sprengen nahezu das Vorstellungsvermögen der Besucher.

Borobudur entstand ungefähr zwischen 780 und 850 n. Chr., als die buddhistische Shailendra-Dynastie in Zentraljava die hinduistischen Herrscher vorübergehend verdrängt hatte. Der Reichtum der Region lag schon damals in den fruchtbaren Vulkanböden. Der Bau von terrassenförmigen Reisfeldern und Wasserkanälen ließ eine gut organisierte Gesellschaft entstehen, die auch dazu in der Lage war, aus Millionen Steinen über Jahrzehnte lang Borobudur zu errichten. Das gesamte Bauwerk war einmal, wie bei Stupas üblich, weiß verputzt und leuchtete wie eine Lotusblüte. Spätestens 1006, beim schwersten Ausbruch des Vulkans Merapi seit Menschengedenken, wurde Borobudur von Lavaasche bedeckt. Das Bauwerk wurde beschädigt, doch da es massiv auf einem Hügel errichtet ist, brach es nicht ein.

Borobudur wurde, scheinbar ganz so wie es die zentrale Archäologie-Legende will, dem Dschungel entrissen. Aber kann auch von einem echten Wiederentdecken der Anlage gesprochen werden? Der Hügel mit seinen vielen freiliegenden Skulptur-Resten war auch von den Einheimischen noch als ein ehemaliges Bauwerk zu erkennen gewesen, als Muslime hatten sie jedoch kein Interesse an diesem Platz der Ungläubigen, sondern mieden ihn.

Der von Suryavarman II. (1113–1152) erbaute Tempel Angkor Wat ist das größte Bauwerk in ganz Südostasien. Seine Umfassung misst 1500 x 1300 Meter, der Graben darum ist 200 Meter breit. Der eigentliche Tempel erreicht fast 200 Meter im Quadrat.

Aber im Fall von Kambodschas Angkor Wat scheint diese Legende zu stimmen, denn kennt nicht jeder die Bilder seiner Tempelwände, die von Wurzeln der Dschungelbäume wie von Tintenfischarmen in den Würgegriff genommen werden?

Angkor ist mehr als Angkor Wat

Schon Ende des 16. Jahrhunderts erwähnte der portugiesische Kapuzinermönch Antonio da Magdalena in den Berichten seiner Missionsreisen durch den Fernen Osten über einen Tempel in Kambodschas Dschungel, den die Einheimischen »Angar« nannten: »Er ist von solch außerordentlicher Bauweise, dass es unmöglich ist, ihn mit der Feder zu beschreiben … er ist wie kein anderes Bauwerk auf der Welt. Er hat Türme und Verzierungen und alle Finessen, die menschlicher Schöpfergeist ersinnen kann.«

Auch den anderen Europäern, die in den folgenden Jahrhunderten Südostasien erkundeten, erschien es als ob die Tempelanlage vollkommen in Vergessenheit geraten, vom Dschungel überwuchert und erst von ihnen wiederentdeckt worden wäre. Dies trifft tatsächlich auch für einen Großteil der benachbarten Tempel wie Bakong oder Phnom Bakheng zu. Nicht jedoch für Angkor Wat selbst, es blieb verschont, weil es nach dem Untergang der Khmer-Reiche als buddhistisches Kloster bewohnt blieb – »Wat« heißt nichts anderes als »Sitz einer buddhistischen Gemeinschaft«. »Angkor« dagegen heißt eigentlich »Königsstadt« und unter diesem Begriff wurden mittlerweile vier verschiedene Bedeutungen zusammengefasst: »Angkor« bildet geografisch das Gebiet zwischen Kambodschas großem See, dem Tonle Sap, und dem Phnom-Kulen-Gebirgszug, in dem die Städte und Tempel der Khmer-Könige lagen. Auch die Zeit der Großreiche von 802 bis 1431 n. Chr. wird als »Angkor« bezeichnet. Ebenso werden die ehemaligen Hauptstädte der bedeutenden Khmerkönige Yasovarman I., Suryavarman I. und II. und Jayavarman VIII. »Angkor« genannt. Und inzwischen dient »Angkor« als Name für die Stil-

richtung der konzentrisch gebauten Tempelberge mit ihren individuell gestalteten Skulpturen und Reliefs.

Den ersten Reiseberichten wurde in Europa allerdings wenig
Beachtung geschenkt; man tat die Beschreibungen als Übertrei-
bung ab, in dem Vorurteil, dass außer Griechen oder Römern niemand zu solchen Bauwerken in der Lage gewesen wäre. Erst als
der französische Botaniker Henri Mouhot um das Jahr 1860 mit
Berichten von seiner Forschungsreise die gesamte Khmer-Kultur
in Europa bekannt machte, erwachte das Interesse. Und im Jahr
1908 wurde der Franzose Jean Commaille erster Beauftragter zum
Schutz der Bauwerke Angkors. Er widmete sich als Erstes dem
noch gut erhaltenen Angkor Wat, ließ Bäume fällen, Erosions-
schichten abtragen und erste Touristenwege anlegen.

Khmer-Reiche

Um ca. 800 n. Chr. begann in Südostasien der Aufstieg des
Khmer-Reiches, das zeitweise die Gebiete des heutigen Kambodschas, Thailands, Laos und Südvietnams umfasste. Be-
herrscht wurde dieses Großreich von den weiträumigen Tem-
pelstädten, die die Herrscher in der Ebene Kambodschas
errichten ließen. Das erste Angkor ließ Yasovarman I. Ende
des 9. Jahrhunderts n. Chr. im Süden rund um das Heiligtum
Phnom Bakheng errichten, Anfang des 11. Jahrhunderts verlagerte Suryavarman I. das Stadtzentrum rund um den Königspalast Angkor Thom. Erst in der ersten Hälfte des 12. Jahrhunderts ließ Suryavarman II. sein Stadtzentrum rund um
das neue Angkor Wat aufbauen. Nach dem Überfall durch die
benachbarten Cham im Jahre 1177 ließ Jayavarman VIII. seine
Hauptstadt wieder rund um Angkor Thom anlegen.

Warum jedoch immer wieder dort?

Nach dem Monsun schwollen der Mekong sowie Bäche,
Kanäle und der Binnensee Tonle Sap an und versorgten die
Reisfelder mit fruchtbarem Schlamm, später wurde dann das

langsam wieder abziehende Wasser mit Dämmen für den Reisanbau zurückgehalten. Während der Zeit des Hochwassers hatten die Bauern in der Landwirtschaft keine Beschäftigung, wohingegen sich die vollen Flüsse und Kanäle zum Transport der schweren Sandsteinblöcke aus dem Kulen-Bergmassiv eigneten. Für diese Arbeit wurden allerdings auch Sklaven herangezogen, wie aus Tempelinschriften in Sanskrit zu erfahren ist.

Zwischen Mitte des 14. und Mitte des 15. Jahrhunderts wurde die Königsstadt mehrmals von den Siamesen erobert und gebrandschatzt, wovon sich das Khmer-Reich nicht mehr erholte. Es ging unter und die großen Tempelanlagen wurden allmählich vom Dschungel überwuchert – nur Angkor Wat nicht.

Das eigentliche Angkor Wat stellt eine 1500 x 1300 Meter große Tempelanlage dar, deren fünf symmetrisch angeordnete Tempeltürme ein Zentrum bilden, um das sich fünf rechteckige, immer größer werdende Umgrenzungsbauwerke gruppieren, die wiederum von einem rund 200 Meter breiten ummauerten Wassergraben eingefasst werden. So symbolisiert die eigentlich Krishna geweihte Tempelanlage die kosmische Ordnung nach Vorstellung des Hinduismus: Das Weltmeer (Wassergraben) umringt den Kontinent Jambudvipa (Galerien), in dessen Zentrum sich das Göttergebirge Meru erhebt. So besteht die Galerie, welche die Kontinente darstellt, auf der gesamten Länge von 700 Metern aus zwei Meter hohen Flachreliefs, die Szenen aus dem Mahabharata- und dem Ramayana-Epos, aber auch aus der Khmer-Geschichte sowie eine Himmel-Hölle-Vision wiedergeben. Das Göttergebirge wird von den unterschiedlich hohen, versetzt stehenden Türmen in der Gestalt von geschlossenen Lotusblüten symbolisiert. Das Allerheiligste schließlich, der Schrein, hat lediglich die Ausmaße eines kleinen Zimmers und wurde vor langer Zeit vollständig geplündert. Bis heute ist nicht geklärt, ob die Hauptfunktion von

Angkor Wat die eines Tempels oder die eines Mausoleums für Suryavarman II. war.

Commailles Nachfolger, der Architekt Henri Marchal, ließ in den Jahren 1916 bis 1933 den baulichen Zustand der Gebäude erfassen und sichern und fertigte Lagepläne an. In den folgenden Jahrzehnten, selbst während des Zweiten Weltkrieges, wurde diese Restaurierungsarbeit fortgesetzt. Als letzter Franzose wurde im Jahr 1959 Bernard Philippe Groslier Leiter des Denkmalschutzes und des Nationalmuseums in Angkor. Er ließ unter anderem den Königspalast von Angkor Thom ausgraben und erforschte die künstlichen Seen und Becken. Groslier glaubte, die großen künstlichen Seen (Bayans), die wie Flügel rechts und links von den einander überschneidenden Angkor-Arealen abstehen, dienten zur Stauung und Regulierung der Monsunhochwasser. Gleich hinter dem Wassergraben beginnt heute der dichte Dschungel. Einzig von den Stadtteilen, die Ende des 12. Jahrhunderts n. Chr. rund um den Staatspalast Angkor Thom errichtet wurden und nur 1,5 Kilometer nördlich von Angkor Wat lagen, stehen heute noch Stadttore, von Statuen gesäumte Straßen, Heiligtümer und der Palast aus Sandstein. Während in Angkor Wat selbst die Darstellungen von Folterszenen filigran und sanft erscheinen, wird der Besucher in Angkor Thom fast von der Monumentalität von Kolossalstatuen und -köpfen erschlagen, denen er auf Schritt und Tritt begegnet.

Geplantes Abenteuer: die Entdeckung der Maya-Tempel

Als der amerikanische Diplomat und Schriftsteller John Lloyd Stephens den englischen Architekten und Zeichner Frederick Catherwood 1836 in London kennenlernte, wurde schnell klar: die beiden teilten die Leidenschaft für Abenteuer und beide hatten die Ruinen in Ägypten und im östlichen Mittelmeerraum erkundet. Sie suchten neue Herausforderungen, die sie als illustrierte Reisebücher unter die Leute bringen konnten. Drei Jahre später, Stephens hatte sich inzwischen als Diplomat nach Mittelamerika versetzen lassen, konnten sie ihr Projekt verwirklichen. Sie starteten von der Karibikküste der Yucatan-Halbinsel aus, wo ihnen einheimische Führer vollständig vom Dschungel überwucherte Stätten wie Copan zeigten. Doch Stephens und Catherwood steuerten ganz bewusst Palenque auf der gegenüberliegenden Seite der Halbinsel an, denn diese Stätte war eben nicht völlig vom Dschungel überwuchert, sondern zum Teil noch zugänglich. Außerdem hatte sie den Ruf, geheimnisumwittert zu sein.

Ein Schwerpunkt der Maya-Kultur lag im südlichsten Mexiko im Bundesstaat Chiapas, die Ruinenstätte von Palenque stellt den mächtigsten Beleg dafür dar. Schon im 3. Jahrhundert v. Chr. besiedelt, blühte die Metropole vor allem zwischen 600 und 750 n. Chr. und bedeckte damals ein Areal von gut 8 Quadratkilometern.

Bereits ein Jahrhundert zuvor war dieser Ruf bis zur spanischen Kolonialverwaltung vorgedrungen, die den Artilleriehauptmann Antonio del Rio 1786 beauftragte, lohnenswerte Objekte aus Palenque zu beschaffen. Mit Äxten und Brechstangen ließ er Kunstschätze »bergen« – darunter auch die sogenannte Stele von Madrid, das Flachrelief eines späten Herrschers von Palenque.

Nur Mexikos Unabhängigkeitskrieg (1810–1821) verhinderte weitere Plünderungen und so fanden Stephens und Catherwood 1839 eine scheinbar vor Jahrhunderten vergessene, gleichzeitig gut zugängliche Stätte vor. »Städte wie zerschmetterte Barken in einem grünen Ozean, ihre Masten fort, ihre Namen verloren, ihre Mannschaft zugrunde gegangen und niemand, um zu berichten, woher sie kamen«, so romantisierte Stephens dann ihre Erkundungen.

Tatsächlich mussten sie nur einen bereits ausgetretenen Dschungelpfad nehmen, um vor der grandiosen Kulisse der Plaza dieser einstigen Mayastadt zu stehen, die Catherwood auch in einer Skizze festhielt: Majestätisch erhebt sich im Zentrum ein halb freigelegtes Bauwerk, der »Tempel der Inschriften«, eine Art Stufenpyramide, die von einem überdachten Tempelaufbau gekrönt wird. Gleich daneben erhebt sich dessen kleiner Bruder – heute schlicht Tempel XIII genannt, da er nicht zugeordnet werden kann. Und genau im rechten Winkel zu diesen beiden Stufentempeln erstreckt sich das mit einer Grundfläche von rund 100 x 80 Metern größte Bauwerk in Palenque. Eine breite Treppe führt in die labyrinthartige Ruine, die aus zahlreichen Gängen, Räumen, Galerien und Innenhöfen besteht. Zweifelsohne diente es als Palast, vermutlich besaß es jedoch auch eine religiöse Bedeutung, denn viele seiner Stützpfeiler sind mit Stucktafeln verziert, die Götter- und Herrschergestalten darstellen.

Wer waren die Maya?

Unter dem Begriff Maya fassen wir eine Kultur zusammen, die von ca. 300 v. Chr. bis 1200 n. Chr. im Gebiet des heutigen Südmexikos, Guatemalas, Westhonduras und Belizes verbreitet war. In der sogenannten Präklassik (350 v. bis 250 n. Chr.) entstanden Tempelstätten wie El Mirador und Tikal mit Streusiedlungen. Nach dem Ausbruch des Vulkans Ilopanog im heutigen Salvador (um 250 v. Chr.) verlagerten sich die Siedlungen auf die Yucatan-Halbinsel. In der klassischen

Mayazeit (300–900 n. Chr.) herrschten erbliche Königtümer in großen Stadtzentren wie Tikal, Chichen Itza und Palenque. Es gab Vorherrschaften, Bündnisse, jedoch zu keiner Zeit ein einheitliches Reich. Die Maya bauten für ihre Felder Bewässerungssysteme und stellten künstlerisch vielfältige Wandmalereien, Skulpturen und Fresken her. Priester und Gelehrte entwickelten mathematisches und astronomisches Wissen sowie eine eigenständige Hieroglyphen-Sprache.

Auch diese Besichtigung verklärte Stephens in seinem Reisebericht: »Zum ersten Mal betraten wir ein von den Ureinwohnern des Landes errichtetes Gebäude, welches schon stand, ehe die Europäer von dem Dasein dieses Kontinentes wussten. Wir trafen Anstalten, unter einem Dache unsere Wohnung aufzuschlagen und wählten den vorderen Korridor dazu. Da eine abergläubische Furcht die Indianer nicht zur Nachtzeit in den Ruinen bleiben ließ, waren wir des Nachts die einzigen Bewohner dieses Palastes unbekannter Könige.«

Derlei Schilderungen waren es, welche die Welt der Maya in Europa bekannt machten. In den folgenden Jahrhunderten wurden lediglich einzelne Forschungsprojekte abwechselnd von Franzosen, Engländern, Deutschen und Dänen in Palenque durchgeführt. Beispielsweise wurden die hinter dem Palast liegenden »Tempel der Kreuzgruppe« teilweise freigelegt: Der Tempel der Sonne, der Tempel des Kreuzes und der Tempel des Blattkreuzes, in dessen Mitte sich ein Altar befindet. Diese Bauwerke verdeutlichen den eigenwilligen Baustil Palenques: Im Gegensatz zu anderen Maya-Stätten wie beispielsweise dem kolossalen Tikal wurde hier mit wenig Material elegant gebaut. Die Pyramiden sind nur mittelgroß, zeichnen sich dafür jedoch durch schöne Stuck- und Steinskulpturen aus. Und das macht wohl ihren geheimnisvollen Reiz bis heute aus: Türpfosten-Steinplatten sind mit Reliefs und Hieroglyphen versehen, selbst die abgeschrägten Tempeldächer sind mit Figuren geschmückt und von Dachkämmen gekrönt.

Die ersten systematischen und bis dahin umfangreichsten Grabungen leitete 1945 bis 1952 der mexikanische Archäologe Alberto Ruz Lhuillier. Er entdeckte 1949 an der Pyramide der Inschriften einen bis dahin verdeckten Gang, der in den Bauch der Pyramide führte. Dort stieß sein Team auf die unversehrte Grabanlage von Pakal dem Großen: auf dem Deckel des Sarges ist der König abgebildet, eine umlaufende Inschrift gibt über seine Lebensdaten Auskunft, sein Gesicht war mit einer Jade-Mosaikmaske bedeckt und der Körper mit kostbarem Schmuck ausgestattet.

Inzwischen wissen wir, dass Pakal zur Glanzzeit Palenques im 7. Jahrhundert fast siebzig Jahre über die Stadt herrschte. Wie gut etabliert seine Adelsfamilie war, zeigt sich daran, dass vor Pakals Amtszeit seine Mutter die Herrschaft für einige Zeit übernommen hatte. Anhand der gefundenen und mittlerweile entzifferten Hieroglyphen ist fast die ganze Thronfolge der Pakal-Dynastie bis zu Palenques ungeklärtem Untergang im 9. Jahrhundert nachvollziehbar. Auch wenn Archäologen immer wieder Teile der Tempelstätte freilegten – entdeckt wurde Palenque schon im frühen 18. Jahrhundert.

Nicht erst entdeckt und dem Dschungel entrissen werden mussten die vielleicht beeindruckendsten Bauwerke aus alter Zeit in Mittelamerika, die bis heute uns Unbekannte auf einem Hochplateaus im heutigen Zentralmexiko errichteten.

Wo die Götter gemacht werden – Teotihuacan

Als Alexander von Humboldt Anfang des 19. Jahrhunderts hier, rund 50 Kilometer nordöstlich von Mexiko-Stadt, entlang reiste, waren die Pyramiden zwar noch zugewachsene Hügel, doch dass sie menschengemacht waren, war nicht zu übersehen. Die Azteken, die erst 500 Jahre nachdem die Stätte aufgegeben worden war, das Hochland besiedelten, hatten die schon zu ihrer Zeit überwucherten Pyramiden für riesige Grabhügel gehalten und dem Platz einen Namen gegeben, den er mangels Alternativen

Die Anfänge von Teotihuacan liegen im 2. Jahrhundert v. Chr., die größte Machtentfaltung erreichte die Stadt im 3. Jahrhundert n. Chr., spätestens im 7. Jahrhundert ging die rätselhafte Kultur unter.

bis heute trägt: Teotihuacan, was übersetzt »Ort, wo die Götter wohnen« oder »…gemacht werden« heißt. Allein das kultische Zentrum mit seinen Tempeln und Pyramiden umfasst mehrere Quadratkilometer und wird von einer breiten, von Süden nach Norden verlaufenden Straße halbiert, geeignet für die Prozessionen zigtausender Bewohner. Nach Norden mündet sie in einen kleinen Platz, zu Füßen der auf einer Anhöhe errichteten Mondpyramide, die viel höher als ihre eigentlichen 45 Meter wirkt. Auf dem Plateau dieser durchgängig genutzten Kultstätte stand einst ein Höhentempel, der jedoch zusammen mit der Pyramidenspitze Anfang des 20. Jahrhunderts weggesprengt wurde. Weil Forscher hofften, so ins Innere des Bauwerks zu gelangen – aber nur auf eine überbaute Vorläuferpyramide stießen. Weiter südlich erstreckt sich ein ausladender Gebäudekomplex, der wahrscheinlich den Herrschersitz darstellte. In dessen Zentrum erhebt sich ein Tempel, der aus zwei Stufenpyramiden besteht, die durch den Talud-Tablero-Fassadenstil eine eindrucksvolle Plastizität erhalten: die schrägen Böschungsmauern werden immer wieder von kastenartig vorspringenden Doppelsimsen unterbrochen. An vielen Stellen wurde er außerdem mit dem in Stein gemeißelten Kopf des gefiederten Schlangengottes verziert, der sich im Laufe der weiteren Geschichte über ganz Mittelamerika verbreitete und unter seinem Aztekennamen Quetzalcoatl bekannt wurde.

Überragt werden sämtliche Bauwerke jedoch durch die gewaltige in vier Stufen untergliederte »Sonnenpyramide«. Die rund eine Million Kubikmeter Füllmaterial sind von Stein- und Mörtellagen ummantelt. Mit 70 Metern ist sie zwar nur halb so hoch wie die Cheopspyramide in Gizeh, doch ihr Fundament (225 x 222 Meter) kann sich mit dem ihrer ägyptischen Schwester messen. Eine Treppe führt auf das obere Plateau, von dem aus die Ruhe und strenge Ordnung der gewaltigen Anlage erlebbar werden: Ja, hier könnten die Götter wohnen!

Großstadt der ersten mesoamerikanischen Hochkultur (Teotihuacan)

Als Nachbarstädte im 2. Jahrhundert n. Chr. von einem Vulkanausbruch zerstört wurden, erlebte Teotihuacan seinen Aufschwung von einer kleinen Siedlung zur Metropole. Das Zentrum wurde in eine Kultstätte verwandelt, Wohnhäuser ausgelagert und die gesamte Stadt im Schachbrettmuster angelegt. Bis zu 200 000 Menschen leben zur Hochzeit im 6. Jahrhundert n. Chr. auf rund 22 Quadratkilometern Stadtfläche in über 2000 Wohnkomplexen mit Höfen und bis zu 160 Räumen. Die Wände wurden mit Gips verputzt und mit Fabelwesen, pflanzlichen Ornamenten und geometrischen Figuren in kräftigen Farben bemalt, bevorzugt in rot und grün. Die Bewohner webten Stoffe und töpferten, sie verarbeiteten Türkis und Jade zu filigranen Schmuckstücken und zu aufwendigen Totenmasken. Da harte Metalle unbekannt waren, wurden Messer und Waffenspitzen aus dem harten Lavaglasstein Obsidian hergestellt. Für seinen Abbau und seine Verarbeitung hatte die Stadt über Jahrhunderte eine Art Monopol inne. Der Einfluss, den diese Zivilisation auf den gesamten mesoamerikanischen Raum ausübte – von der Architektur über die Kunst bis zu religiösen Vorstellungen – ist kaum zu überschätzen. Zahlreiche kriegerische Szenen in den Ruinen von Teotihuacan zeigen jedoch auch, dass die Stadt nicht nur eine Wirtschafts-, sondern auch eine Militärmacht bildete, die um 700 n. Chr. aus bisher ungeklärten Gründen unterging.

Was brachte den antiken Stätten die Befreiung vom Dschungel?

Borobudur blieb nach seiner Freilegung nicht nur schutzlos den jährlichen Monsunstürmen ausgesetzt, sondern das Bauwerk wurde auch in den folgenden 100 Jahren geplündert und zahlreiche Statuen und Reliefs über die Welt verstreut. Ein großer Teil der fehlenden Artefakte findet sich heute in Bangkok – ein Geschenk des niederländischen Gouverneurs an den Thaikönig 1873. Erst 1907 bis 1911 wurden unter der Leitung des niederländischen Ingenieurs Theodoor van Erp die oberen drei Terrassen mit der Zentralstupa restauriert.

Doch die Restaurierungen hatten nicht verhindert, dass Regenwasser durch Ritzen in den Hügel drang, ihn aufschwemmte und die Mauern von Borobudur verschob. Die Reliefs vermoosten und Beutejäger schlugen Arme und Nasenspitzen der Buddha-Statuen als Trophäen ab. Erst 1973 startete die indonesische Regierung beraten von der UNESCO rund 10 Jahre dauernde Restaurierungsarbeiten. Ein Großteil der Steine, Reliefs und Statuen – über eine Millionen Einzelteile – wurde abgetragen, damit Böden aus Stahlbeton unter das Mauerwerk der einzelnen Terrassen eingezogen und ein Regenabfluss-System eingerichtet werden konnten. Dann wurden die Originalsteine mithilfe von Computern wieder an die ursprünglichen Stellen gesetzt und Lücken – rund 20 000 Steine und 280 Buddhaköpfe – mit neutralen Steinen aufgefüllt. 1983 wurde Borobudur zur Besichtigung freigegeben und kurze Zeit später wieder zum buddhistischen Pilgerziel geweiht.

Aus der Vogelperspektive hat Borobudur die Struktur eines Mandalas.

Gleiche Erfolge lassen sich auch für Angkor Wat anführen: Einmal im Jahr feiert die buddhistische Bevölkerung Kambodschas wieder ihr Neujahrsfest in Angkor Wat und drängt dabei für einige Tage die Touristenströme an die Seite, die sich inzwischen über die Tempelanlage ergießen. Dessen Bestand war lange Zeit äußerst gefährdet: »Ein wildes und baufälliges Durcheinander von Leben und Verwesung, von zügellosem Grün«, beschrieb ein britischer Zeitzeuge 1939 die Lage vor Ort.

Nach dem Zweiten Weltkrieg geriet Kambodscha in den Strudel des Indochinakrieges. Kurz darauf wurde das Land von einem Bürgerkrieg zerrissen, der 1975 in den Terror der Roten Khmer mündete. Sie funktionierten Ankor Wat zu einem Waffenlager um und vernichteten die Bauaufzeichnungen des Baphoung-Tempels, der wegen statischer Probleme in den Jahren davor von französischen Archäologen in seine rund 500 000 einzelnen Steine zerlegt worden war. Auch nachdem vietnamesische Truppen den Khmer-

Terror beendeten, herrschte bis in die 1990er-Jahre Bürgerkrieg. So blieb Angkor lange nicht hinreichend erforscht und restauriert; es herrschte große Unklarheit über die Stätten, ihre Funktionen und ihren Zustand. Der Durchbruch kam, als 1991 alle Bürgerkriegsparteien einen Waffenstillstand unterzeichneten, Angkor Wat und Angkor Thom 1992 zum UNESCO-Weltkulturerbe ernannt wurden und die Tempelanlagen als Kulissen für einen »Lara Croft«-Film mit Angelina Jolie diente.

Heute arbeiten Archäologen aus aller Welt unter kambodschanischer Aufsicht an Projekten, um Angkor gleichzeitig zu erforschen und zu retten. Besondere Schwerpunkte dabei sind die Statik der Gebäude und die Restaurierung und Konservierung der zahllosen Reliefs aus Sandstein. Und inzwischen werden erstmals die wahren Ausmaße der einstigen Khmer-Königsstätte erforscht.

Von Palenque kehrten sich die Archäologen nach den großen Entdeckungen ab und wandten sich immer neuen Grabungsstätten zu – die Zahl der Stätten mit steinernen Zeugnissen der Maya-Kultur in Südmexiko, Guatemala, Honduras und Belize wird auf rund 70 000 geschätzt. So wurde lediglich das heilige Zentrum, das sich zu einem Magneten für Touristen aus aller Welt entwickelte, vor Verfall und erneutem Überwuchert-Werden geschützt. Erst in den 1990er-Jahren wurde in Palenque wieder systematisch geforscht und 1994 entdeckte und öffnete der mexikanische Archäologe Arnoldo González Cruz an der Stufentreppe des Tempels der Inschriften einen ins Innere führenden Gang, der zu einer Gruft mit Steinsarkophag führt. Dem fehlten jegliche Inschriften, doch die Nähe zu dem Grabmal Pakals lässt auf das Grab seiner Gemahlin Ahpo-Hel oder seiner Mutter Säk-Kuk schließen.

Von 1998 bis 2002 wurde das breit angelegte, überwiegend privat finanzierte »Proyecto Grupo de las Cruces« unter der Leitung des mexikanischen Archäologen Alfonso Morales durchgeführt. Erstmals haben die Wissenschaftler den Baubestand in dem gesamten ehemaligen, rund 20 Quadratkilometer großen Stadtgebiet aufgenommen und rund 1000 Gebäudestrukturen lokalisiert. Außerdem entrissen sie dem Unterholz Schritt für Schritt weitere

Tempel. So entpuppte sich ein rund 20 Meter hoher, überwucherter Erdhügel als Tempel XX, in dem die Archäologen eine ungeöffnete Grabkammer entdeckten. Auf der Pyramide des ebenfalls erst kürzlich freigelegten Tempels XIX wurde der Tempel-Thron mit Hieroglyphen und Bilderszenen restauriert: auf zwei Seiten sehen wir Maya-Herrscher, eine zeigt eine vollständige Zeremonie. Heute fügt sich die Tempelstätte von Palenque immer noch so harmonisch in die dschungelbewachsene Berglandschaft, dass sie gar nicht von Menschenhand zu stammen scheint.

Auch Teotihuacan hat seine anfänglich brachialen Erforschungen gut überstanden. Zwar wissen wir auch nach 100 Jahren archäologischer Tätigkeit immer noch wenig über die Menschen und Götter dieses Ortes, doch zwei interdisziplinäre Erkundungen der Siedlungsflächen rund um den heiligen Bezirk gefolgt von Grabungen in den ehemaligen Wohngebieten geben erstmals Einblicke in die soziale Welt Teotihuacans. Und seit dem Jahr 2000 wagt man sich auch wieder an die Mondpyramide – wobei das Grabungsteam unter der Leitung des japanischen Archäologen Saburo Sujiyama erheblich behutsamer vorgeht als sein Vorgänger Batres. Von der Westseite aus trieben er und seine Mitarbeiter 1,20 Meter unter dem Steinfundament einen Gang ins Innere. Dabei entdeckten sie, dass die Pyramide aus mehreren Schichten besteht – sechs Bauphasen haben die Archäologen unterschieden. Auf halbem Weg zum Zentrum der Pyramide stießen die Forscher auf das Grab eines Adeligen mit Beigaben aus grüner Jade und Obsidian sowie dem Skelett eines Jaguars. Unter dem Zentrum der Pyramide stießen sie auf eine Grabhöhle mit vier Skeletten, deren Hände auf den Rücken gebunden waren. Auch die mexikanischen Archäologen, die seit 2008 die Sonnenpyramide untersuchen, stießen unter dem Bauwerk auf Opfergaben aus Keramik, Obsidian und Jade, auf Tierknochen – und auf sieben Menschengräber, einige davon von Kindern.

Nicht nur der kostbare Obsidian und der symbolträchtige Quetzalcoatl, auch grausame Menschenopfer-Rituale haben ihren Ursprung in Teotihuacan.

Teil III

High-Tech-Methoden und spektakuläre Funde: die moderne Archäologie

KAPITEL 8

Schichten, Scherben und ein wenig Technik

Von den Pharaonengräbern zum
Alltag der alten Ägypter

Selbst die alten Griechen staunten, als sie die Welt der alten Ägypter entdeckten. Deren Kultur war nicht nur viel älter als ihre eigene, der griechische Geschichtsschreiber und Geograf Herodot war überzeugt davon, dass in Ägypten das Meiste verkehrtherum lief. Er glaubte nicht nur, dass der Nil stromaufwärts fließt: »So sind auch die Sitten und Gebräuche der Ägypter fast in allen Stücken denen der übrigen Völker entgegengesetzt. So gehen in Ägypten die Frauen auf den Markt und treiben Handel, und die Männer sitzen zu Hause und weben ... Die Frauen lassen ihr Wasser im Stehen, die Männer im Sitzen.« Auch schrieben die Ägypter in die falsche Richtung, ihre Priester rasierten sich intensiv statt die Haare wild wachsen zu lassen – und: »Die Entleerung macht man im Hause ab, essen tut man auf der Straße!«

Diese Gegensätzlichkeit scheint auch vor den ägyptischen Grabungen nicht Halt zu machen: Was tiefer im Boden liegt, ist hier nicht immer unbedingt älter – die Archäologen kommen mit ihrer Logik der Schichtenfolgen nicht weiter. Das liegt zum einen daran, dass in Ägypten Tempel, Pyramiden und Grabkammern nur einmal am selben Ort erbaut wurden –

Detektivische Kleinarbeit nach jeder Grabung: Scherben sortieren.

sie stehen nebeneinander, nicht übereinander. Zum anderen errichteten die Ägypter ihre Wohnhäuser aus vergänglichem Lehm zwar immer wieder neu und übereinander, aber da die Nutzflächen entlang des Nils stark begrenzt sind, sind die meisten antiken Städte überbaut. So erstreckt sich heute über die einstige

Hauptstadt des Alten Reiches, Memphis, die Metropole Kairo. Und wo in Oberägypten einst die mächtige Hauptstadt des Neuen Reiches Weset lag, von den Griechen ehrfurchtsvoll »hunderttoriges Theben« genannt, steht nun das moderne Luxor. Wie können die Ägyptologen trotzdem zu einer Chronologie kommen? Ende des 19. Jahrhunderts kam ein englischer Forscher auf eine weitreichende Idee.

Pyramiden, Petrie und das System der Pötte

William Matthew Flinders Petrie, der 1853 in der englischen Grafschaft Kent geboren wurde, begann bereits im Teenager-Alter die vielen vorgeschichtlichen Erdwälle seiner Heimat zu vermessen und zu skizzieren. Gemeinsam mit seinem Vater, einem genialen aber armen Erfinder, vermaß er später unter anderem Stonehenge. Die beiden beschlossen, auch die Pyramiden von Gizeh zu vermessen – doch der Vater verschob dieses Projekt stets wegen irgendeiner neuen Erfindung. Schließlich reiste Flinders Petrie 1880 allein nach Ägypten, wo er äußerst bescheiden lebte und arbeitete: Vermessungsinstrumente und eine Strickleiter hatte er sich selbst angefertigt, als Quartier bezog er in Gizeh ein leeres Grab. Er kletterte durch die Pyramiden und vermaß Steinreihe für Steinreihe, was bei der Hitze so anstrengend war, dass er meist in Unterwäsche arbeitete, was er später folgendermaßen kommentierte: »War sie rosafarben, hielt sie einem die Touristen vom Leib, da ihnen das Geschöpf zu sonderbar vorkam, um es näher in Augenschein zu nehmen.«

Doch die Messungen dieses »sonderbaren Geschöpfes« waren so genau, dass sie bis heute als Grundlagen dienen. Mit seiner ungewöhnlichen Vorgehensweise untersuchte er in den folgenden Jahren zahlreiche antike Stätten wie Tell el Amarna, die Stadt des Ketzerkönigs Echnaton, Gräber im Tal der Königinnen und schließlich einen Friedhof nahe der Stadt Naqada mit seinen weiten, frühgeschichtlichen Gräberfeldern. Petrie wollte die bis dahin unbekannten Anfänge der ägyptischen Hochkultur während der 1. bis 3. Dynastie erforschen. Doch in den mehreren hundert Gräbern lagen kaum Herrscherfamilien, sondern vor allem Menschen aus dem Volk begraben – meist in seitlicher Hockstellung, ohne Särge und vor allem ohne Schrift. Trotzdem dokumentierte Petrie sechs Jahre lang Grab für Grab, jeweils auf einem Blatt Papier. Die Beigaben bestanden vor allem aus Keramikgefäßen, in der Regel nur noch Scherben. Häufig stehen die Archäologen vor dem Problem, dass von Gräbern und ganzen Siedlungen nur gebrannte Keramik-Scherben als unverwüstliche Kulturspuren zurückgeblieben sind. Denn seit ca. 7000 v. Chr. begann der massive Gebrauch gebrannter und fast immer auch verzierter Tongefäße im Nahen Osten: Sie waren aus Ton einfach herzustellen und gingen häufig zu Bruch, weshalb sie in großer Zahl und mit ständigen stilistischen Veränderungen produziert wurden.

Petrie begann, die Stil-Änderungen zu beschreiben und zu ordnen: Naqada I, Naqada II, Naqada III. Dann zog er auch Keramik anderer Fundorte hinzu, bis er schließlich ein System mit neun aufeinanderfolgenden Perioden entwickelt hatte: Es reicht von der »Schwarzen-Oberrand-Keramik« (1. Phase) über die »Gekreuzte-Linien-Keramik« (4. Phase), die »Dekorierte Keramik« (7. Phase) bis zur »Späten Keramik« (9. Phase), die als einzige kein typisches Merkmal aufweist.

Durch neue Funde leicht abgewandelt verwenden die Archäologen Petries Tabelle noch heute, denn überall auf der Welt wurde die Keramik zu einer der wichtigsten und aussagekräftigsten Fundtypen. Ausgräber vergleichen deshalb die Entwicklung der Keramikstile gern mit der von Automarken: Wie die Karosserien der Pkw sich von ausladenden über zweckmäßigen zu aerodynamischen Formen wandelten, so kennt die Frühgeschichte ihre Keramikmoden. Jede Epoche hat in Bezug auf Form, Muster und Farben ihre eigenen Vorlieben und Stilrichtungen hervorgebracht. Doch die jeweilige Herstellungszeit konnte nur in Fundreihen als älter, gleich alt oder jünger eingeordnet, nicht aber absolut bestimmt werden. Die einzige Rettung: In Ägypten und

Mesopotamien, wo die Abfolgen der Herrscher in langen Listen aufgeführt sind, erlaubten diese »Königslisten« zusammen mit historischen Berichten und Münzen eine ungefähre zeitliche Einordnung. Für Funde früherer Zeiten und anderer Regionen galt: zusammen hingen sie wie ein riesiges Mobile in der Luft. Es gab keine wissenschaftlich korrekten Zeitangaben, bis das Atomzeitalter begann.

Königslisten

Als die zuverlässigste Chronik der altertümlichen Geschichte gelten die ägyptischen Königslisten. Jeder Herrscher ließ die lange Folge seiner Vorgänger aufschreiben – für über 3000 Jahre ägyptische Geschichte sind so mehr als 200 Herrscher namentlich genannt. Der Priester Manethos, der um 300 v. Chr. lebte, unterteilte diese Liste in 31 Dynastien. Doch für die Dynastien bis ins Neue Reich (um ca. 1300 v. Chr.) sind die Datierungen sehr schwammig: beispielsweise wurde Namer 1. König der 1. Dynastie zwischen 3100 und 2950 v. Chr. (150 Jahre). Bei der Schlacht von Kadesch schwanken die Datierungen »nur noch« zwischen 1297 und 1275 v. Chr. (22 Jahre).

Eins zu eine Billionen

Bei der Entwicklung der Atomuhr, die sich auf das streng rhythmische Pulsieren von Cäsium-Atomen stützt, stieß der amerikanische Chemiker und Geophysiker Willard Frank Libby mit seinem Team in den 1940er-Jahren auf eine weitere rhythmische Strahlung, für deren Erforschung und Nutzung er 1960 den Chemie-Nobelpreis bekam: Die C-14- oder Radiocarbon-Methode. Mit ihr lässt sich das Alter von organischen Materialien messen, die zum großen Teil aus Kohlenstoff bestehen: normalem (C-12), aber auch radioaktivem (C-14). Letzterer entsteht, weil kosmische Strahlung, die in der Erdatmosphäre auf Stickstoffatome trifft dafür sorgt, dass jeweils zwei Elektronen auf ein Kohlenstoffatom überspringen. Allerdings nicht besonders viel: auf eine Billionen nichtaktiver C-12-Atome kommt ein einziges C-14-Atom! Und genau wie der normale Kohlenstoff wird C-14 als Kohlendioxid von den Pflanzen aufgenommen und in ihre Zellen eingebaut – und landet über die Nahrungskette auch im Menschen. Nun zerfällt das C-14 im Organismus und setzt radioaktive Strahlung frei, in jedem lebenden menschlichen Körper geschieht das pro Sekunde rund 16 000 Mal. Und da wir durch Nahrung und Atmung ständig neues C-14 aufnehmen, bleibt der Anteil an C-14 relativ konstant.

Aus Hieroglyphen und Abbildungen deuten die Archäologen die ägyptische Geschichte, Hilfe bekommen sie inzwischen auch von Naturwissenschaftlern.

Dieser Kreislauf endet mit dem Tod des Organismus – Libby nennt diesen Moment sehr sachlich: »Die Radiocarbon-Uhr beginnt zu ticken.« Es zerfällt nur noch das im Körper vorhandene C-14 und zwar mit einer Halbwertzeit von ca. 5730 Jahren, d. h. nach dieser Zeit ist nur noch die Hälfte des C-14 vorhanden und so fort … Nimmt man ein Gramm von einer 22 000 Jahre alten Kohlenstoff-Probe, tickt es nur noch einmal pro Minute, ab einem Alter von 40 000 Jahren wird Messung unzuverlässig. Die Methode wäre hervorragend für archäologische Funde bis in die mittlere Steinzeit hinein geeignet, doch die skeptischen Forscher verlangten eine Überprüfung: Als Probe wählten die Archäologen ein Holzstück aus dem Grab eines ägyptischen Herrschers, dessen Lebensdaten bekannt waren. Die Atomforscher maßen den C-14-Gehalt; ihr Ergebnis: bei rund 5000 bis 7000 Jahren entstand eine Ungenauigkeit von +/- 330 Jahren – das überzeugte die Archäologen.

Bald kam jedoch Kritik aus dem Lager der Naturwissenschaftler selbst, denn die abgehende Strahlung zu messen, sei durch störende Umgebungsstrahlung – besonders durch die Atombombenversuche in den 1950er- und 1960er-Jahren – zu ungenau. Deshalb werden die kleinen Proben nun unter hermetischen Bedingungen verdampft und die dabei freigesetzte Menge an C-14 bestimmt. Doch die Menge der in der Atmosphäre gebildeten C-14-Atome steigt und fällt mit der Intensität kosmischer Strahlung, die durch die Sonnenaktivitäten ausgelöst wird. Um diese Schwankungen zu berücksichtigen, versuchen die Wissenschaftler, möglichst viele C-14 Daten und immer öfter auch Vergleichsmaßstäbe hinzuzuziehen, d. h. im Fachjargon: die Daten werden kalibriert. Häufig wird ein weiterer radioaktiver Zerfallsprozess herangezogen, bei der Jungsteinzeit beispielsweise eignet sich zur Altersbestimmung von Keramik das Thermolumineszenz-Verfahren. Dabei wird die Lichtenergie aus radioaktiven Elementen gemessen, die beim Brennen der Keramik frei wird. Mithilfe der Keramik konnten die ägyptischen Gräber der 1. bis 3. Dynastie zuverlässig auf den Zeitraum 2950 bis 2575 v. Chr. (+/- 150) v. Chr. datiert werden. Sobald sich unter den Funden ein etwas größeres Stück Holz befindet, tritt die Dendrochronologie auf den Plan. Da die jährlichen Wachstumsringe der Bäume je nach Klima ganz individuell ausfallen, haben Forscher Baumringchroniken der einzelnen Baumarten angelegt, die der Kiefern beispielsweise reicht bis zu 14 000 Jahre zurück. Und zur Ortsbestimmung eignet sich die

Strontiumisotopen-Analyse, denn die Isotope dieses Metalls kommen in unterschiedlichen Regionen der Welt in verschiedenen Verhältnissen vor. Weil sie in den menschlichen Körper eingebaut werden, ergibt sich daraus eine verräterische Signatur: während aus den Knochen der Aufenthaltsort in den letzten Lebensjahren ermittelt werden kann, verraten die Zähne die Region der Kindheit.

Einer für alle – alle für einen!

Seit der Entzifferung der Hieroglyphen im frühen 19. Jahrhundert konnten die Forscher anhand der zahllosen wenn auch idealisierten Quellen das Leben im alten Ägypten so gut erschließen wie kaum einer anderen fernen Zivilisation. Denn die Schreiber der Pharaonen hatten nicht nur sämtliche Verwaltungsvorgänge notiert, sondern auch wissenschaftliche Texte, Nachrufe auf Verstorbene, Lieder und Mythen verfasst. Für die Mehrzahl der einfachen Ägypter hatte sich das Leben am Nil über drei Jahrtausende hinweg wenig geändert, denn sie lebte von der Landwirtschaft, wohnte in Lehmhäusern und nutzte ihre überschüssigen Ressourcen, um ihre Götter und deren Mittler, die Pharaonen, in Bauwerken zu verehren. Die meisten Einwohner, deren Zahl während des Neuen Reiches auf rund vier Millionen Menschen geschätzt wird, arbeiteten als Bauern auf eigenen kleinen Gütern, privaten Landgütern oder auf Ländereien der Tempelanlagen oder des Königshofes. Arbeiter wurden in Naturalien bezahlt, geprägtes Geld war in der Pharaonenzeit unbekannt. Gearbeitet wurde mit einer hölzernen Hacke und einem ebenfalls hölzernen Pflug, vor den ein Ochse gespannt war. Die Ägypter bauten vor allem die Getreidesorten Weizen, Emmer und Gerste an, aus denen Brot gebacken und Bier angesetzt wurde. In kleinen, intensiv bearbeiteten Gemüsegärten wurden Zwiebeln, Knoblauch, Linsen, Bohnen, Wassermelonen, Kichererbsen, Sellerie, Petersilie und Koriander gezogen. Weintrauben rankten Gitter hinauf, an Palmen gediehen Datteln. Die Ägypter domestizierten und züchteten Esel, Rinder, Schafe, Ziegen, Schweine, Enten und Gänse, aus Bienenstöcken gewannen sie Honig und sie fischten im Nil. Das Pferd wurde erst im Neuen Reich gehalten, und es diente nur als Zugpferd für Parade- und Streitwagen. Neben Getreide wurde auf den großen Feldern auch Flachs angebaut. Aus seinen langen Fasern gewannen die Ägypter durch Spinnen und Weben hochwertige Leinenstoffe, die im ganzen Mittelmeerraum gefragt waren. Die Schurze und Gewänder der Könige und Adligen sowie die Trägerkleider der Frauen waren aus diesem feinen Leinen gemacht, die Kleidung der einfachen Leute bestand aus grobem Leinen oder Leder. Mittelpunkt des ägyptischen Lebens bildete die Familie, viele Nachkommen hoben das Ansehen der Eltern. Frauen wurden den Männern rechtlich gleichgestellt, sie konnten ihre Männer auch beerben.

An der Spitze der ägyptischen Gesellschaft thronte einsam der Pharao, auf den alle politische und religiöse Macht ausgerichtet war. Die zweitmächtigste Person im Land war der Wesir: Der oberste Beamte an der Spitze der Verwaltung sorgte für die Ausführung aller königlichen Anweisungen. Dazu gehörte das Schatzhaus, das für die Steuereintreibung zuständig war und die Lagerung aller kostbaren Rohstoffe beaufsichtigte (Gold, Silber, Metalle, Edelsteine, wertvolle Gesteine, Öle, Salben, Papyri und Waren aus fremden Ländern wie Elfenbein, Leopardenfelle und Hölzer). In der »Scheune« wurde das Getreide gelagert – es gab aber nicht nur eine, sondern im ganzen Land verteilt viele kleine Scheunen. Dort wurde unter anderem der Lohn für die Beamten und für die Arbeiter des Pharaos ausgezahlt, in Form von Getreide. Zur Verwaltung gehörte auch die Rechtsprechung; sie sorgte dafür, dass sich alle an die Gesetze hielten und im Falle eines Vergehens bestraft wurden.

Um die Gemeinschaft zu lenken, gab es eine straff organisierte Verwaltung mit bis zu 1600 Ämtern und Rangtiteln. In den »Hauptstadtbüros« saßen die hohen Beamten, die im Auftrag des Pharaos in die Provinzen reisten. Zur Verwaltung gehörten auch die einflussreichen Hohepriester, welche die großen Tempel und Grabanlagen führten. Am unteren Ende der Hierarchie standen zusammen mit den Bauern die vielen Handwerker, die für den Pharao Palast-, Tempel- und Grabanlagen erbauten und instand hielten. Eine ähnliche Stellung genossen erstaunlicherweise Sklaven, die nicht zu Tode geschunden, sondern gesellschaftlich integriert wurden.

Verschwundene Städte aus Lehm

All diese Details sind jedoch überwiegend aus idealisierten Quellen wie Literatur und Grabbildern, kaum aus archäologischen Grabungen bekannt. Umso erfreuter sind schweizerische und deutsche Archäologen, weil sie die einmalige Chance nutzen können, eine Stadt auszugraben, die über 4000 Jahre bis in die frühe islamische Zeit (7./8. Jahrhundert n. Chr.) hinein bewohnt war und heute zum großen Teil nicht überbaut ist. Elephantine liegt knapp unterhalb des 1. Kataraktes, der nördlichsten Stromschnelle des Nils, und wurde auf zwei Granitfelsen im Fluss errichtet. »Wir stoßen auf Tempelanlagen, Verwaltungsbauten, Wohn- und Wirtschaftsquartiere, die über eine Dauer von 4000 Jahren entstanden sind«, erklärt der Grabungsleiter Günther Dreyer. Die ältesten Siedlungsreste reichen in die Zeit um 3500 v. Chr. zurück – unklar ist nur, ob damals Nubier oder bereits Ägypter die kleine Inselsiedlung bewohnten.

Als sich Ober- und Unterägypten vereinten, wurde Elephantine zur befestigten Grenzstadt. Sowohl der Name »Elephantine« als auch der ältere »Abu« (Elefant oder Elfenbein) weisen auf eine der wichtigsten Handelswaren hin, die zusammen mit dem laufend benötigten Gold von den südlichen Nachbarn, den Nubiern, bezogen wurden. Aus dieser Frühzeit des Alten Reiches haben die Archäologen einen Teil der starken, später erweiterten Festungsmauer freigelegt, die die Inselstadt umgab. Ein Hinweis darauf, dass nicht nur Handel, sondern auch immer wieder kriegerische

Auseinandersetzungen den Kontakt mit den unberechenbaren Nubiern bestimmten. Südwestlich der Mauer stießen die Forscher auf eine Steingefäß-Werkstatt aus der späten 3., frühen 4. Dynastie (2600–2550 v. Chr.). In einer größeren Zahl von Räumen, die sich über 100 Quadratmeter erstreckten, fanden sie Spuren der einzelnen Schritte der Steinbearbeitung. Nördlich davon haben die Archäologen den Tempel der Schutzgöttin des Kataraktgebietes Satet aus der 6. Dynastie freigelegt sowie Spuren seiner baulichen Vorläufer und Nachfolger. Die Archäologen fanden heraus, dass in rund 3000 Jahren das Tempelheiligtum rund 30 Mal um- oder gleich neugebaut wurde. »Möglicherweise befand sich dort einmal ein heiliges Strudelloch, das als heilige Stelle betrachtet wurde«, sagt Dreyer. »Denn die Ägypter glaubten ja, der Nil entspringe am 1. Katarakt und fließe von dort in zwei Richtungen, nach Süden und Norden.«

Von Elephantine aus kontrollierten die Ägypter den Schiffsverkehr auf dem Nil an der Grenze zu Nubien.

Die Archäologen legten auch eine Palastanlage frei, die von ca. 2300 bis 1950 v. Chr. genutzt wurde. Im Schutt geborgene Fragmente von Siegelabdrücken belegen, dass hier wichtige Verwaltungsaufgaben erledigt wurden. Mit dem Verfall des Alten Reiches änderte sich auch die Nutzung von Teilen des Palastes. Zum Beispiel als Bäckerei: In Schutt und Abfall fanden die Archäologen zerbrochene Brotformen. »Vermutlich eine zentrale Großbäckerei aus der 1. Zwischenzeit (2200–2033 v. Chr.), in der für große Teile der Insel Brot hergestellt wurde«, so Dreyer. Die Räume konnten nicht wie üblich nach der Nutzung eingeebnet werden, da in ihnen statt draußen Asche, zerbrochene Brotformen und andere Abfälle entsorgt und Schicht für Schicht mit den Füßen eingestampft worden waren – ein einzigartiges Archiv. Darüber fanden die Archäologen eine Art Puzzlespiel: Aus rund 500 Bausteinen, die größtenteils in späteren Gebäuden verbaut waren, haben sie Teile des ursprünglichen Satet-Tempels zusammengesetzt – Pharaonin Hatschepsut hatte ihn um ca. 1480 v. Chr. errichten lassen.

Ausgrabung in Elephantine – Wohnhäuser bestanden aus Lehmziegeln.

Gewohnt wurde auch im Neuen Reich weiter in einfachen Häusern aus Lehm, der leicht verfügbar und billig zusammen mit zerkleinertem Stroh in rechteckige Formen gepresst und getrocknet wurde. Damit wurden in den Städten mehrstöckige, schlichte Wohnhäuser für einfache Leute, aber auch Paläste und Villen für Höhergestellte erbaut. In Elephantine konnten die Archäologen in Ufernähe Fundamente und Mauersockel ganzer Lehmhausreihen freilegen.

Doch im Laufe der Zeit siedelten Händler und Handwerker mehr und mehr ins heutige Assuan um. Als sich das ptolemäisch-römische Ägypten ab 332 v. Chr. noch einmal zu hoher Blüte aufschwang, wurden auf Elephantine große repräsentative Tempelanlagen mit dazugehörigen Wirtschaftsgebäuden errichtet, die schließlich zusammen mehr als ein Drittel der Fläche der Stadt einnahmen.

Tempel statt Pyramiden

Seit dem Neuen Reich wurden mithilfe dieser Gemeinschaftsarbeiten nicht mehr gewaltige Pyramidengräber für die Pharaonen, sondern riesige Tempelanlagen errichtet. Wie zum Beispiel der gut erhaltene und restaurierte Tempel von Karnak, nördlich von Luxor gelegen. Mehr als zwei Jahrtausende (von 1900 v. Chr. bis ins 4. Jahrhundert n. Chr.) ließen die jeweiligen Pharaonen hier zu Ehren des Gottes Amun bauen, anbauen, zubauen und überbauen. Die für ägyptische Tempel typische Anordnung – Pylon (Eingangstor), Säulenhalle, dunkles Heiligtum – wurde in Karnak in verschwenderischer Weise variiert. Umgeben von einer zwei Kilometer langen Tempelmauer sind die Baukomplexe entlang zweier Achsen errichtet, welche die ägyptische Weltsicht symbolisieren: Von Ost nach West verläuft die göttlich-himmlische Achse (Sonnenauf- und -untergang, Diesseits–Jenseits), während die irdische Achse parallel zum Lauf des Nils von Süd nach Nord verläuft. Auf der göttlichen Ost-West-Achse ließen im Laufe der Jahrtausende Pharaonen sechs Eingangs-Pylone errichten, so wuchs die Anlage stetig nach außen. Demzufolge ist das Erste das Jüngste – es stammt von Pharao

Nektanebos I. (30. Dynastie). Es wurde nie vollendet und an seiner Innenseite erhebt sich noch ein Lehmberg, welcher als Baurampe verwendet wurde. Der sich anschließende Innenhof führt zu einem Tempel Ramses III. Hinter dem zweiten Pylon erstreckt sich der von den Pharaonen Sethos I. und Ramses II. erbaute größte Säulensaal Ägyptens: 134 verzierte Säulen, deren Mittelreihen 21 Meter hoch sind.

Eigentlich hatten Götter im alten Ägypten lokale Bedeutung. Doch die neuen starken Herrscher in Theben machten Amun zum Gott des ganzen Reiches und ließen ihn mit dem Sonnengott Re zu Amun-Re verschmelzen. Zu Hauptzeiten des Tempels waren allein in Karnak 20 000 Priester mit der Aufgabe beschäftigt, die Gunst der Götter zu erringen. Zum wichtigsten Kult avancierte das Opet-Fest: Es wurde gegen Ende des Sommers gefeiert, wenn die Nilüberschwemmung ihren Höhepunkt erreichte, und führte die zweieinhalb Kilometer lange Prozessionsstraße (Nord-Süd-Achse) von Karnak nach Luxor entlang. Diese wurde auf der ganzen Strecke flankiert von Reihen steinerner Sphinxe in Widdergestalt, der bildlichen Darstellung des Gottes Amun. »Opet« bedeutet im Altägyptischen »Frauenhaus, Harem«; Amun-Re reist zu seinem Harem in den Luxor-Tempel. Bevor die Kultstatue Amuns, die das ganze Jahr über im Allerheiligsten stand, in seiner Prozessionsbarke den Tempel verließ, mussten zahlreiche Rituale vollzogen werden, dazu zählten Rauch-, Trank- und Speiseopfer. Anfangs erfolgte die Prozession über Land, später wurden eigens Kanäle angelegt, um Amun über den Nil nach Luxor zu fahren. Menschenmassen, Kapellen und junge Tänzerinnen säumten den Weg. Im Allerheiligsten des Luxor-Tempels jedoch wurde es wieder still, denn die heilige Hochzeit fand im Verborgenen statt. Amun-Re vollzog die Vereinigung mit der Göttin Muth und zeugte gleichzeitig mit der jungfräulichen Gemahlin des jeweiligen Pharaos dessen Thronfolger.

Durchleuchtet von Osiris und dem CT

Zu höchster Blüte trieben die Ägypter die Kunst des Einbalsamierens, aber warum wurden die Leichen so aufwendig behandelt? In vorgeschichtlichen Zeiten wurden die in einfachen Gruben Beigesetzten vom heißen, trockenen Wüstensand auf natürliche Weise mumifiziert – daraus entstand die Vorstellung, der Körper müsse unversehrt bleiben für das Leben im Jenseits. Mit dem Aufkommen von steinernen Grabkammern und Sarkophagen, in denen die Leichen verwesten, wurden künstliche Maßnahmen zur Mumifizierung notwendig: Anfangs wurden die Leichen nur gewaschen und mit in Harz getränkten Leinen umwickelt. Erst gegen Ende des Neuen Reiches gelangte die Mumifizierungstechnik zur Perfektion: Die Prozedur (inklusive der vollzogenen Rituale und Totenfeierlichkeiten) dauerte rund 70 Tage, die eigentliche Mumifizierung des Körpers nur vier Wochen. Dazu wurden das Gehirn sowie die Eingeweide entfernt und der Körper mithilfe von mit Natronsalz gefüllten Säckchen entwässert. Dann rieben die Einbalsamierer den Leichnam mit Salbölen ein und füllten die Körperhülle mit verschiedenen Materialien wie Sägespänen oder Leinen wieder aus. Anschließend umwickelten sie den Toten mit Leinen, schmückten ihn und setzten ihm eine Totenmaske auf.

Dass sich einfache Leute die Einbalsamierung nicht leisten konnten, war nicht entscheidend für das Weiterleben im Jenseits, da die Seele als unsterblich galt. Ob die Toten ins Reich der Glückseligen eingehen würden, darüber entschied ein Gericht des Unterweltgottes Osiris, der das Herz der Verstorbenen wog. Bei diesem Test helfen sollten negative Schuldbekenntnisse, die in den Totenbüchern gesammelt wurden. War das Herz durch Sünden belastet und schwer, wurde es der Fresserin (ein Mischwesen aus Krokodilkopf, Löwenvorderteil und Nilpferdhinterteil) zum Fraß vorgeworfen – der Verlust des Herzens führte zu ewiger Verdammnis.

Einen Gewinn stellen die guterhaltenen Mumien auf jeden Fall für die Erforschung des ägyptischen Alltaglebens dar; Hunderte von Mumien und Knochenfunden, besonders aus den Grabanlagen von Theben-West, sind inzwischen endoskopisch und mikrobiologisch untersucht sowie mit dem Computertomografen durchleuchtet worden. Häufig haben die Mediziner Hinweise auf chronische Blutarmut, Blutbildungsstörungen, Vitamin-C- und Vitamin-D-Mangel festgestellt. Vor allem jedoch konnten mithilfe der modernen Molekularbiologie Krankheitserreger nachgewiesen werden, die auf Tuberkulose hinweisen. In den Wintermonaten wurde es in den unbeheizten Lehmhäusern recht kühl und feucht. Tuberkulose war im alten Ägypten wohl verbreiteter als bislang angenommen und kann mit ein Grund dafür sein, dass die Lebenserwartung in dieser Hochkultur so niedrig blieb – sie lag im Durchschnitt nur zwischen 20 und 30 Jahren. Es gab wie in allen frühen Kulturen eine hohe Kindersterblichkeit und nur wenige einfache Leute erlebten ihren 40. Geburtstag. Doch wenn ein Mensch aus der Oberschicht das Erwachsenenalter erreichte, hatte er auch gute Chancen, älter als 40 zu werden. Gerade bei diesem Personenkreis fanden die Mediziner jedoch Anzeichen für bösartige Krebsgeschwüre – und zwar in einer Häufigkeit, die mit der heutigen vergleichbar ist. Litten etwa schon die alten Ägypter unter Zivilisationskrankheiten? Diese Frage wollte im Jahr 2011 ein internationales Forscherteam klären. In der sogenannten Horus-Studie sollten bei 52 Mumien mithilfe eines Computertomografen die Blutgefäße untersucht werden. Bei 44 Mumien konnten sie noch hinreichend erkannt werden, 20 von diesen, fast die Hälfte, litten zu Lebzeiten unter Verkalkung der Gefäße. »Wir Menschen neigen offenbar grundsätzlich zur Arteriosklerose«, urteilt der US-Mediziner Randall Thompson. Als mögliche Ursachen kommen neben einer falschen Ernährung – gerade die Oberschicht konnte sich viel Butter, Käse und Fleisch leisten – auch eine genetische Veranlagung für diese Erkrankung, die dann in den Adelsfamilien weitervererbt wurde, oder eine Parasiteninfektion in Frage, die chronische Entzündungen im Körper auslöst und dann die Kalkablagerungen in den Gefäßwänden begünstigt. Die auslösende Ursache lässt sich nicht mehr klären – ganz anders im berühmtesten »Mordfall« am Nil.

Wurde unser »Tuti« nun ermordet oder nicht?

Neue High-Tech-Methoden können aber auch Verwirrung bringen. Das zeigt der berühmte Fall von Tutanchamun, dessen Grabkammer vor rund 100 Jahren von Howard Carter entdeckt und dessen goldene Totenmaske so berühmt wurde, dass er von Ägypten-Fans liebevoll »Tuti« genannt wird.

Die Totenmaske des Tutanchamun im Ägyptischen Museum in Kairo.

Howard Carter findet das Grab des Tutanchamuns

Howard Carter kam 1874 in England als das 11. Kind des Zeitungsillustrators Samuel John Carter zur Welt: Er war von klein auf ständig krank, hatte aber das Zeichentalent seines Vaters geerbt. Als er seine Fähigkeit im British Museum unter Beweis stellte, ermöglichte es ihm der »Egypt Exploration Fund« mit nur 17 Jahren nach Ägypten auszuwandern und dort bei etlichen archäologischen Ausgrabungen als Zeichner zu arbeiten. Im Alter von 25 Jahren wurde er dank der Fürsprache vieler Archäologen Chefinspektor der Denkmäler Oberägyptens. Doch nach einem heftigen Streit mit Touristen, die immer wieder kleine Fundstücke entwendeten oder ihre Namen auf Pyramiden und Grabwände ritzten, wurde er strafversetzt und legte bald darauf sein Amt nieder. Er wollte auch Ausgräber werden, ihm fehlte nur ein Finanzier. Den fand er in dem reichen englischen Sponsor Lord Carnarvon, der einfach die Grabungserlaubnis für das ganze Tal der Könige kaufte. Obwohl das ganze Tal schon etliche Male durchkämmt worden war, waren einige Gräber noch immer nicht gefunden worden, u. a. das Grab Tutanchamuns. Auf dieses Grab konzentrierte Carter seine Suche. Sechs Jahre lang – von 1917 bis einschließlich 1922 – drehte Carters Team jeden Stein im Tal um, rund 200 000 Tonnen Sand und Geröll sollen sie durchsiebt und durchsucht haben. Die karge Ausbeute: ein paar Alabastergefäße. Als Lord Carnarvon bereits drohte, den Geldhahn zuzudrehen, bat ihn Carter darum, noch an einer letzten Stelle suchen zu dürfen: Er hatte steinerne Hütten entdeckt, die für die Arbeiter der Grabstelle von Ramses VI. errichtet worden waren. Unter eben diesen Hütten stießen seine Arbeiter am 4. November 1922 auf zwölf Stufen im Felsgestein und legten eine versiegelte Wand frei. Obwohl diese schon einmal aufgebrochen worden war, hatten die Archäologen Glück: Sie stießen auf das zwar verwüstete jedoch weitgehend vollständige Grab Tutanchamuns.

Weniger bekannt ist seine dramatische Lebensgeschichte: Sein vermutlicher Vater, Pharao Amenhotep IV. (1351–1334 v. Chr.), machte Schluss mit der großen Zahl ägyptischer Götter, beendete den Kult um Amun-Re und die vielen anderen Götter. Er machte den Sonnengott Aton zum König der Götter. Ihm zu Ehren nannte er sich fortan Echnaton. Um den Amun-Priestern jede Macht zu entziehen, ließ er zwischen Theben und Memphis die neue Hauptstadt Achet-Aton (»Horizont des Aton«) gründen, wo Aton als Sonnenscheibe ohne jegliche Kultbilder verehrt wurde. Doch das Volk hing an seinen alten Göttern und der Art, sie zu verehren. Nach Echnatons Tod übernahm Tutanchaton die Herrschaft – zunächst vielleicht zusammen mit einem weiteren Sohn Echnatons. Tutanchaton änderte nicht nur seinen Namen in Tutanchamun, um Amun zu ehren, sondern ließ auch den Aton-Kult verbieten. Beraten wurde der junge Pharao von seinem Wesir Eje und dem General Haremhab – hatten es beide selbst auf die Macht abgesehen?

Als Tutanchamun mit nur 20 Jahren starb, beerbte jedenfalls Wesir Eje den kinderlosen Pharao und ließ sich zum Pharao krönen. Sein hohes Alter erlaubte ihm nur drei Regierungsjahre, danach errang General Haremhab das höchste Amt im Reich und ließ die letzten Reste des Aton-Kultes entfernen. Die politischen und religiösen Wirren und der frühe Tod Tutanchamun sorgten schon lange für Spekulationen: Wurde Tutanchamun ermordet? 1968 machten britische Forscher Röntgenbilder von der Mumie und entdeckten einen Bluterguss und eine Schädelfraktur. Wurde Tuti Opfer einer Gewalttat oder handelte es sich um eine Missbildung, die auch die beiden Föten in seinem Grab aufwiesen? Untersuchungen, die zudem eine Nackenverletzung belegten, stärkten den Mordverdacht. Fast vier Jahrzehnte wurde munter drauflos spekuliert. 2005 bewies eine Computertomografie jedoch, dass der junge Pharao kein gewaltsames Ende fand. Ein schwerer Oberschenkelbruch könnte auf einen Unfall hinweisen. Und im Februar 2010 schließlich ergab die Untersuchung einer Gewebeprobe der Mumie: Tutanchamun litt an einer Knochenauflösung im Fuß und starb vermutlich an Malaria.

Nicht nur die moderne Forschung, auch schon Herodot hatte sich mit seinen Mutmaßungen zur ägyptischen Kultur aufs Glatteis begeben. Einige richtige Beobachtungen hatte er mit seiner Fantasie gemischt. Tatsächlich schwillt der Nil mitten im Sommer gewaltig an, während alle anderen Flüsse, die ins Mittelmeer strömen, im Sommer zusammenschrumpfen und tatsächlich schreiben die Ägypter von rechts nach links und die Priester unterzogen sich regelmäßig einer Ganzkörperrasur. Aber bei den meisten von ihm aufgelisteten Andersartigkeiten der Ägypter hatte Herodot nicht so genau hingeschaut, stattdessen schlussfolgerte er: Wenn so wichtige Dinge bei den Ägyptern verkehrt herum ablaufen, dann wird es bei allem anderen auch so sein. Damit steht er am Anfang einer ganzen Reihe von Denkern, die einen unüberwindbaren Gegensatz zwischen Abendland und Morgenland sehen.

Wundermittel Mumia

Im Mittelalter verwendeten manche Ärzte eine Art Wundermittel, das angeblich Abszesse, Husten, Prellungen, Geschwüre, Übelkeit, ja sogar Lähmungen und Epilepsie heilen konnte: Mumia – zermahlene Mumien. Der Bedarf in Europa war so groß, dass einige Ägypter Leichen von den Friedhöfen entwendeten, in der Wüste trocknen ließen und dann als Mumien verkauften, eine Art neuzeitlicher Kannibalismus. Als man im 19. Jahrhundert erkannte, dass Mumienpulver doch keine wirksame Medizin war, bedeutete das noch nicht die Rettung für die Mumien. Nun wurde es Mode, Mumien bei öffentlichen Veranstaltungen zu enthüllen. Menschen- und Tiermumien wurden unter den neugierigen Blicken zahlender Zuschauer ausgewickelt.

KAPITEL 9

Findet die Unterstadt unter der Unterstadt!

*TROIA-VIIa war kein kleines Piratennest, aber
zu welchem Kulturkreis gehörte die Bronzezeit-Stadt?*

Dreimal wurde Hektor von Achill um die Stadtmauer Trojas ge-
hetzt, bevor er vor den Augen der entsetzten Bürger den Tod fand.
So lernen es noch heute viele Schüler, denn so steht es in Homers
»Ilias«. Als aber gegen Ende des 19. Jahrhunderts Heinrich Schliemann die Ruinen des Ortes freigelegt hatte, den er für Homers
Troja hielt, zeigte er sich am Ende schwer enttäuscht: Die Stadt
des Priamos war endlich gefunden, schrumpfte in seiner Größe
und Bedeutung jedoch zu einem kleinen Seeräubernest. Denn die
ausgegrabene Burganlage hat gerade einmal einen Umfang von
300 Meter. Der klassische Todeslauf kann demnach nur einen
knappen Kilometer betragen haben.

Für rund 100 Jahre blieb es bei diesem Dilemma: Der Wider-
spruch zwischen der Bedeutung des literarischen »Trojas« und
der Größe des entdeckten »TROIA-Hisarliks« (wir behalten die
Unterscheidung zwischen dem Ort TROIA-Hisarlik oder TROIA-I,
II etc. und Troja als literarischem Schauplatz bei). Gleichzeitig
verfiel TROIA-Hisarlik in einen langen Winterschlaf – unterbrochen nur von den Ausgrabungen eines Teams um den amerikanischen Archäologen Carl William Blegen in den Jahren 1932
bis 1939. Blegen hatte mit einem größeren Hintergrundwissen

über die Bronzezeit und neuen Forschungsmethoden Dörpfelds Schichtenmodell weiterentwickelt. Er konnte insgesamt 46 Bauphasen in neun Hauptschichten unterscheiden (Hauptschichten heißt: eine ganz neue Stadt mit neuer Kultur entstand; Bauphasen heißt: die Stadt wurde ganz oder teilweise zerstört, wiederaufgebaut oder Stadtteile angebaut): Angefangen mit der untersten, TROIA I, das in grauer Vorzeit gestanden haben muss, werden die Perioden nach oben durchgezählt bis zu TROIA IX, der hellenistisch-römischen Kult- und Badestätte. Zur jüngsten Siedlungsschicht »TROIA IX« fand Blegen auch Spuren einer Unterstadt und schlussfolgerte daraus: Wenn es eine Unterstadt in der Bronzezeit gegeben haben soll, dann war sie für immer unter der römischen Bauschicht verschwunden.

Das einzige Monument auf dem Hisarlik-Hügel: die Stadtmauer von Troia VI.

Anschließend blieb die Stätte wieder für ein halbes Jahrhundert sich selbst überlassen, die türkischen Behörden errichteten ein Kassenhäuschen am Eingang, doch in den Ruinen konnte jeder Besucher tun und lassen, was er wollte. Die Grabungsstätte erodierte: Wind und Regen im Winter und Touristenströme im Sommer ebneten den Schliemanngraben fast vollständig ein, an anderen Stellen stürzten Mauern ein oder wurden von Gräsern und Sträuchern überwuchert.

Anfang der 1980er-Jahre tauchte ein junger deutscher Forscher mit seinem Team auf der Troas auf: der Tübinger Ur- und Frühgeschichtler Manfred Korfmann. Sie begannen nicht auf dem Hisarlik-Hügel, sondern an der weiter südlich liegenden Besik-Bucht mit Geländebegehungen und Ausgrabungen. Dabei fanden sie nicht nur Hinweise auf einen bronzezeitlichen Hafen, sondern auch Gräberfelder, deren Beigaben aus ganz unterschiedlichen Kulturen stammten: eine Art »internationaler Seemannsfriedhof der Antike«. Die türkischen Behörden fassten Vertrauen zu dem jungen Deutschen, der fließend Türkisch sprach, und so erhielt Korfmann die persönliche Grabungslizenz für TROIA-Hisarlik. Doch seine Ausgrabungen begannen im Sommer 1988 höchst unspektakulär: die älteren Freilegungen wurden mit neuer Technik vermessen, gründlich gereinigt und instandgesetzt.

Nun ließ sich das TROIA-Labyrinth wieder bestaunen. Die Mauer von TROIA VI/VIIa bildet den größten zusammenhängenden Komplex, der einen Teil der Grabungsstätte umgrenzt. Dann geht es über steinerne Treppen ins Innere: Von einzelnen Marmorfragmenten des griechisch-römischen Athenatempels fällt der Blick auf die Befestigungsmauer TROIA I, eine Differenz von 2000 Jahren. Von der Steinrampe TROIA II, neben welcher Schliemann seinen »Schatz« fand, geht es über eine Treppe zum Megaronhaus TROIA VI, eine Zeitreise von 1000 Jahren.

Insgesamt überlagern sich in dieser 20 Meter dicken Hügelkuppe Siedlungen aus 3500 Jahren und jede dieser bereits von Blegen unterschiedenen 46 einzelnen Bauphasen in neun Hauptperioden ist angefüllt mit Spuren untergegangener Zivilisationen: in den Lehmresten finden sich Tausende von Keramikscherben, Knochen, aber auch kleinste Schmuckstücke sowie als neue wichtige Informationsträger Holzkohle, Pollen und Samenkörner. Denn im Unterschied zu Blegens Zeit lässt sich mittlerweile jeder kleine organische Fund genau zeitlich einordnen –

Die Archäologen graben im Areal eines Heiligtums der Troia VIII- und IX-Phase und haben dabei Ausblick auf die Landschaft der Troas.

mithilfe der C-14-Methode. Die Archäologen können nun jede Schicht zeitlich genau bestimmen, sobald sich darin ein Objekt befindet, das Kohlenstoff enthält. So werden die TROIA-Schichten immer genauer zeitlich eingegrenzt: Angefangen mit

TROIA I, dessen älteste Bauphase auf die Zeit um 3000 v. Chr. datiert wird, stülpen sich die 45 nachfolgenden Bauphasen wie Zwiebelschalen über diese Urschicht. Denn vor einem Neubau planierten die Bewohner die Lehmziegel ihrer alten Häuser ein und da die Siedlung auf dem Hügel ständig wuchs, wurde der Schutt über die Hügelränder hinaus verteilt, um eine größere Grundfläche zu erhalten. Die jüngeren Schichten umschlossen die älteren folglich wie Schalen einer halbierten Zwiebel. Das heißt aber auch: Da jedes Freilegen einer bestimmten Epoche andere darüberliegende zerstört hätte, ließ Korfmann keine neuen Gräben à la Schliemann anlegen, sondern im Wesentlichen nur vorhandene weiterführen. So wurden in der Verlängerung des genannten Schliemann-Grabens TROIA II-, III-, IV- und V-Siedlungsschichten freigelegt, die zum Teil übereinanderliegen, zum Teil aber auch ineinander verschoben sind. Das Ziel der neuen Grabungen bestand eben nicht darin – wie Korfmann nicht müde wurde, jedem Mitarbeiter, jedem Besucher und jedem Journalisten immer wieder geduldig zu erklären – wissenschaftliche Beweise für die historische Existenz von Priamos und Hektor zu finden. Denn ihre Kultur (TROIA VI/VIIa) bildet nur einen kleinen Teilbereich des historischen Spektrums.

Die bis zu 95 am TROIA-Projekt beteiligten Wissenschaftler und Techniker jedoch hatten in den folgenden 25 Jahren Größeres vor: Die Archäologen, Architekten, Bauingenieure, Geologen, Biologen, Zoologen, Numismatiker (Münzenkundler), Historiker und Philologen wollten hier, wo sich Orient und Okzident berühren, die Verbindungen der unterschiedlichen Kulturen während der Frühzeit in größtmöglicher Breite erforschen. So ließen die Geologen in gleichmäßigen Abständen Bohrungen in der gesamten Troas vornehmen und analysierten die abgelagerten Erdschichten: TROIA I lag demnach einst direkt am Meer, genauer gesagt bildete es ein Felsplateau, das in eine Meeresbucht hineinragte – ein idealer Siedlungsplatz. Die Bucht verlandete immer mehr, sodass TROIA VI schon einen Kilometer von der Bucht entfernt lag, die aber immer noch groß genug für einen Hafen gewesen wäre. Zu Lebzeiten von Homer (TROIA VIII) war die Bucht schon arg geschrumpft und lag vier Kilometer von der Stadt entfernt, heute ist sie ganz verschwunden.

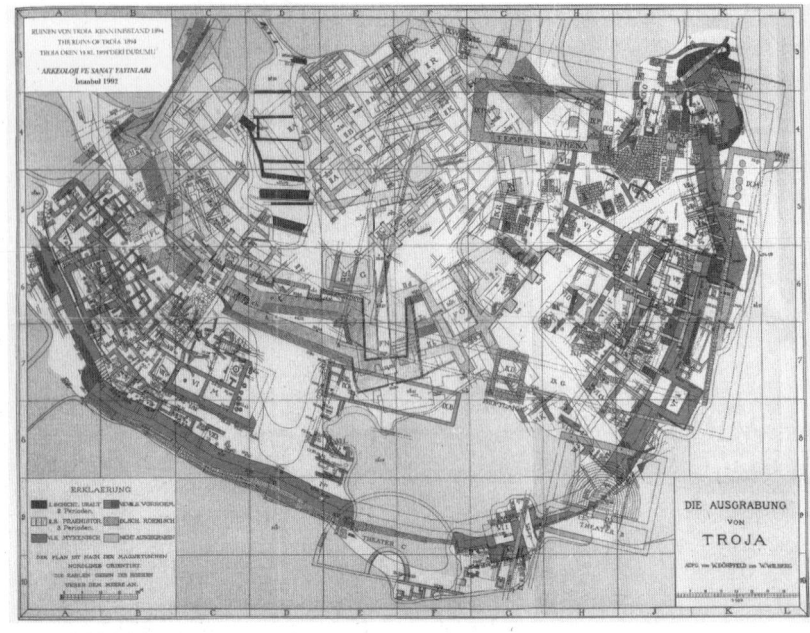

Das Meisterwerk der Stratigrafie – Wilhelm Dörpfelds Karte von Troia entwirrt das Labyrinth der unterschiedlichen Bauchschichten.

Die Geologen fanden jedoch eine noch gewichtigere Antwort auf die Frage, warum die Menschen während dreieinhalb Jahrtausenden nach jeder Zerstörung wieder genau an dieser Stelle eine Stadt aufgebaut haben. Sie haben die Wind- und Strömungsverhältnisse am Ausgang der Dardanellen-Meerenge gemessen, vor allem für das Sommerhalbjahr (Mai bis September), nur in dieser Jahreszeit machten größere Schiffsexpeditionen Sinn, denn im Winterhalbjahr stürmt die See zu oft. Das Ergebnis: Den einfahrenden Schiffen weht fast immer ein kräftiger Nordostwind entgegen, nur an rund 14 Tagen weht ein günstiger Südwest-Wind – und das war in den vergangenen 4000 Jahren auch schon so. Da die Schiffe in der Antike noch nicht gegen den Wind kreuzen konnten, stellte Gegenwind zusammen mit starker Strömung, die in Richtung Ägäis verläuft, ein zu großes Hindernis dar, um in die Meerenge einzulaufen. Wer den Hisarlik-Hügel besetzt hielt, kontrollierte die Zufahrt zur Meerenge und zum Schwarzen Meer und konnte von den Schiffen, die auf günstige Winde warteten, Wegezoll verlangen.

*Die Archäologen erfassen an der Grabungsstelle zeichnerisch jeden freige-
legten Mauerstein.*

Der Eingang zur Meerenge zwischen Schwarzem Meer und Ägäis, zwischen Orient und Okzident war immer umkämpft – bis zur Dardanellen-Schlacht im Ersten Weltkrieg. Von diesem Kampf erzählen auch TROIAs Ruinen. Alle TROIAs waren befestigt, alle TROIAs gingen trotzdem unter. »Es hat mit Sicherheit nicht nur einen, sondern viele Kriege um TROIA gegeben«, schlussfolgerte Korfmann. Die Zollstation »TROIA« büßte ihre strategische Son-
derstellung erst ein, als die Seefahrer um die Zeitenwende lernten, mit ihren Segelschiffen gegen den Wind zu kreuzen – sie steuer-
ten direkt die Meerenge außerhalb der Reichweite von TROIAs

Waffen an. Für die Römer war der Standort TROIA-Hisarlik nur noch interessant als Erinnerungsort an die trojanischen Helden, vor allem Aeneas, der ja angeblich nach dem Untergang Trojas Rom gegründet haben soll. Es war hauptsächlich Kaiser Augustus, der Tempel und Gräber restaurieren und den Bade- und Kultort Novum Ilium zu Füßen des Hisarlik-Hügels errichten ließ. Gut 2000 Jahre später waren auch die römischen Ruinen von Novum Ilium im Erdreich versunken und über ihnen wurde Baumwolle und Weizen angepflanzt.

Die Unterstadt unter der Unterstadt

Die Troas im Sommer 1992. Gleich unterhalb des Hisarlik-Hügels begannen die Felder der Bauern, die in den umliegenden Dörfern lebten. Auf einem brachliegenden Areal südlich der TROIA-Grabungsstätte begannen zwei Männer ein Ritual, das Einheimische und Touristen anfangs argwöhnisch beobachteten. Systematisch liefen die beiden das Feld ab und führten dabei eine merkwürdige Holzkonstruktion mit sich. Die Vermessungsingenieure Helmut Becker und Hans-Günther Jansen wollten so mit ihrem Magnetometer Marke Eigenbau ohne einen Spatenstich vom Menschen bearbeitete Materialien noch im tieferen Untergrund aufspüren wollen. Die Technik war noch neu und die Troas eine der ersten archäologischen Stätten, an der sie erprobt wurde. Doch mit viel Eifer und Experimentierfreude gelang es den beiden Forschern bauliche Spuren noch unter der römischen Unterstadt zu erfassen. Mit der jeweiligen Feineinstellung ihres Cäsium-Magnetometers können sie den Magnetisierungsgrad der einzelnen Bodenschichten messen. Abweichungen vom lokalen Normalzustand weisen auf Reste menschlicher Spuren im Boden hin, denn behandelte Materialien wie verbrannte Lehmziegel oder Keramikscherben sind stärker magnetisch als die sie umgebende Erde. So erfassten sie Planquadrat für Planquadrat eine Unter-Unterstadt – die zum spätbronzezeitlichen TROIA VI/VIIa gehört.

Homer, dem Schliemann vorwarf, er habe wohl etwas mit der Größe und Herrlichkeit Trojas angesichts des kleinen Burgbergs übertrieben, wurde so gerettet – mit einer Ausdehnung von 270 000 Quadratmetern ist sie fast achtmal so groß wie der eigentliche Grabungshügel Hisarlik. TROIA VI/VIIa wäre damit eine der größten Städte Kleinasiens in der Bronzezeit, in der bis zu achttausend Menschen leben konnten. Doch um auch Teile der Unterstadt ausgraben zu können, mussten die Wissenschaftler die entsprechenden Felder für eine Saison von den Bauern pachten. Das geschah im darauffolgenden Jahr. Dabei stellte sich heraus, dass sich die Geophysiker nur in einem Punkt geirrt hatten: Eine siedlungsumringende Mauer hatten sie geschlussfolgert, aber die Archäologen gruben in den folgenden Jahren an mehreren Stellen keine Mauer, sondern Abschnitte eines Grabens aus, der in den Fels hineingemeißelt worden ist: drei Meter breit und eineinhalb Meter tief.

Immer wieder musste Korfmann während dieser Sommerkampagnen Forscher und Journalisten zu dem freigelegten Graben der Unterstadt führen. Dort deutete der Grabungsleiter mit der Hand den weiteren Verlauf an: die Ausschachtungen wurden nicht auf gleichem Niveau gehalten, sondern folgten den Höhenschwankungen des Hügels – mal rauf mal runter. »Weiter westlich«, erklärte Korfmann »wird der Graben für eine Durchfahrt unterbrochen«. Wasser konnte sich hier also nicht halten, geschweige denn Boote hier verkehren. Das war kein Kanal, sondern alles spricht dafür, dass es sich um eine Stolperfalle für Streitwagen, der »Superwaffe des 2. Jahrtausends«, handelte. Die Ausschachtungen sind nicht besonders tief, damit sie Angreifern keine Deckung boten. Außerdem ist der Graben zur Stadt hin abgeflacht, damit die Verteidiger mit ihren Pfeilen hineinschießen konnten. Homer beschreibt im Zwölften Gesang der Ilias den Graben sehr genau, ordnet ihn jedoch nicht der Verteidigungsanlage Trojas, sondern dem umwehrten Schiffslager der Griechen zu:

»Und Hektor trieb die Gefährten, den Graben zu durchschreiten.
Und die Pferde wagten es nicht, die schnellfüßigen,
sondern standen laut wiehernd am äußersten Rand,
denn der Graben schreckte sie ab.
Nicht leicht war er aus der Nähe zu überspringen noch zu
durchqueren,
denn er war mit Pfählen und Spitzen gefügt.«

(Ilias XII, 48-56)

Es fehlte nur noch die von Homer als gewaltig beschriebene
Schutzmauer. Diese hinterließ, da sie aus sich zersetzenden Lehmziegeln bestand, nach drei Jahrtausenden kaum Spuren, weshalb
die Archäologen an der möglichen Anschlussstelle der Schutzmauer zum Burgberg suchten – und fündig wurden: Das Mauer-
fundament verbarg sich unter einer großen Menge zusammen-
gepresster Lehmziegel.

Troia: Grabungen an der Unterstadt.

Schatz: ja, Königreich: ja, Priamos: nein!

In den folgenden Jahren stieg Korfmann immer wieder mit Journalisten und Kollegen auf den Hisarlik-Hügel und zeigte auf den noch existierenden Abschnitt der Befestigungsmauern des frühbronzezeitlichen TROIA II (2500–2350 v. Chr.). Dort, unweit der berühmten TROIA II-Torrampe, hatten die damaligen Herrscher vor dem Untergang ihrer Stadt Goldschätze im Mauerwerk versteckt, wo sie über 4000 Jahre später von Heinrich Schliemann entdeckt wurden. Doch bis dato war über die TROIA II-Kultur kaum etwas bekannt. Mitten in dem aufgewühlten TROIA-Hügel gab es noch einen unberührten Erdkegel, der bis in die TROIA VI-Periode hinaufreicht. Hier legten die Archäologen in den Sommerkampagnen 1998/99 ein unter mehreren Metern Lehm verborgenes Megaron aus der frühen Bronzezeit frei – ein Langhaus mit Zentralbau und Vorhalle. Was diesen Fund so bemerkenswert macht: in dem immer wieder für Neubauten eingeebneten Burgberg blieben die verputzten Wände noch bis zu einer Höhe von einem Meter fünfzig erhalten, und das Inventar scheint intakt zu sein. An zentraler Stelle findet sich eine runde Feuerstelle, daneben steht eine Art Altar. Auch die vielen Gegenstände, welche die Archäologen aus dem Inneren bargen, weisen auf eine Kultfunktion hin. Neben zahlreichen Gefäßen fanden die Forscher ein Kultgefäß mit Griffen in Form von Menschen in Anbetungshaltung, kleinere Bronzegegenstände, Karneol- und Fayenceperlen, ein Stück Bergkristall, einen verzierten Ring aus Geweih und eine Art Keulenkopf aus Fayence, vermutlich aus Ägypten stammend, der einst grünlich-blau schimmerte und als Zepter diente. Vor allen Dingen letzterer erfreut Korfmann: »Mit diesem Fundstück, das um 2500 v. Chr. sehr kostbar war, befinden wir uns mit Sicherheit im Umfeld der ›Schatzfunde‹«.

Eine weitere frühbronzezeitliche Spur verfolgten die Archäologen im südlich angrenzenden Umland. TROIA II-Häuser außerhalb der Burg waren ihnen schon bekannt, doch nur vereinzelt und direkt an der Burgmauer gelegen. Die Wahrscheinlichkeit, weitere Bauspuren aus dieser Epoche zu finden, war gering, da die TROIA VI-Unterstadt in diesem Bereich direkt auf dem felsigen Untergrund errichtet wurde. Dennoch – mit detektivischem Spürsinn lokalisierten die Wissenschaftler Hinweise auf ein Bollwerk aus der TROIA II-Phase. Sie legten auf 40 Metern Länge dessen Verankerungen im felsigen Untergrund frei, die mit Kalkstein und Keramik verfüllt waren. Das Bollwerk samt Toranlage war ehemals mit Pfosten gespickt; das Holz ist naturgemäß längst vermodert. Doch vom Füllmaterial liegen inzwischen C-14-Daten vor: es stammt aus der Zeit um 2600 v. Chr. – die TROIA I und II-Perioden. Mit der datierten Befestigungsanlage 200 Meter südlich des Hisarlik-Hügels kennt Korfmann nun die Ausmaße der Unterstadt TROIA II: »Bereits Mitte des 3. Jahrtausends erstreckte sich TROIA weit über den Burgberg hinaus.« Dabei zeugt die Stadtanlage mit Burgberg und Untersiedlung eindeutig von orientalischem Einfluss: »Was die Schatzfunde nahelegten – dass sich hier ein überregionales kulturelles und wirtschaftliches Zentrum befand – wird nun aus der Größe der Stadt heraus nachvollziehbar.«

Der östliche Mittelmeerraum Mitte des 3. Jahrtausends v. Chr.: Die Stadtstaaten Mesopotamiens wurden von einzelnen Herrschern zu einem Reich geeint. Unter Sargon I. weiten die Sumerer ihr Reich bis nach Kleinasien aus. Zu dieser Zeit wird viel Handel getrieben – 1000 Kilometer Transport bringen rund 100 Prozent Gewinn. Es ist deshalb wohl kein Zufall, dass die aus Zentralasien stammende Zinnbronze zum ersten Mal zeitgleich in TROIA-Hisarlik und in der 1100 km entfernten mesopotamischen Hafenstadt Ugarit auftaucht. Zur gleichen Zeit entwickelten sich, wie Funde aus dieser Epoche dokumentieren, weit verzweigte Handelskontakte: zum Vorderen Orient (Töpferscheibe), nach Osteuropa (Steinaxt), ins Baltikum (Bernstein) und für Gold zum Kaukasus. »TROIA war bereits im 3. Jahrtausend am äußersten Rande der mesopotamisch-anatolischen Kulturen eine Zwischenstation für den Handel mit der Schwarzmeerregion und Europa«, urteilt Korfmann.

Auch die Nachfolgestadt TROIA III war nach dem Untergang des reichen TROIA II keine ärmliche Siedlung, wie die Archäologen lange dachten. Die Freilegungen in dieser Siedlungsschicht beweisen, dass es weiterhin eine Stadt mit befestigter Burg und Unterstadt gab. Und Gefäße und Werkzeuge aus dieser Zeit erklären: Es waren die Nachkommen der TROIA II-Bewohner, sie verbesserten sogar deren Handwerkstechniken. Nur wurden beim Neuaufbau der Stadt an Stelle der großen Megaron-Bauten viele kleine Wohnhäuser errichtet. Die Abschaffung der Paläste kann sogar ein Hinweis darauf sein, dass es keinen mächtigen Herrscherclan mehr gab. Und Brandschichten zeigen den Forschern, dass mindestens zwei große Feuer in der Stadt gewütet haben. Doch der Untergang kam um 2200 v. Chr. wohl durch ein Erdbeben, worauf verschobene Fundschichten hinweisen.

In der folgenden TROIA IV und V-Zeit (2200–1750 v. Chr.) gilt das einprägsame Zwiebelmuster nicht mehr. Diese Siedlungen gaben die alte Unterstadt auf und dehnten sich zum Teil weiter über den Hisarlik-Hügel aus als ihre Nachfolgerin TROIA VI. Diese Neuen waren Zuwanderer aus dem Inneren Kleinasiens und ließen sich auf dem Hisarlik-Hügel nieder. Sie errichteten sich wie schon die TROIA-II-Siedler langgestreckte Häuser, deren Lehmziegelwände auf Steinfundamenten standen. Doch sie benutzten Gefäße, die kunstvolle Henkel, breite Ausgüsse und reiche Verzierungen aufwiesen. Und sie bauten kuppelförmige Öfen in ihre Höfe, in denen sie unter anderem Fladenbrot backen konnten. Außerdem änderte sich der Fleischverzehr: Über die Hälfte stammte von Schweinen, die sich ja schnell vermehren und ein Drittel von gejagtem Wild.

Offenbar konnten die Menschen kaum als Bauern und Viehzüchter arbeiten. Viele Brandspuren in den Siedlungsschichten bestätigen den Verdacht: TROIA IV und V wurden häufig von Feinden angegriffen. Waren diese Angriffe, Missernten oder Krankheiten der Grund dafür, dass die Siedlung um 1750 v .Chr. dann plötzlich verlassen wurde? Die Archäologen können diese Frage bis heute nicht beantworten. Aber fest steht: Gut 50 Jahre später kamen neue

Ausgräber Korfmann vor dem restaurierten Mauerdurchbruch der Schliemann-Grabung.

Siedler, die mit TROIA VI wieder eine große Siedlung mit Burg und Unterstadt errichten sollten – und diese TROIA VI/VIIa-Kultur rückte immer mehr ins Zentrum der Ausgrabungen.

Vasallenstadt der Hethiter

»Es war nie unser Ziel, Homer zu bestätigen oder zu widerlegen«, bekräftigte Grabungsleiter Korfmann immer wieder, »aber wir Archäologen finden zumindest die Kulisse für einen TROIA/Ilios-Schauplatz, wie ihn Homer um 720 v. Chr. im Sinne hatte, als er sein Epos mit dem damals in Ruinen liegenden Ort verband.«

Zwar sind Paris, Agamemnon und Odysseus mit Sicherheit literarische Gestalten. Aber es verdichtet sich immer mehr der Eindruck, dass Homer den historischen Hintergrund, vor dem er seine Helden auftreten lässt, sehr genau beschrieben hat: Das Aussehen der Stadt, ihre Lage an der Grenze zur griechischen Welt, ihr Untergang – alles passt.

Das spätbronzezeitliche TROIA VI wuchs seit 1700 v. Chr. ständig an zu einer gut befestigten Burganlage mit einer großen Unterstadt, die wiederum von einer Verteidigungsanlage umgeben war. Dann kam es zu einem, schon von Blegen erkannten, schweren Erdbeben um 1300 v. Chr. Dabei wurden aber nur Teile der Stadt zerstört, die Bevölkerung blieb und baute wieder auf. Deshalb gehören TROIA VI und VIIa zusammen. Erst um 1200 v. Chr. ging diese Stadt unter – Brandspuren beweisen außerdem, dass sie niederbrannte. Das kann gut im Kampf geschehen sein. Doch welcher Kultur gehörten diese TROIAner eigentlich an?

In der Ilias werden die Trojaner mehr oder weniger wie Griechen dargestellt: sie sprechen die gleiche Sprache und teilen sich einen Götterhimmel. Deshalb wurde lange angenommen: Die Trojaner seien auch Griechen gewesen. Doch das ist die Darstellung aus Sicht der Sieger, der Griechen. In der Ilias wird der Ort Ilion und Troja genannt. Aber war dieser Name wirklich über Jahrhunderte überliefert worden? Oder wie nannten sich diejenigen selbst, die wir Trojaner nennen? Welchem Kulturkreis gehörten sie an, mit welchen Mächten waren sie verbündet? In der Sommerkampagne 1995 geschah dann, womit das Ausgrabungsteam schon nicht mehr gerechnet hatte: Der Engländer Donald Easton fand in einem Gebäude auf dem Burgberg einen kleinen Metall-Gegenstand. Nachdem er von seinen Verschmutzungen gesäubert war, stellten die Archäologen fest, dass er die Form eines runden Minikissens hatte und merkwürdige Zeichen aufwies. Es handelt sich um ein nur fünf Zentimeter großes Siegel aus Bronze – es wurde benutzt, um etwas zu »besiegeln« wie wir das heute mit unserer Unterschrift tun. Das Siegel trägt jedoch nicht, wie viele erwarteten, griechische Linear-Zeichen, sondern hethitische Hieroglyphen. Sie wurden benutzt, um »Luwisch« zu schreiben, eine Sprache, die weit über die Hethiterzeit hinaus in Anatolien verbreitet war. Auf der einen Seite ist der Name einer Frau, auf der anderen Seite der Name ihres Ehemannes eingraviert, sein Beruf wird als Schreiber angegeben. Und das – so ergab die Datierung –

im 11. Jahrhundert v. Chr., als die Ägäiskulturen angeblich über keine Schriftkulturen verfügten.

Daraus lassen sich nun weitreichende Rückschlüsse ziehen: TROIA hat mit großer Wahrscheinlichkeit zum anatolisch-hethitischen Kulturkreis gehört. In hethitischen Urkunden des 12. Jahrhunderts v. Chr. wird ein Vasall des Königs genannt: »Alaksandus«, Herrscher von »Wilusa«. Aus »Wilusa« könnte im Griechischen »Ilios« aus »Alaksandus« »Alexandros« geworden sein. Alexandros aber wurde auch Paris, der Entführer Helenas, genannt. Als Homer 400 Jahre nach den kriegerischen Ereignissen im 8. Jahrhundert v. Chr. sein Epos schuf, konnte er möglicherweise nicht nur aus mündlichen Überlieferungen, sondern auch aus luwischen Chroniken und Epen schöpfen. Im Bund mit einigen Historikern und Altphilologen vermutete der Homer-Experte Joachim Latacz schon länger, dass TROIA mit Wilusa identisch sein muss: »Das Bronze-Siegel bildet als Beweis den letzten Stein des Puzzles, das TROIA in den spät-hethitischen Kulturkontext einordnet.«

Wer waren die Hethiter?

Nach dem Stand der Forschung waren die Hethiter ein indogermanischer Volksstamm, der im 3. Jahrtausend v. Chr. von der Schwarzmeer-Region ins zentralanatolische Hochland einwanderte und dabei die alteingesessenen Hatti verdrängte, deren Namen und einen Teil ihres Wortschatzes übernahm. Die Keilschrift lernten sie von den Assyrern, wandelten sie ab und schufen etwas Neues: die Geschichtsschreibung. Das Hethiter-Reich hatte expandierenden Charakter: Mit dem Streitwagen eroberten die Hethiter ein Gebiet, das in der Blütezeit von Smyrna an der Ägäisküste bis zum Euphrat in Syrien reichte. Um 1200 v. Chr. ging das Hethiter-Reich unter – die Ursachen dafür sind nicht geklärt. Erst Ende des 19. Jahrhunderts – nach 3000 Jahren – wurde ihre Kultur wiederentdeckt.

TROIA VI/Wilusas Aufstieg im 17. Jahrhundert v. Chr. fiel mit einem einschneidenden Ereignis im Hethiterreich zusammen. Die Hethiter verloren zu dieser Zeit ihren Landweg zum Kaukasus. Um auf dem Seeweg an die begehrten Metalle dieser Region zu kommen, gingen sie ein Bündnissystem mit den Küstenländern der Ägäis ein. So gedieh TROIA als Handelsposten und Vasallenstadt der Hethiter mehrere Jahrhunderte, bevor es um 1200 v. Chr. zusammen mit der mykenischen Welt und dem Hethiterreich aus bis heute nicht geklärten Gründen unterging. Brandspuren in der Schicht VIIa lassen zumindest auf eine Zerstörung durch einen Krieg schließen. Für das Korfmann-Team stellte sich TROIAs Vergangenheit also so dar: TROIA II und TROIA VI/VIIa waren Außenposten orientalischer Großreiche, der Handel machte sie reich – und rief Neider auf den Plan. Beide Städte, darauf verweisen die Brandspuren, wurden bekriegt, besiegt und vom Feuer verwüstet.

Eine neuer Krieg um Troja?

Müssen wir Abendländer uns damit abfinden, dass unser heiß geliebtes TROIA in seinen zwei frühzeitlichen Blütephasen Außenposten asiatischer Großmächte, Mesopotamiens und Hethitiens, war? Korfmann war davon überzeugt: »Aus der Sicht des Orients war TROIA eine Kolonie.« Diese Vorstellung gefiel manchem Gelehrten, der die Ilias seit seiner Schulzeit auswendig hersagen konnte, gar nicht. Und so entstand ein Streit zwischen Historikern, Archäologen und Urgeschichtlern, der sich bis heute um die Fragen dreht: Welche Epoche der Vorgeschichte meinte der Dichter oder handelt es sich um erfundene Geschichten? Meinte Homer die mindestens 400 Jahre zurückliegende mykenisch-hethitische Welt oder das näherliegende sogenannte Dark Age – was sagt die Homer-Wissenschaft? Geben seine Schilderungen überhaupt Wertmaßstäbe und Vorstellungen früherer Epochen wieder oder stammten sie aus der Zeit, in der Homer seine Texte abfasste (also um 750–720 v. Chr.)?

Der Kölner Althistoriker Karl-Joachim Hölkeskamp stützt sich auf die neuen Erkenntnisse aus der Erforschung der Oral-History, der mündlichen Geschichtsschreibung: »Alles, was wir bislang über die Entwicklung von Gedächtnisschichten in oralen Gesellschaften wissen, sagt uns, dass eine konkrete Erinnerung nicht länger als drei Generationen wirklich hält. Wenn wir also davon ausgehen, dass »Ilias« und »Odyssee« am Ende des 8. oder Anfang des 7. Jahrhunderts verschriftlicht worden sind, können wir allenfalls mit einer Rückerinnerung ins 9. vielleicht auch 10. Jahrhundert rechnen.« Damit würde Homers Werk auf die griechisch-archaische Zeit, nicht aber auf die mykenisch-hethitische verweisen.

Dem hält der Schweizer Homer-Forscher Joachim Latacz entgegen, dass die Griechen sich bis ins 8. Jahrhundert v. Chr. nicht ausschließlich auf ihr Gedächtnis verlassen mussten. Sie hatten zwar keine Schrift, aber durchaus Überlieferungsmedien zur Verfügung. Dazu gehörten zum einen Erzählhilfen wie »Formeln« und »typische Szenen«: Alle wichtigen Orte, Götter und Personen werden in der immergleichen Umschreibung – wie eine Formel – angeführt: der Fluss Skamander wird zum »hochufrigen Skamandros«, Hektor zum »strahlenden Hektor«, Waffen zum »kalten Erz« und Troja wird abwechselnd das »heilige Ilios«, das »gutummauerte Ilion« oder das »winddurchwehte Ilion« genannt. Und mit »typische Szenen (Type-Scenes)« ist gemeint, dass ganze Szenen wie der Beginn eines Kampfes mit dem immer gleichen Wortlaut beschrieben werden. Vor allem jedoch hilft den Erzählern das Versmaß, das Hexameter. Genauso wie wir uns bis ins hohe Alter an den »Herrn Ribbeck von Ribbeck im Havelland« erinnern werden, haben Menschen in der vorübergehend schriftlos gewordenen Antike kollektive Erinnerungen in Versmaße gebannt und von Generation zu Generation weitergegeben.

Außerdem führt Latacz einen schwerwiegenden inhaltlichen Beweis an: In den 29 Kontingenten der sogenannten »Schiffskataloge« der Ilias sind Ortsnamen aufgeführt, die eindeutig in die mykenische Zeit verweisen. »Diese Orte tragen nicht Allerweltsnamen wie Hochdorf, sondern ausgeprägte Ortsnamen, die die Sänger unmöglich zur Füllung des Hexameters erfunden haben können.« Diese Position wird besonders gestärkt durch den kürzlichen Fund eines Tontafelarchivs in Linear B-Schrift auf der Kadmeia, der alten Burg von Theben im Zentrum der Peloponnes. Dort sind in der von den mykenischen Griechen benutzten Linear B-Schrift unter anderen drei Orte genannt, die sich auch im Schiffskatalog der Ilias finden, die jedoch später den griechischen Geografen der klassischen Zeit unbekannt waren. »Daraus kann nur der Schluss gezogen werden, dass das Informationsmaterial, auf das sich der ›Schiffskatalog‹ gründet, mindestens zu einem Teil aus mykenischer Zeit stammt«, so Latacz.

Anders verhält es sich mit den Waffen und der Kampftechnik: In der Ilias wird zwar immer nur von Bronzewaffen gesprochen, die jedoch nicht besonders schlagkräftig sein konnten. Das ändert sich erst mit dem Eisen, aus dem starke Waffen geschmiedet wurden. Nur mit solchen Waffen kann es die in der Ilias beschriebenen Kämpfe und Einzelkämpfer wie Achill geben. Doch diese Waffen und die damit verbundene Kampftechnik verbreiten sich erst in der Zeit zwischen dem Untergang Mykenes und der Zeit Homers – im sogenannten Dark Age.

Geschichten und Einsichten aus drei Epochen mischen sich in den Ilias-Erzählungen, die ja – auch als sie schon schriftlich fixiert waren – immer weiter entwickelt wurden: Aus der mykenischen Zeit entlehnt Homer die alten, überlieferten Namen der Fürstentümer und Helden mitsamt ihren mythischen Hintergründen. Aus der Zeit des Dark Age stammen die Beschreibungen der Krieger, ihre Bewaffnung, ihre Kriegstaktik und -rituale. Und aus Homers eigener Zeit stammt der Wunsch, dass sich die griechischen Stadtstaaten dauerhaft miteinander verbünden sollten.

Blick auf die Ausgrabungen im hellenistisch-römischen Tempelareal TROIA-Hisarlik VI–IX.

Doch in dem entbrannten Streit ging es um mehr: Ein Teil der Archäologen und Althistoriker befürchtete, dass Korfmann ihnen nicht nur die Grabungsstätte TROIA-Hisarlik, sondern auch das Homersche »Troja« als kulturelle Heimat wegnehmen wollte, indem er es immer weiter in die orientalisch-anatolische Geschichte eingliederte. Dass der Handlungsort der Ilias nicht zum griechischen, sondern zum anatolisch-hethitischen Kulturkreis gehörte, ist nur eine seiner archäologischen Schlussfolgerungen, die bei eingefleischten Abendländern heftigsten Widerstand hervorruft. Korfmann sprach der Türkei eine zentrale Rolle in der eurasischen Geschichte zu, als viele in Deutschland einen möglichen Beitritt der Türkei in die EU noch brüsk ablehnten: »Historisch betrachtet gehört die Türkei genauso selbstverständlich zu Europa wie Griechenland.« Für den Archäologen liegen vor allem in der Troas starke Wurzeln des Abendlandes, die bis heute wirksam sind: »Der Trojanische Krieg wurde zum Sinnbild aller sinnlosen Kriege – ein Trojanischer Frieden könnte Ost und West wieder zusammenführen.«

Nach dem Krieg – Trojanische Stille

Sommer 2003. Manfred Korfmann steht am Rande seines Grabungshügels und zeigt über die Landzunge zwischen Ägäis und Dardanellen-Meerenge: »Diese Landschaft gehört zu den weltweit besterforschten. Wir kennen sämtliche Oberflächenfunde und haben über 250 Bohrungen zu geologischen Untersuchungen anlegen lassen.«

Die Ergebnisse der Grabungen werden jährlich in der »Studia Troica« veröffentlicht – für eine archäologische Grabung ein unglaublich zügiges und transparentes Vorgehen. Das Grabungsteam hat auch die Substanz der historischen Stätte »TROIA« gesichert. So wurde ein Schutzdach über dem freigelegten Kern des Burghügels errichtet und die große TROIA VI/VIIa-Mauer gegen weitere Zerstörung gesichert. Darüber hinaus wurde die Landschaft um TROIA zum Nationalpark erklärt: Für die Rettung der Landschaft vor Bauspekulanten und Tourismusindustrie hatten sich Medien, Umweltverbände und eine Unterschriftenkampagne eingesetzt. Unverdrossen arbeitete Korfmann weiter als Grabungsleiter auf der Troas und als Professor für Ur- und Frühgeschichte in Tübingen. Und als er schwer erkrankte, weihte er nur seine engsten Mitarbeiter in diese Tatsache ein. Im August 2005 starb Manfred »Osman« (diesen zweiten Vornamen hatte er noch angenommen) Korfmann für die meisten völlig überraschend.

Die Grabungsleitung wurde zur nächsten Sommerkampagne an Korfmanns Kollegen und Freund Ernst Pernicka übergeben, dem angesehenen Experten für antike Metallfunde. Bis zum Sommer 2013 fanden weitere Grabungskampagnen statt und insbesondere die Arbeiten an der Unterstadt wurden fortgeführt. Dabei entdeckten die Forscher nordwestlich des Burgbergs zwischen den Fundamenten des griechisch-römischen Tempelbezirkes auf einem größeren Areal die Fundamente dicht an dicht gebauter Steinhäuser.

Außerdem wurde der Verlauf der Verteidigungsanlage durch Grabungen weiter verfolgt. An zwei Stellen ist der Graben unterbrochen – hier befanden sich einst das Süd- und das Südosttor der Unterstadt. Nur dort, wo früher ihr nordöstlicher Bereich lag, verhindert der heutige Parkplatz Grabungen. An dieser Stelle haben sich die Archäologen mit einzelnen Bohrungen beholfen. Das Fazit: Heute ist die Unterstadt gut bekannt und ihre Größe kann nicht mehr bezweifelt werden. Auch in diesem Punkt hatte Korfmann recht: Es gab eine befestigte Unterstadt.

Aber ist deshalb das spätbronzezeitliche TROIA-Hisarlik identisch mit Homers Troja? Eigentlich stellt sich diese Frage gar nicht, da nie geklärt werden kann, ob es *den* Trojanischen Krieg überhaupt gab. Es ist sogar sehr unwahrscheinlich, dass sich die Ilias auf ein einzelnes, historisches Ereignis bezieht. Aber mit Sicherheit ist TROIA-Hisarlik der Ort, an dem seit der Antike Troja vermutet wird! Herrscher wie Alexander opferten hier der Athene und ließen ihren Helden und Göttern Denkmale und Tempel errichten. Und Homer hatte diesen Ort vor Augen, als er die lange überlieferten Gesänge in eine neue Fassung brachte und als gewaltiges Epos schriftlich fixierte. Falls er wirklich blind war, wurde ihm Ilion zumindest beschrieben. Und dabei verdichtete er – sowie die Erzähler vor ihm – die Ereignisse und Erfahrungen verschiedener Epochen zu einer einzigen Geschichte.

Ende des Jahres 2012 übergab Pernicka die Leitung der Ausgrabungen in türkische Hände. Ausgrabungen die fast 150 Jahre lang hauptsächlich von deutscher Seite betrieben worden waren. Seitdem ist es still geworden um TROIA-Hisarlik und Troja, doch darin gleichen sich der Mythos und der Ausgrabungsort an der Dardanellen-Meerenge auffallend: Zwischen den Schlachten herrscht eine ganz außergewöhnliche Friedlichkeit und Ruhe. Bis zur nächsten Schlacht gerüstet wird – am Handlungsplatz des ältesten abendländischen Epos, am Ort der mehr als symbolischen Begegnung zwischen Orient und Okzident.

Übrigens: Zwei hölzerne Pferde!

Wer in die Troas reist um sich ein eigenes Bild zu machen, ob TROIA-Hisarlik das sagenumwobene Troja gewesen sein kann, wird sich vielleicht wundern: Der Besucher bekommt gleich zwei hölzerne Pferde zu bestaunen. Eines steht in Çanakkale, eines auf dem Grabungsgelände. Welches ist denn das Echte? Natürlich keines von beiden. Das auf dem Grabungsgelände stammt aus den 1960er-Jahren, das in Çanakkale hat der »Troja-Film«-Regisseur Wolfgang Petersen der Region vermacht – als Trost dafür, dass der Film nicht auf der Troas gedreht wurde.

Siedlungsschichten TROIA-Hisarlik

»TROIA I« (ca. 3000 bis 2600 v. Chr.)
Direkt auf dem Felsboden wurde eine dorfähnliche Anlage errichtet, die schon bald von einer nach innen geneigten steinernen Befestigungsmauer umgeben wurde. Die Be-

wohner trieben Ackerbau, Viehzucht und Fischfang. Häuser und Stadtmauern bestanden aus Steinfundamenten, auf denen Wände aus Lehmziegeln errichtet wurden. Diese hielten höchstens 20 bis 30 Jahre und wenn sie einstürzten, wurden sie eingeebnet. In der so entstandenen vier Meter dicken Siedlungsschicht werden inzwischen zehn Bauphasen unterschieden.

»TROIA II« (2600 bis 2350 v. Chr.)

Die Siedlung bestand aus Burg und Unterstadt. Die Burganlage verfügte über große, repräsentative Gebäude: vermutlich eine Residenz oder Palastanlage. Die Unterstadt breitete sich weitläufig südlich und östlich des Hisarlik-Hügels aus. Weitverzweigte Handelskontakte sind für diese Phase nachgewiesen, auch der von Schliemann gefundene Goldschatz stammt aus dieser Periode.

»TROIA III« (2350 bis 2200 v. Chr.)

Nur rund 150 Jahre dauerte diese Siedlungsphase, in der die befestigte Burg und Unterstadt weiter genutzt, aber keine Herrscher- oder Kultbauwerke mehr errichtet wurden. Die Bewohner lebten weniger von der Landwirtschaft, mehr von der wilden Natur: Fisch und gejagte Wildtiere standen häufig auf dem Speiseplan. Mehrmals brannte die Stadt, vielleicht nach Belagerungen, und um 2200 v. Chr. ging sie durch ein Erdbeben endgültig unter.

»TROIA IV bis V« (2200 bis 1750 v. Chr.)

Die zerstörte Siedlung wurde nach und nach von Zuwanderer aus Inner-Anatolien wieder genutzt, die sich auf dem ummauerten Burghügel verschanzten. Die Wohnhäuser standen dicht, die Siedlung dehnte sich ab 1900 v. Chr. ständig weiter aus, auch über den Hisralik-Hügel hinaus, die Häuser wurden immer größer. Bis TROIA V um 1750 v. Chr. ganz plötzlich verlassen wurde.

»TROIA VI/VIIa« (1700 bis 1200 v. Chr.)

Um 1700 v. Chr. wurde der Hisarlik-Hügel erneut von Zu-
wanderern aus Inner-Anatolien besiedelt. Sie verkleinerten
die Festungsanlage und legten eine weitläufige Unterstadt
an. Diese wurde nach und nach mit Wohnhäusern aufgefüllt. Der Ort entwickelte sich zu einem befestigten Handelsplatz. Bei einem Erdbeben um 1300 v. Chr. wurden Teile der
Stadt zerstört, aber bald wieder aufgebaut – TROIA VIIa.
TROIA VI/VIIa war vermutlich die hethitische Vasallenstadt Wilusa.

Diese beiden Siedlungsschichten sehen die Forscher als
möglichen Ort von Homers Troja.

»TROIA VIIb« (1200 bis 950 v. Chr.)

TROIA VI/VIIa hatte Kriege verloren und musste Zerstörungen hinnehmen – aber aufgegeben wurde es nicht. Die
alten Häuser wurden renoviert und viele Siedler zogen in
große Häuser der Burgfestung – darunter Zuwanderer aus
Norditalien und dem Balkan. Um 1050 v. Chr. wurde TROIA
wieder überfallen und teilweise zerstört, das belegt eine
Brandschicht, angefüllt mit Pfeilspitzen. Anschließend lebten deutlich weniger Menschen in TROIA VIIb, der Verzehr
von Wild lässt auf karge Lebensverhältnisse schließen. Diese
Stadt wurde um 950 v. Chr. endgültig zerstört.

»TROIA VIII-IX« (ca. 750 v. bis 500 n. Chr.)

Griechische Siedlung Ilion: Die Griechen verehrten hier ihre
trojanischen Helden. Alexander der Große opferte vor seinem Sieg über die Perser hier der Athena. In Verehrung für
Homer und seine Helden ließ er die Stadt, die zu einer kleinen Siedlung geschrumpft war, wieder aufbauen. Die Römer
schließlich verwandelten den Geburtsort ihres angeblichen
Vorfahren Aeneas in eine Kultstätte mit Tempeln, Theatern
und Bad.

KAPITEL 10

Von der ersten Bronze zur
Himmelsscheibe von Nebra

Eine eurasische Spurensuche nach
dem ersten globalen Handel

»Bronzezeit« – dieses Stichwort lässt die meisten sogleich an die frühen Hochkulturen des östlichen Mittelmeerraums sowie des angrenzenden Nahen Ostens und deren großartige Funde denken, die in archäologischen Museen weltweit ausgestellt sind: Speerspitzen aus Kreta, Streitäxte aus Ägypten, Messer und Schwerter aus Mesopotamien und Gefäße und Schmuck aus Troia – all diese herrlichen Funde stammen aus dem 3. Jahrtausend v. Chr. und sind überwiegend aus Bronze gefertigt.

Doch inzwischen lenken sensationelle Funde wie die »Himmelsscheibe von Nebra« den Blick in Sachen Bronzezeit auch auf Mitteleuropa. Und selbst auf den größten jemals in Europa gefundenen Goldschatz der Bronzezeit stießen Archäologen nicht unter mediterraner Sonne, sondern bei der Verlegung einer Gaspipeline quer durch Norddeutschland im Jahr 2011: 117 Ringe, Spiralarmbänder und Ketten, zusammen 1,8 kg reines Gold waren vor 3300 Jahren im Erdreich beim heutigen Gessel im Landkreis Diepholz deponiert worden.

Gold und Kupfer werden von den Menschen schon seit dem 5. Jahrtausend v. Chr. regelmäßig genutzt, im neolithischen Çayönü

Unterirdischer Bergbau in Zentralasien: In alten Stollen suchen die Archäologen nach Spuren antiken Bergbaus.

am Oberlauf des Euphrat, nutzten Jäger schon im 7. Jahrtausend v. Chr. Kupfer, um Nägel, Haken, Alen und Perlen zu fertigen. Doch Kupfer und Gold sind zu weich, um daraus effektive Waffen oder Werkzeuge herstellen zu können, erst mit der Bronze wechselten die Menschen von Stein- zu Metallwerkzeugen. Gegenüber dem reinen Kupfer besteht die Bronze aus einer Kupfer-Zinn-Legierung, dazu werden 4 bis 10 % Zinn dem Kupfer beigefügt. Dieses Kupfer-Zinn-Gemisch weist zwei entscheidende Vorteile auf: weil es viel härter als Kupfer wird, eignet es sich gut zur Herstellung von Waffen und Werkzeugen, hat aber trotzdem einen niedrigeren Schmelzpunkt.

Mit der Entwicklung der Bronzeverarbeitung entstanden Arbeitsteilung, Fernhandel und zahlreiche Hochkulturen. Denn die Metallverarbeitung verlangte Spezialisten wie Bergleute oder Schmiede und die ungleiche geografische Verteilung der Erzlagerstätten ließ die ersten Kulturen durch Handel reich werden. Doch wo wurden die ersten Bronzegegenstände hergestellt, woher stammen Kupfer und Zinn dazu? Und welche Rolle spielte Mitteleuropa (Deutschland) in der Bronzezeit?

Angefangen mit der Suche nach der Herkunft der ersten Zinnbronze hat die Forschung das bisherige Wissen über die Bronzezeit völlig umgekrempelt, denn

die Spur führt über Fundorte in ganz Europa, Kleinasien und den Nahen Osten bis ins Innerste Zentralasien und wieder nach Deutschland zurück – zu den Fundstätten mehrerer Goldschätze und der Himmelsscheibe von Nebra.

Bronzezeit

In Deutschland währte die Bronzezeit ungefähr von 2200 bis 700 v. Chr. – mit regionalen Unterschieden. Als frühe Bronzezeit (BZ A1) wird die Periode von 2200 bis 2000 v. Chr. bezeichnet, obwohl Waffen und Geräte überwiegend noch aus Kupfer bestanden. Der älteste Bronzefund, eine Gewandnadel aus der Umgebung von Singen, stammt aus der Zeit um 2100 v. Chr. Erst in der Zeit zwischen 2000 bis 1650 v. Chr. (BZ A2) setzte sich die Bronze als hauptsächlich verwendetes Metall durch, vor allem in der Aunjetitzer Kultur (östliches Mitteleuropa), die durch Fürstengräber wie das von Leubingen bekannt ist. In der mittleren Bronzezeit (1650 bis 1300 v. Chr.) wurden auch einfache Menschen unter Hügelgräber bestattet. Die Spätbronzezeit (1300 bis 800 v. Chr.) ist für die Archäologie vor allem durch die neuen Bestattungsrituale der Urnenfelder gekennzeichnet

Die Geschichte begann in einem äußerst nüchternen Büro des Bochumer Bergbaumuseums, wo Anfang der 1990er-Jahre einer der weltweit erfahrensten Bergbau-Archäologen, Gerd Weisgerber, seiner nahen Pensionierung entgegensah. Von den Kohleschächten seiner Heimat bis zu den frühen Metall- und Salzstollen der Menschheit hatte er Bergwerke jeder Art untersucht und gern hätte er noch die Frage geklärt, woher Kupfer und Zinn der frühen

Bronzefunde stammten. Denn lange Zeit glaubten die Archäologen einfacherweise, die ersten Bronzehersteller hätten sich aus lokalen Minen versorgt. Die geologische Erforschung der Lagerstätten weltweit hat jedoch gezeigt: Jein! Während Kupfer in vielen Lagerstätten reichlich vorhanden ist, findet sich weit und breit kein Zinn.

Inzwischen haben die Wissenschaftler die mögliche Quelle für das 3. Jahrtausend v. Chr. auf drei Regionen einschränken können: Cornwall auf den britischen Inseln, auf der Iberischen Halbinsel im heutigen Portugal und in Zentralasien. Zu dieser Zeit gab es jedoch keine gut funktionierenden Handelswege zwischen dem ägäischen und dem westeuropäischen Raum: Portugal und die Britischen Inseln scheiden also aus. Demgegenüber führte eine eindeutige Spur nach Zentralasien: Unter den Funden aus der frühen Bronzezeit befinden sich Prunkäxte aus Lapislazuli – dieser Schmuckstein kommt jedoch nur im damals unerreichbaren Chile und in Zentralasien vor. Weisgerber versuchte, Hinweisen von russischen Wissenschaftlern auf vorgeschichtliche Zinnbergwerke in Mittelasien nachzugehen, doch das war schwierig: »Nicht einmal anständige Karten gab es von Mittelasien – es lag halt weit jenseits des eisernen Vorhangs.« Doch Anfang der 1990er-Jahre öffnet sich der Ostblock langsam und 1991 klopft es wieder einmal an Weisgerbers Tür. Völlig überraschend standen usbekische Geologen und Archäologen davor. Er führte sie durch das Bergbaumuseum und erhielt im Gegenzug eine Einladung nach Mittelasien. Bereits 1992 unternahm er zusammen mit dem Metall-Archäologen Ernst Pernicka und dem Eurasien-Experten Hermann Parzinger eine erste Stippvisite, 1993 bis 1996 folgte ein Expeditionsprogramm zu ausgewählten Lagerstätten ins zentralasiatische Tal des Zeravschon.

Dieser wilde Fluss frisst sich durch das Turkestan-Gebirge und schlängelt sich durch die usbekische Steppe, dabei durchquert er die Seidenstraßen-Stadt Samarkand und versickert, bevor er Buchara erreicht, im Sand. Dort in der südöstlichen Wüstensteppe Usbekistans fanden die Wissenschaftler nahe dem Ort Karnab eine völlig zerfurchte Landschaft vor. Auf der fieberhaften Suche

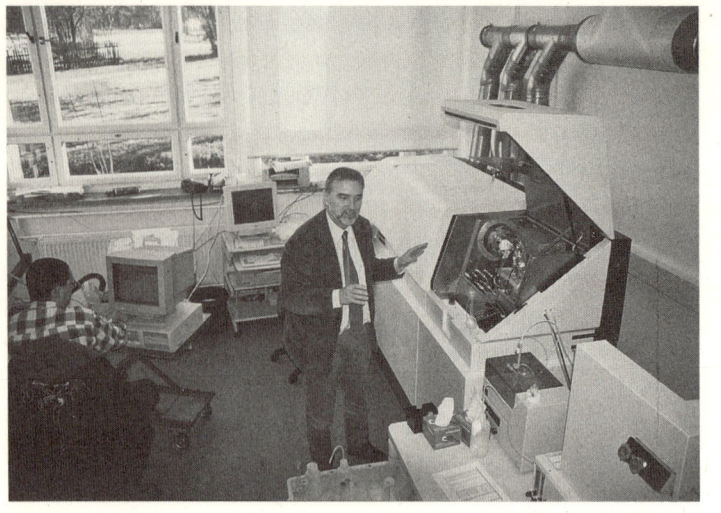

Archäometallurge Ernst Pernicka vor seiner »High-Tech-Zauberkiste« – dem Massenspektrometer.

nach Zinn- und Uranerz hatten die Russen dort im 20. Jahrhundert in regelmäßigen Abständen Gräben angelegt, die nun von den Archäologen für ihre Suche genutzt wurden. Prompt fanden sie historische Abbaustrecken, die den Erzschichten folgten. Sie verliefen teilweise senkrecht im Boden und sahen aus wie breite Risse im Erdgestein. »Hätte ich da tief geatmet, hätte ich festgesteckt«, erklärt der Weisgerber. Deshalb hält er es für wahrscheinlich, dass nur Kinder oder Frauen die Arbeit an den engsten Stellen der Strecken verrichten konnten. Im Umkreis fanden die Wissenschaftler das Werkzeug: Tausende von Stein-Schlägel, so zurecht geschlagene Steine, dass sie als Hammer dienen konnten. Außerdem zeigen geschwärzte Areale an, dass die Bergleute »Feuer setzten« – durch die Hitze bersten Gesteins- und Erzkrusten und lassen sich leicht abschlagen. Vom Feuer blieb Holzkohle erhalten, die mithilfe der C-14-Methode die Zeit des Abbaus preisgab: Das Zinnbergwerk in Karnab war von 1600 bis 800 v. Chr. in Betrieb. Das war schon sehr alt, doch für die erste Zinnbronze immer noch mehr als 1000 Jahre zu jung.

Noch weiter in die Vergangenheit führen Bergwerke bei Muschiston, den Zeravschon weiter flussaufwärts, im benachbarten Tadschikistan, rund 150 Kilometer östlich von Samarkand. Dort liegen in 3000 Metern Höhe Zinnlagerstätten, die zwar von russischen Geologen untersucht, aber noch nicht ausgebeutet wurden. Auf Anhieb fand Weisgerbers Mannschaft Spuren bronzezeitlichen Bergbaus – Keramikscherben, Holzkohle und einige Holzstempel wurden freigelegt und zeitlich bestimmt. Das Ergebnis: die Bergwerke von Muschiston waren von 2400 bis 800 v. Chr. – sicherlich mit Unterbrechungen – genutzt worden. Vielleicht handelt es sich nicht um das Allererste, aber mit Sicherheit um eines der ersten Zinnabbaugebiete.

Schmuck statt Waffen

Die erste Bronze wurde nicht für Waffen, sondern für Schmuck und Zierat verwendet, 3000 dieser Objekte hat der Archäometallurge Ernst Pernicka mit seinen Mitarbeitern untersucht: Landwirtschaftliche Geräte wie Sicheln bestehen weiter aus Kupfer, Schmuck und Möbelbeschläge hingegen aus Bronze. »Gegenstände, an denen die Werkstoffeigenschaften eigentlich nicht zum Tragen kommen«, urteilt Pernicka. Der Grund: Die Bronzegegenstände, die heute durch die Oxidation eine grüne Patina haben, glänzten zur Zeit ihrer Herstellung verführerisch golden.

Metall im Massenspektrometer

Mit den Erzfunden im Gepäck reiste Pernicka in eine deutsche Bergwerkregion. An der traditionsreichen sächsischen Bergakademie in Freiberg wurde er 1998 zum ersten Inhaber des Lehrstuhls für Archäometallurgie berufen. Pernicka ließ einen Teil der

Erzfunde aus Tadschikistan verhütten: und es entstand genau die goldglänzende Bronze, die von Mesopotamien bis an die Adria-küste so begehrt war.

Dadurch löste sich auch das Rätsel der Erfindung der Bronze: die Lagerstätte von Muschiston enthält Erze, in denen Kupfer und Zinn zusammen vorkommen. Pernicka: »Dies könnte auch er-klären, wie die erste Bronze hergestellt wurde. Sie wurde nicht als Rezept erfunden, sondern kam als natürliche Legierung vor.« Die Menschen erkannten deren Vorzüge und Zusammensetzung und übernahmen die Legierung als Technik – ein folgenreicher Schritt für die Menschheit.

Die Wissenschaftler in Freiberg verfügten über die neueste Technik: das Massenspektrometer. Mit ihm lässt sich die Herkunft von Metallen bestimmen. Zum einen analysiert es die chemische Zusammensetzung der Metalle und Erze, denn die enthaltenen Spurenelemente unterscheiden sich von Lagerstätte zu Lager-stätte. Zum anderen bestimmt es die jeweiligen Anteile der vier Bleiisotope, die in kleinsten Mengen in jedem Erz vorkommen. Stimmen nun chemische Zusammensetzung und Bleiisotope unterschiedlicher Proben exakt überein, lassen sich Fundgruppen einzelnen Lagerstätten zuweisen. Das gelang den Wissenschaft-lern bei der Kupferverarbeitung – und nun hoffte Pernicka bei der frühen Zinnbronze auf einen ähnlichen Erfolg. Als Vergleichs-objekte hatte er einige Bronzegeräte aus Troia herausgesucht. Bei einem Teil dieser Objekte stimmten die Bleiisotope mit denen der gefundenen Erze überein, die chemische Zusammensetzung passte jedoch nicht: die Troia-Objekte haben höhere Nickelanteile als die Erzfunde aus Innerasien. Doch die Archäologen sind sich sicher, dass sie irgendwann einen 100-prozentigen Treffer landen, schließlich warten allein aus dem Mesopotamien des 3. Jahrtau-sends v. Chr. rund 10 000 Bronzeobjekte in den Museen und Ma-gazinen weltweit auf eine Untersuchung.

Denn die Indizien stimmen, so die drei Metall-Detektive: Sie haben die weltweit ältesten Zinnbergwerke gefunden, auch die weiten Transportwege bedeuteten kein Problem: Seit dem frühen 2. Jahrtausend v. Chr. berichten assyrische Keilschrifttexte über Nomaden-Karawanen, die das Zinn regelmäßig durch Persien nach Mesopotamien transportierten. Und Eurasien-Experte Parzinger hat im Zeravschon-Tal archäologische Beweise dafür gefunden, dass Nomadenvölker das Zinn auch abgebaut und verhüttet haben. Darüber hinaus fanden russische Wissenschaftler weiter nördlich ein neues Verbindungsglied zur Bronzeproduktion: Eine heiße Spur führt in die innerasiatische Steppe, wo gegen Ende des 3. Jahrtausends v. Chr. wie aus dem Nichts eine ganze Anzahl großer Siedlungen entstanden. Entdeckt wurden sie nur durch Zufall, denn die Steppen sind groß und die Siedlungsspuren längst wieder überwuchert. Doch auf militärischen Luftbildaufnahmen, die der russischen Geologin Ija M. Batanina nach dem Untergang der Sowjetunion in die Hände fielen, entdeckte sie die typischen Spuren systematisch angelegter Siedlungen – genau dort, wo eigentlich die letzten 6000 Jahre keine hätten stehen sollen: im Trans-Ural, der sich als Hügellandschaft südöstlich an die Uralgebirgskette anschließt. Die Spuren zeigen, dass sich dort an den Ufern der zahlreichen Wasserläufe Städte wie Perlen an einer Schnur aufreihten – im Abstand von jeweils 25 bis 30 Kilometern. 22 solcher Städte haben russisch-deutsch-amerikanische Forscher-Teams mittlerweile identifiziert, mit geomagnetischen Methoden untersucht und einige wie Ol'gino auch teilweise ausgegraben. Zwar schwanken sie in ihrer Größe zwischen einem und vier Hektarn und können rund, oval oder auch rechteckig angelegt sein, doch sie ähneln sich sehr in ihrem Aufbau und in der Lebensweise ihrer Bewohner: Die Siedlungen wurden von einer mächtigen Holz-Erde-Mauer umgeben, die meist nur von zwei Toren unterbrochen war. Die dicht stehenden Häuser im Inneren waren sämtlich viereckige Holzhäuser, die durchweg nicht nur zum Wohnen dienten. Große Öfen, Schlackereste, zerbrochene Gussformen und zahlreiche Metallfunde zeigen, so der New Yorker Archäologe David Anthony: »Die überraschenden Belege für metallurgische Tätigkeit in nahezu jedem ausgegrabenen Gebäude deuten darauf hin, dass diese Städte Zentren der Metallverarbeitung waren.« Nicht nur ihr plötzliches Entstehen sondern auch ihr nach 200 bis 300 Jahren ebenso plötzlicher Untergang stellt die Forscher vor Rätsel: War vor allem das Klima, neu entstandene Konflikte oder der Zusammenbruch des gerade erst entstandenen Metallhandels Schuld?

Massenspektrometer zeigen den »Fingerabdruck« der Metalle

Erze kommen in der Natur als ganz unterschiedliche Gemische aus Metall- und Mineralverbindungen wie Kalk oder Quarz vor. Heute reicht eine Probe von ein paar tausendstel Gramm, um ihre genaue Zusammensetzung zu bestimmen. Dazu lösen die Wissenschaftler diese in Säure auf und lassen sie verdampfen. Eine Kathode (ein kräftiges elektronisches Feld) im Massenspektrometer spaltet die Moleküle in ihre Bestandteile, Ionen, auf. Diese werden dann beschleunigt und über ein Magnetfeld geführt. Die einzelnen Ionen-Typen zeigen unterschiedliche Abweichungen, das Gerät zeichnet das so entstehende Spektrum als fortlaufende Kurve auf. Daran lässt sich die Zusammensetzung der Proben ablesen. Für die Herkunftsbestimmung von Metallen hat sich die Bleiisotopen-Methode als ideal erwiesen. Denn erstens finden sich kleinste Spuren von Blei in jedem Erz und zweitens bestehen diese Bleispuren aus bis zu vier verschiedenen Isotopen, die sich nur in der Anzahl ihrer Neutronen unterscheiden. Denn sie sind Zerfallsprodukte der natürlich vorkommenden radioaktiven Elemente Thorium, Uran-235 und Uran-238. Der Clou bei der Sache ist nun: Da die Erz-Lagerstätten unterschiedliche geologische Entstehungsgeschichten haben, weist jede von ihnen eine nur für sie charakteristische Isotopenzusammensetzung auf. Die Metallkundler sprechen in diesem Zusammenhang von einem »Fingerabdruck«. Als Ende der 1980er-Jahre noch einmal versucht wurde, die Zinnquelle der

Frühbronzezeit in Anatolien zu orten, verglichen die Wissenschaftler die »Fingerabdrücke« zwischen Bronzezeitfunden und Lagerstätten – doch sie stimmten nicht überein.

Das Klima verschlechterte sich in der Tat während des 3. Jahrtausends v. Chr. in der eurasischen Steppe und erreichte zwischen 2200 und 2000 v. Chr. mit einer kleinen Eiszeit seinen Tiefpunkt. Da natürliche Ressourcen wie Holz knapp wurden,

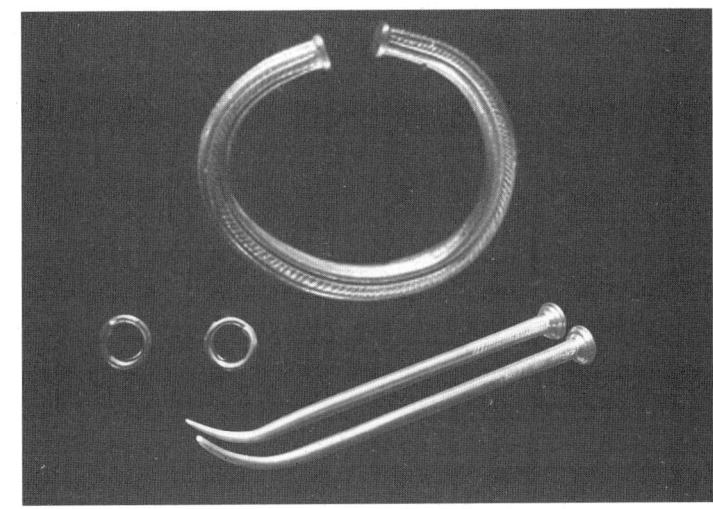

Goldarmband, Ringe und Nadeln aus dem Grabhügel von Leubingen.

kam es zu kriegerischen Auseinandersetzungen, was die Archäologen an der Aufrüstung der Siedlungen ablesen können. Unklar bleibt jedoch, ob die Siedlungen nur für sich und ihr nomadisches Umfeld oder auch für den Fernhandel Bronzegegenstände herstellten. Aber der deutsche Archäologe und Kooperationspartner im Trans-Ural-Bronzezeit-Projekt Rüdiger Krause ist sich sicher: »Die bronzezeitliche Sintašta-Kultur zählt zu den prominentesten Kulturerscheinungen im eurasischen Steppengürtel und hat eine weite Ausstrahlung bis an die untere Donau entfaltet.« Dort, zwischen der südwestlichen Schwarzmeer- und der Adriaküste, grenzten im 3. Jahrtausend v. Chr. kleine Fürstentümer aneinander, zwischen denen die begehrten und knappen Güter getauscht wurden. Gold, Lapislazuli und auch Bronze galten als Statussymbol – wie heute ein Mercedes-Cabrio: Hat der Nachbar einen, brauche ich auch einen. Reichte das Netzwerk kleiner Fürstentümer auch über die Alpen bis nach Deutschland? Und erreichte die Bronze aus Asien selbst oder lediglich das Wissen um die Metallherstellung Ende des 3. Jahrtausends v. Chr. Mitteleuropa?

Fürstengräber und wehrhafte Siedlungen

1877 auf einer Anhöhe in Nordthüringen unweit der Unstrut. Als Arbeiter den acht Meter hohen Hügel von Leubingen angraben, um ihn als Lehmgrube zu nutzen, stießen sie auf alte Gräber. Der aus dem nahen Jena herbeigerufene Frühgeschichtler und Universitätsprofessor Friedrich Klopfleisch erkannte darin die Gräber slawischer Vorfahren aus dem Frühmittelalter, die in dem Hügel angelegt worden waren. Doch als er vorsichtig weitergraben ließ, stießen die Ausgräber auf eine unversehrte Grabanlage, über die der Hügel eigentlich aufgeschüttet worden war.

Unter einer sogenannten Totenhütte, ein aus Holzbalken geformtes Satteldach von vier Metern Länge, lagen die Überreste eines Verstorbenen in vornehmen Gewändern und mit wertvollen Beigaben: Dolche, Beile, Meißel und deine Messerklinge aus Bronze. Am Leib trug der Bestattete ein goldenes Schmuckensemble: einen Armring, zwei Noppenringe und eine kleine Spirale sowie zwei zum Ende hin gebogene Nadeln, die in seinem Gewand steckten. Da außerdem die Steine, mit denen die Totenhütte ummantelt war, aus verschiedenen Materialien bestanden und aus ganz unterschiedlichen Regionen der Umgebung herbeitransportiert worden sein mussten, schlussfolgerte Klopfleisch: Es muss sich um eine sehr wichtige

Persönlichkeit gehandelt haben, einen Fürst vielleicht. Spätere Forscher korrigierten nur leicht: ein Kriegsherr, ein hoher Priester, ein Schmied oder jemand der das Recht besaß, Metalle verarbeiten zu lassen. Denn unter seinen Grabbeigaben befanden sich drei Meißel, und bei einem der früher weniger beachteten »Steingegenstände«, einem glatten rechteckigen Stein, handelt es sich um einen kleinen kissenförmigen Amboss.

Eine Holzprobe des Hügelgrabes von Leubingen konnte mithilfe der C-14-Methode auf die Zeit um 1940 v. Chr. datiert werden, die Menschen in Ostdeutschland besaßen also schon zu Beginn des 2. Jahrtausends v. Chr. die Fähigkeit Bronze zu verarbeiten – doch woher stammten die Rohstoffe? Darüber gibt die nicht weit entfernte Fundstelle von Dieskau/Bennewitz nahe Halle an der Saale Auskunft, wo 300 bronzene Beilklingen aus der Bronzezeit geborgen wurden: Allein die Menge der Klingen legt nahe, dass zumindest das Kupfer aus Lagerstätten der ostdeutschen Mittelgebirge stammte. Da der Zinnanteil der Beilklingen zwischen 0,5 und 7,6 Prozent schwankt, gehen die Archäologen davon aus: die ersten Metallurgen experimentierten, bis sie die optimale Zusammensetzung der Bronze fanden. Doch wieder bleibt die Herkunft des Zinns ein Rätsel.

Enträtseln dagegen konnten die Kollegen der Archäologen – Anthropologen und Botaniker – den Alltag dieser Epoche, in dem sie die organischen Reste dieser Zeit bargen und auswerteten: die meisten Menschen waren und blieben Bauern, die mithilfe von Ackerbau und Viehzucht die Nahrungsmittel der Gesellschaft erwirtschafteten. Vor allem wurden verschiedene Getreidesorten (Emmer und Einkorn, Gerste, Dinkel, Hafer und Hirse) angebaut. Neben Getreidebrei und Brot standen nur Früchte und Beeren der Saison auf dem Speiseplan, ganz selten Fleisch. Als einzige Neuerung kam in der späteren Bronzezeit erstmals Käse hinzu, der aus Kuhmilch hergestellt wurde. Die Untersuchung vieler Grabskelette ergab, dass die Lebenserwartung im Schnitt bei unter 40 Jahren lag und die Menschen fast ohne Ausnahme an Mangelerscheinungen, schlechten Zähnen und Arthrose litten.

Die Bevölkerung lebte in Einzelgehöften oder in Dörfern mit bis zu 30 Häusern, die in der Regel aus Holz, gelegentlich mit Steinfundamenten erbaut wurden. Unter den ausgegrabenen Bauwerken der frühen Bronzezeit sind keine, die sich gegenüber ihren Nachbarn in Größe, Baumaterial oder Ausstattung herausheben. Führer dieser Gemeinschaften lassen sich nur an ihren Grabhügeln erkennen, unter denen sie in gestreckter Rückenlage und mit üppigen Beigaben bestattet wurden. Alle anderen Menschen fanden in Hockstellung in flachen Gräbern ihre letzte Ruhe. Erst in der mittleren Bronzezeit (ca. 1600–1250 v. Chr.) wurden zunehmend auch die »kleinen« Leute unter flachen Grabhügeln beigesetzt, die in der Nähe der Siedlungen bald ganze Grabhügelfelder bildeten. Zu dieser Zeit befand sich so viel Bronze im Umlauf, dass auch die Geräte des Alltags – Werkzeuge und Waffen – aus Zinnbronze hergestellt werden konnten. Bronze und Gold boten außerdem erstmals in der Geschichte die Möglichkeit, Reichtümer anzuhäufen. Diese wiederum führten zu Raub und Plünderung, wofür die Archäologen zwei untrügliche Hinweise fanden: Bronzeschwerter und mächtige Wehranlagen. Neben den Dolch tritt ab dem 16. Jahrhundert v. Chr. das Schwert, das eine bis zu 70 cm lange, beidseitig geschliffene Klinge aufweist. Es ist weder zum Jagen von Wild noch für handwerkliche Tätigkeiten geeignet, lediglich zum effektiven Verletzen anderer Menschen. Das Mitführen dieser Waffen wurde für Männer zum Kennzeichen eines gehobenen Sozialranges und signalisierte Wehrbereitschaft.

Bronze: Namensgeberin der Epoche, aber nicht deren Ursache

Von Südmesopotamien aus veränderten sich die menschlichen Gemeinschaften im eurasischen Raum im Laufe des 3. Jahrtausends v. Chr. nach und nach: Es entstanden urbane Zentren mit Führungsschichten, Arbeitsteilung, Fernhandel und zahlreiche Hochkulturen. Doch Auslöser für diese gewaltigen Umbrüche waren nicht die neuen Techniken mit denen Bronze gewonnen und zu Schmuck, Waffen und Werkzeug verarbeitet wurde. »Obwohl die Zinnbronze einer ganzen Epoche ihren Namen gegeben hat«, fasst Ernst Pernicka zusammen, »besteht inzwischen mehrheitlich die Meinung, dass die großen gesellschaftlichen Veränderungen nicht ursächlich mit der Einführung der Zinnbronze zusammenhängen.«

Zur gleichen Zeit entstanden in Süddeutschland, im sächsischthüringischen Raum, in Oberösterreich und in der Schweiz befestigte Siedlungen auf Anhöhen wie die von Bernstorff bei Allershausen im bayrischen Landkreis Freising. Rund 40 000 Eichen wurden um 1360 v. Chr. (C-14-Messung) gefällt, um ein etwa 1800 m langes Holzgerüst zu errichten, das anschließend mit Lehmwänden ummantelt wurde. Die so entstandene Wallanlage umgab ringförmig eine Siedlung, die wie das bronzezeitliche Troia oder Mykene aus einer Burg mit daran anschließender Unterstadt bestand. Am westlichen Rand des Bergplateaus vermuten die Archäologen die »Zitadelle« der Anlage. Geomagnetische Untersuchungen des Untergrundes zeigen eine sehr breite Schuttzone, die auf viel größere Gebäude hinweist als an den übrigen Stellen. Hier könnte der Wohnbereich der Oberschicht gelegen haben. Lokalarchäologen und Mitarbeiter der Prähistorischen Sammlung Bayern untersuchten den Fundort drei Jahre lang eingehend, doch erst als 1998 die Erweiterung der benachbarten Kiesgrube vorbereitet wurde, entdeckte der Hobbyarchäologe Manfred Moosauer in der von einer Planierraupe abgetragenen Erdschicht ein Goldblech – eingebettet in Wurzelwerk. Die Erdarbeiten wurden gestoppt und die Archäologen fanden bei ihrer systematischen Suche unter anderem eine goldene Nadel und verzierte Goldbleche in Form von einer Krone, einem Diadem und einem Goldband, das um einen Holzstab gewickelt war. Die dünnen Goldbleche haben einst ein Kultbild geschmückt und zeigen eine erstaunliche Ähnlichkeit zum mykenischen Totenkult, beispielsweise der »Totenmaske des Agamemnon«. Darüber hinaus fanden die Archäologen im Jahre 2003 zwei kleine, dreieckige Bernsteingegenstände, die sich als kleine Gesichter entpuppten. Eines trägt auf seiner Rückseite Zeichen der Linear-B-Schrift, die im Ägäisraum von der minoisch-mykenischen Kultur verwendet wurde, datierbar auf die Zeit um 1360 v. Chr. Die Funde beweisen: die Menschen in Süddeutschland hatten direkte Kontakte zu den Mykenern einerseits und den Ostseekulturen andererseits.

Während Kupfer an vielen Stellen in Europa und Kleinasien gewonnen werden konnte, waren die Lagerstätten von Zinn, Gold, Lapislazuli und Bernstein recht ungleich verteilt. Nur Fernhandel konnte diese knappen Güter verbreiten. Bernstorff spielt dabei wohl eine Schlüsselrolle: Bernstein, Felle und Salz wurden aus dem Norden in den Süden transportiert, Keramik und Metalle in die entgegengesetzte Richtung. Doch diese Entdeckungen wurden gleich in den folgenden Jahren von einem neuen Fund verdrängt, der unser bisheriges Bild dieser Zeit in ein neues Licht rückt: die Himmelsscheibe von Nebra.

Vom »Deckel« zum Jahrhundertfund

Sommer 1999, auf dem Mittelberg nahe dem ostdeutschen Nebra. Zwei Männer schleichen mit einem Metalldetektoren durch den Wald, der als archäologisches Gebiet geschützt ist. Es sind Raubgräber, die nach Resten alter Schlachten und Gräbern suchen: Pfeilspitzen, Waffen, Munition, Münzen, selbst Uniformknöpfe hätten sie nicht verschmäht. Doch als sie fündig wurden, hackten sie mit ihrem Beil in eine große Bronzescheibe. Die hielten sie zunächst für einen unbedeutenden Deckel, den sie achtlos beiseite warfen. Doch dann fanden sie noch zwei Beile, zwei Spiralarmreifen, einen Meißel und zwei Kurzschwerter – alles aus Bronze. Nun sahen sie sich den »Deckel«, der als die Himmelsscheibe von Nebra berühmt werden sollte, genauer an.

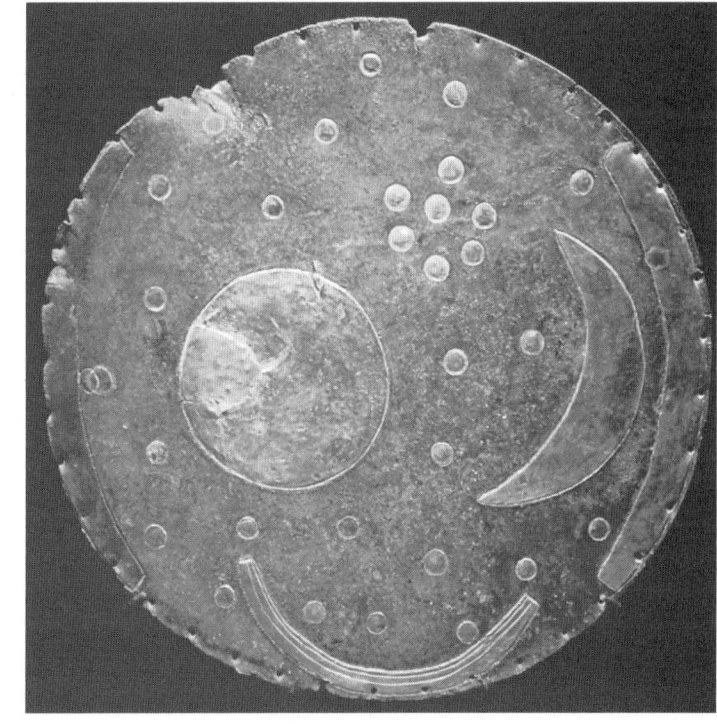

Die aus Bronze mit Goldauflagen gefertigte gut 3600 Jahre alte Himmelsscheibe von Nebra ist die älteste bekannte konkrete Nachthimmeldarstellung der Welt.

In den folgenden zwei Jahren erfuhren die Archäologen von ihrer Existenz auf dem Schwarzmarkt: einem Berliner und einem Münchener Museum sowie dem Landesdenkmalamt Sachsen-Anhalt wurde das Fundstück für rund eine Millionen DM (500 000 €) angeboten – sie lehnten den Kauf der »heißen Ware« ab. Die Preisentwicklung zeigt, dass die Schwarzmarkthändler mittlerweile wussten, was sie in den Händen hielten: Die Raubgräber hatten die Scheibe 1999 kurz nach dem Fund für 31 000 DM (rd. 16 000 €) verkauft. Auf dem Schwarzmarkt wechselte die Scheibe nach der Euroeinführung für 117 000 € den Besitzer (Gewinn: 100 000 €). Bevor der einmalige Fund nun vielleicht in der Privatsammlung eines Millionärs verschwand, mussten die Archäologen handeln. In Zusammenarbeit mit der Kriminalpolizei ließ sich der Landesarchäologe von Sachsen-Anhalt, Harald Meller, zum Schein auf die Forderung der Hehler ein. Man traf sich in der Kellerbar eines Baseler Hotels, Meller prüfte, ob er die echte Scheibe vor sich hatte, musste kurz auf die Toilette – und die Polizei schlug zu.

Doch mit dem Besitz der Scheibe begann die eigentliche Arbeit: Wie konnten die Wissenschaftler sicher sein, dass die Scheibe überhaupt echt ist? Dazu wurde das Metallforscher-Team um Ernst Pernicka eingeschaltet. Auffälligstes Merkmal alter Bronze ist ihre grüne Patina – sie entsteht, weil die Kupfer- und Zinnmoleküle im Laufe der Zeit mit anderen Stoffen reagieren und dabei Kristalle bilden. Dieser Prozess lässt sich auch künstlich beschleunigen, doch dann entstehen kleinere Kristalle. Die Scheibe jedoch weist grobe Kristalle auf, wie sie nur in Jahrtausenden heranwachsen. Exakter lassen sich Metallfunde jedoch nicht datieren. Mit den am gleichen Fundort geborgenen Bronzeschwertern fanden die Wissenschaftler dennoch eine Möglichkeit zur zeitlichen Bestimmung. Die Prunkschwerter sind sehr sorgfältig gegossen und geschmiedet und verfügen über einen Schalen-Griff; d. h. nur die äußere Hülle besteht aus Bronze, das Griffinnere aus Birkenholz – Holz wiederum lässt sich mit der C-14-Methode bestimmen. Ergebnis: der Bronzeschatz stammt aus der Zeit um 1600 v. Chr.

Doch woher wollen die Archäologen wissen, dass die Scheibe wirklich in Mitteldeutschland gefertigt und auch benutzt wurde? Die Materialanalyse mithilfe des Massenspektrometers hat ergeben, dass das Kupfer für die Bronze der Himmelsscheibe aus dem Ostalpenraum stammt. Die Herkunft des Zinns zu bestimmen, dauerte wesentlich länger. In einem extra eingerichteten Forschungsverbund arbeiten 14 Gruppen unterschiedlichster Wissenschaftsdisziplinen zu den Funden von Nebra und ihrer Bedeutung für die Frühbronzezeit in Europa. Die Gruppe »Petrologie und Lagerstättenkunde« konnte dabei die möglichen Quellen des Zinns auf drei Lagerstätten zurückführen: das Erzgebirge, die Bretagne und Cornwall. »Die Zinnisotopenverhältnisse der

Himmelsscheibe stimmen gut mit denen des Kassiterits (wörtlich: Zinnstein, ein Kristall mit hohem Zinngehalt, W.K.) aus Cornwall überein und bestätigen somit wiederum enge Kontakte zwischen Mitteleuropa und England während der Bronzezeit«, berichten die Wissenschaftler. Mit »wiederum« meinen sie, dass beim Vergleich von Siedlungen, Gräbern, Hortfunden und Kreisgrabenanlagen Ähnlichkeiten immer wieder auf die kulturelle Verbindung dieser beiden Regionen hinweisen. Dies gilt besonders für die astronomische Funktion der Kreisgrabenanlagen wie der in die Frühbronzezeit datierten Anlage von Pömmelte-Zackmünde, der Steinkreis-Stätten wie Stonehenge und der Himmelsscheibe von Nebra, die als die weltweit älteste anschauliche Darstellung des beobachtbaren Nachthimmels gilt. Auf der Bronzescheibe sind verschiedene Symbolelemente aus Goldverbindungen angebracht: ein Vollmond, ein zunehmender Sichelmond und 32 Sterne, von denen zwei durch die später aufgebrachten zwei Horizontstreifen überdeckt werden. Außerdem befindet sich im unteren Teil ein weiterer Goldbogen. »Die Scheibe ist eine Festplatte«, erklärt der Archäoastronom Wolfhard Schlosser, der sich ausgiebig mit ihr beschäftigt hat, »sie ist eine Art Datenspeicher der Bronzezeit – ihrer Kultur und ihrer religiösen Vorstellungen.« 25 Sterne sind wahllos über die Scheibe verteilt und sollen den Sternenhimmel repräsentieren. Sieben der Sterne jedoch gruppieren sich so zu einem fast kreisförmigen Haufen, dass sie das Sternenbild der Plejaden wiedergeben. Wenn dieses Sternenbild nach dem 9. März am Nachthimmel (zur Zeit des Neumondes) verschwand, kam die Zeit der Aussaat. Tauchte es Mitte Oktober (zur Zeit des Vollmondes) wieder auf, mussten die Bauern sich auf den nahenden Winter einstellen. Die Horizontbögen mit ihrem Winkelumfang von 82 Grad dagegen geben den Jahreslauf der Sonne wieder, denn der Abstand des Sonnenuntergangs der Wintersonnenwende zu dem der Sommersonnenwende bildet in Sachsen-Anhalt genau 82 Grad – ein zusätzlicher Hinweis darauf, dass die Scheibe tatsächlich für den Mittelberg angefertigt worden sein muss. Nur bei dem Goldbogen im unteren Teil der Scheibe rätseln die Archäologen immer noch: Soll er ein Boot darstellen, das symbolisch durch den Himmel segelt? Ähnliche Zeichnungen finden sich auf kultischen Felsbildern in Skandinavien.

Die Detektivarbeit wurde auch am Fundort selbst fortgesetzt, der mithilfe der Polizei und den geständigen Raubgräbern genau lokalisiert werden konnte. Den ursprünglichen Fundzusammenhang hatten die Diebe natürlich zerstört, doch die Archäologen haben begonnen, das Gebiet großräumig zu untersuchen. Der genaue Fundort der Scheibe befindet sich auf einer natürlichen Erhebung innerhalb einer Kreisgraben-Anlage, die einen Durchmesser von ca. 160 Metern hat. Sie wird in östlicher und westlicher Richtung von zusätzlichen Wällen abgeschirmt. Vom erhöhten Fundplatz aus kann man sehen, wie die Sonne am 1. Mai genau hinter dem Kyffhäuser untergeht und am 21. Juni genau hinter dem Brocken verschwindet. Die Funde innerhalb des Kreisgrabens reichen vom frühen Neolithikum bis in die frühe Eisenzeit. Nichts spricht dagegen, dass es sich hier um ein zentrales Heiligtum handelte, das über Jahrtausende in Betrieb war.

KAPITEL 11

Vom versunkenen Rungholt bis zur Gletschermumie Ötzi

Watt, Moor und Eis als nordische Fundstellen

Mitten im Schleswig-Holsteinischen Watt südöstlich von Pellworm. Im Schlick sieht der Landesarchäologe Hans-Joachim Kühn etwas schimmern. Als er sich bückt und vorsichtig zu graben beginnt, kommen Fuß, gedrechselter Stiel und schließlich ein ganzes Gefäß zum Vorschein. »Das gibt`s doch nicht«, entfährt es dem eher Zurückhaltenden. »Da geht die Welt unter – und so ein Glas bleibt 350 Jahre nahezu unversehrt.« Mit Weltuntergang meint Kühn die großen Sturmfluten im 14. und 17. Jahrhundert – das Festland, das damals noch von St. Peter-Ording bis zur heutigen Insel Sylt reichte, wurde unwiederbringlich zur heutigen Wattenmeer-Landschaft zerstückelt. Hierher strömen seitdem auch bei ruhigem Wetter zweimal am Tag mit der Flut rund zwei Milliarden Kubikmeter Meerwasser und tragen Sedimente an einer Stelle ab, um sie an einer anderen wieder anzustranden. Dabei gibt das Watt auch immer wieder Teile versunkener Kulturen frei, die es vor Jahrhunderten verschlang – und mit ihnen Dörfer, Vieh und Menschen. Deshalb fahren die Landesarchäologen so oft dies Jahreszeit, Gezeiten und Witterung zulassen hinaus, um im Watt Stellen näher zu untersuchen, an denen auf Luftbildern freigelegte Kulturspuren zu erkennen sind: Kreise, Rechtecke und parallel verlaufende Graden.

Jeden Sommer untersuchen Archäologen freigelegte Kulturspuren im Watt wie hier nordöstlich von Pellworm.

Die Sandbank in der Naturschutzzone 1, die sie an diesem Tag mit dem Schlauchboot angesteuert haben, wird nur langsam vom auslaufenden Wasser freigegeben und nur für genau zwei Stunden bei Niedrigstwasser betretbar – mehr Zeit haben die Archäologen nicht. Also werfen sie den Anker und schwärmen sogleich aus. Mitten aus dem Wattschlick ragen Bohlen und deutlich sind Ringe zu erkennen: Brunnen, die aus festen Schlickziegeln gemauert wurden. Der trockenliegende Teil der Sandbank ist von parallel verlaufenden Linien durchzogen. »Gräben, die sich mit Sediment gefüllt haben«, deutet Kühn. Ein Mitarbeiter hat in einem Abfluss Scherben entdeckt, die er nun freilegt. Ein zweiter legt eine Abflussrinne aus Holz frei und ein Dritter birgt einen Schuh, erst die Sohle, dann das Deckleder. Über 400 Jahre lebten die Menschen im Kirchenspiel Bupsee, seit 10 Jahren legt das Wattenmeer die in einer Nacht zerstörte Gemeinde wieder Stück für Stück frei. Und deshalb konnten die Archäologen hier schon kistenweise Keramik und Knochen retten, aber keine Münzen. » Das haben die Leichenfledderer besorgt«, erklärt Kühn. »Das Land versank ja

Die Archäologen sichern die Strukturen im Watt: Warften, Brunnen, Gräben und freigelegte Pfosten einstiger Bauernhäuser – deren genaue Position wird mithilfe des GPS bestimmt und ins zentrale Register des Landesamtes übernommen.

nicht über Nacht im Meer. Mit einsetzender Ebbe zog sich auch das Wasser zurück. Das Land ging verloren, weil es nicht mehr mit Deichen geschützt wurde.« Über die Schicksalsnacht zum 11. Oktober 1634 hat die Kirchenchronik genau Buch geführt: Die Deiche der Insel waren an 44 Stellen durchbrochen, 30 Mühlen und nahezu alle 1300 Bauernhäuser lagen in Trümmern, nur die festen Kirchentürme ragten noch unversehrt aus dem Chaos hervor. 6123 menschliche Opfer und rund 30 000 Stück Vieh waren zu beklagen.

Da nach nur zwei Stunden Suche das Areal langsam wieder überflutet wird, bohren die Archäologen schnell noch an den Brunnen und schätzen anhand der Füllungen, wie tief die Schächte einmal waren. Dann sucht sich das Archäologen-Schlauchboot in einer aufziehenden Gewitterfront seinen Weg zurück zum Pellwormer Hafen.

»Heut' bin ich über Rungholt gefahr'n«

Weil das gesamte Rungholt-Gebiet nach der ersten »Großen Mannsdränke« (Sturmflut) von 1362 von der Nordsee nach und nach geschluckt wurde, waren alle späteren Lokalisierungen der legendären Stadt pure Spekulation, wobei mangelnde Fakten durch fantastische Erzählungen ersetzt wurden. Das änderte sich erst, als der Marschbauer Andreas Busch im Mai 1921 südwestlich der Hallig Südfall Kulturspuren im Watt entdeckte: Brunnenringe, die rechteckigen Hügel ehemaliger Warften und sogar noch die Pflugfurchen aus dem 14. Jahrhundert. Das konnte nur der »Flecken Rungholt« sein – diese Entdeckung sollte das Leben von Busch verändern. Denn während er so oft es ging bei tiefster Ebbe das Watt rund um Südfall untersuchte, vertiefte er gleichzeitig sein kartografisches und archäologisches Wissen.

Weil der verdichtete Unterboden ehemaliger Warften jahrhundertelang vom übrigen Wattboden unterscheidbar bleibt, konnte Busch 29 dieser Siedlungshügel identifizieren und in einer Karte aufnehmen. In den ehemaligen Zisternen und Brunnen fanden

Busch und einige Helfer haufenweise Scherben, aber auch ganze Krüge und Töpfe. Diese Funde bestätigen Handelsbeziehungen Rungholts bis ins Rheinland, in die Niederlande und nach Spanien. Auch Bronzetöpfe und Waffen wurden aus dem Wattboden geborgen. Vier mal zwei Kilometer Wattfläche erfasste Busch auf diese Weise genauestens. Etwas weiter südlich des Warftgebietes »Grote Rungholt« (Groß-Rungholt) lagen Deich und Hafenbereich »Lütke Rungholt« (Klein-Rungholt) – hier traten Holzbohlen zutage, die sich als Reste eines Schleusentores entpuppten. Eine angelegte Hafenanlage konnte Busch jedoch nicht entdecken; aber er identifizierte zwei Schleusen – eine frühere kleine und eine spätere von 40 Metern Länge. Rungholt verfügte anscheinend nur über einen Sielhafen, dem als Umschlagplatz zwischen dem Schiffs-Fernhandel und dem Hinterland allerdings eine wichtige Bedeutung zukam. Doch was Busch fand, ernüchterte die Legenden über das reiche, sagenumwobene Rungholt. »Man hat von ganz primitiven Verhältnissen auszugehen«, resümierte er. Anhand der gefundenen Brunnen und Warften rechnete er hoch, dass rund 1000 Menschen auf dem Rungholtgebiet gelebt haben mochten. Im Laufe der Jahrzehnte erodierten die Kulturspuren im Watt. 1956 konnte Busch nur noch feststellen: »Es ist nichts mehr zu sehen!«

Rungholt-Fundstücke (nördlich von Südfall).

Acht Quadratkilometer Wattfläche hatte Busch in rund 35 Jahren ehrenamtlicher Forschungsarbeit erforscht und rund 130 Aufsätze darüber veröffentlicht. Heute sind vor Südfall zwar lediglich einige Linien im Watt – Spuren alter Entwässerungsgräben – erkennbar, aber Buschs Erkenntnisse werden bestätigt und ergänzt durch die Ergebnisse einer interdisziplinären Wattforschung, an der sich Archäologen, Geologen, Geografen und Botaniker Anfang der 1990er-Jahre beteiligt haben.

Der Schlüssel zum Verständnis der Geschichte Rungholts liegt in dem von den letzten beiden Eiszeiten geschaffenen Untergrund. Die Rungholter hatten ihre Siedlung über einem eiszeitlichen Urstromtal errichtet. Zwischen den heutigen Inseln Pellworm und Nordstrand, die auf eiszeitlichen Hügeln stehen, hat sich der starke Wattstrom »Norderhever« seinen Weg gebahnt und dabei das bis zu 20 Meter dicke Sediment fortgeschwemmt. Die Rungholter waren erst Nutznießer, später Opfer der geologischen Verhältnisse. Denn der Norderhever bescherte ihnen zunächst einen der wenigen anlaufbaren Sielhäfen im nordfriesischen Wattenmeer. Doch der gleiche Wattstrom überrollte dann das Rungholt-Gebiet: 1362 fraß er in der ersten »Großen Mannsdränke« eine Ausbuchtung zwischen die heutigen Inseln Pellworm und Nordstrand und begrub das legendäre Rungholt unter sich. Dreihundert Jahre später riss die zweite »Große Mannsdränke« den Landsockel völlig auseinander – übrig blieb die heutige Insel- und Halligwelt Ostfrieslands. Und der Norderhever zehrt weiter an der Küstenlinie, zusätzlich angefacht durch den steigenden Meeresspiegel.

Wattarchäologie

Der Erforschung von Kulturspuren im Wattenmeer – Strandgut, Überreste von Siedlungen und ganze Schiffswracks – widmet sich die Wattarchäologie. Von Fischern, Seeleuten und Wattführern erhalten die Archäologen Hinweise auf Besonderheiten im Untergrund, außerdem werten sie Luftbildaufnahmen aus. Vor Ort werden dann Kleinfunde eingesammelt, neue Spuren vermessen und manchmal ganze Wracks geborgen. Denn die Geologie des Nordsee-Watts ist ideal für Strandungen – die genaue Lage der auch bei Ebbe befahrbaren Wattströme und -priele war zu früheren Zeiten nur wenigen bekannt, aktuelle Karten existierten kaum. Über 600 Wracks, alles hölzerne Segler aus der Zeit 1600 bis 1900, sind mittlerweile allein im Wattenmeer von Schleswig-Holstein nachweisbar.

Steckbrief für den Roten Franz

Aus dem Untersuchungsbericht: Die Person war männlich, 25 bis 30 Jahre alt, einen Meter achtzig groß. Obwohl die Haut des Opfers stark verformt ist, entdeckte der Gerichtsmediziner Detlef Günther Hinweise auf eine Schnittwunde im Halsbereich und eine Verletzung am Schlüsselbein, die von einer Klinge herrühren könnte:»Dem Untersuchten wurde offensichtlich die Kehle durchgeschnitten.« Darüber hinaus wurden die Mediziner auf bereits verheilte Veränderungen an den Knochen aufmerksam: Bei der Schädigung des rechten Schultergelenkkopfes muss es sich um eine Kriegsverletzung handeln, die von einem Pfeil oder einer Lanze herrührt. Ein Bruch des Schlüsselbeins könnte auf einen Sturz vom Pferd zurückgehen, denn Verformungen der Oberschenkel deuten darauf hin, dass die Person viel geritten sein muss.

Bei der beschriebenen Person handelt es um den »Roten Franz« – so der Spitzname von Niedersachsens berühmtester Moorleiche, die im Jahr 1900 im emsländischen Neu Versen entdeckt wurde und sich zum Publikumsmagnet des Landesmuseums in Hannover entwickelt hat. Rot wird er wegen der Haarfarbe genannt, die jedoch auf die Einwirkung des Moores zurückgeht, und eine C-14-Analyse hat ergeben, dass er um 300 n. Chr. gestorben ist. Doch trotz des Einsatzes von C-14-Untersuchungen und Kernspintomografen können die Wissenschaftler das letzte Geheimnis um den Roten Franz nicht lüften: Ein reitender Krieger wird in der römischen Kaiserzeit mit durchgeschnittener Kehle im Moor zur vermeintlich letzten Ruhe gebettet – war er von seinem Gegner tödlich verletzt worden oder von den eigenen Leuten? Wurde er gerichtet oder geopfert? Ein anderes Rätsel dagegen konnten die Wissenschaftler lösen: Wie der Kopf des Mannes tatsächlich aussah. Mithilfe einer Computertomografie wird eine dreidimensionale Simulation erstellt, die in ein Kunststoffmodell umgesetzt wird. Erfahrene Plastiker füllen den Schädel mit Wachs als Ersatz für die Weichteile des Gesichts. Das Resultat: Sein Gesicht ist unauffällig, seine Haare waren im Samurai-Stil geschnitten: im Nacken kurz, mit einem Zopf darüber. Der Rote Franz könnte sich heute ohne Aufsehen zu erregen durch die Hannoversche Fußgängerzone bewegen.

Nicht so das Mädchen von Yde – eine 2000 Jahre alte, jedoch sehr gut erhaltene Moorleiche aus der niederländischen Provinz Drenthe. Ihr Gesicht wurde bereits 1991 minutiös rekonstruiert, doch bei der öffentlichen Präsentation waren die Betrachter skeptisch: Das lange blonde Haar (nachgewiesen) und die blauen Augen (nicht nachgewiesen) waren Ok. Doch kann ein 16-jähriges Mädchen vor 2000 Jahren eine so hohe Stirn gehabt haben? Die niederländischen Archäologen griffen zu einer für sie typischen, unkonventionellen Maßnahme: Sie veranstalteten einen Looklike-Wettbewerb. Siegerin wurde eine junge Frau, die das Mädchen von Yde hätte doubeln können, ohne dass es deren Eltern aufgefallen wäre. Doch mit Sicherheit ist das heutige Mädchen von Yde gesünder als ihre Vorgängerin. Denn die litt – das ergaben Röntgenaufnahmen – an einer starken Verkrümmung der Wirbelsäule, idiopathische Skoliose genannt, die den Brustkorb und das Kreuzbein in Mitleidenschaft zogen. Wahrscheinlich war ihr rechter Fuß beim Laufen nach innen gedreht. Auch zahlreiche andere Moorleichen weisen an ihrem Skelett Anomalien auf. Eine Frau von 30 Jahren litt bereits unter Osteoporose und die meisten Moorleichen waren zu Lebzeiten von Parasiten wie Spulwurm und Peitschenwurm befallen.

Gerichtet oder geopfert? Der »Tollund-Mann«, benannt nach seinem dänischen Fundort.

Einer der Gründe für die zahlreichen Krankheiten muss die damalige schlechte Ernährung gewesen sein. Ganz handfest gingen die Wissenschaftler dieser Frage beim rund 2400 Jahre alten Tollund-Mann aus Jütland nach, dessen Körper so gut erhalten war, dass die Torfarbeiter die Polizei riefen, weil sie an ein erst kürzlich geschehenes Verbrechen glaubten. Aus seinem Magen sowie Dünn- und Dickdarm wurden Proben entnommen und untersucht. Dabei fanden die Wissenschaftler Reste von Getreide – Gerste und Hafersorten – und Kräuter, die man vereinzelt auch als Unkräuter titulieren kann: Flachs, Knöterich, Weißer Gänsefuß und Ackerveilchen. Darüber hinaus befanden sich auch Blätter von Torfmoos und Sand im Verdauungstrakt. Zwei mutige englische Archäologen testeten diese Mischung aus Getreide und Unkräutern, den »Tollund-Brei«, im Selbstversuch. Nachdem sie den unangenehmen Geschmack mit dänischem Cognac neutralisiert hatten, kommentierte einer von ihnen, der exzentrische Keltenforscher Mortimer Wheeler: »Bei dieser Kost wäre es kein Wunder, wenn er Selbstmord begangen hätte.«

Opferkulte im Moor

Der Tollund-Mann wurde erhängt – der dicke Strick befindet sich noch immer um seinen Hals – ebenso wie das Mädchen von Yde, dem zudem der halbe Schädel kahl rasiert worden war, wohingegen dem Roten Franz die Kehle durchgeschnitten wurde. Bei so vielen Spuren von Gewaltanwendung glaubten Wissenschaftler und Öffentlichkeit bis vor kurzem den Berichten des römischen Dichters Tacitus: »Verräter und Überläufer hängen die Germanen an Bäumen; Feiglinge, Kriegsscheue und Schandkerle ertränkt man in Moor und Sumpf.« Doch finden sich unter den Moorleichen viel weniger Hinweise von Gewalttaten, als häufig dargestellt. Deshalb hat sich in den letzten Jahren in der Wissenschaftler-Welt die Opfertheorie durchgesetzt – so der Groninger Moor-Experte Wijnand Van der Sanden: »Viele der separaten Moorleichen müssen als Menschenopfer interpretiert werden. Denn die Moore bilden Plätze, an denen man versuchte, Kontakt mit dem Übernatürlichen aufzunehmen und mit der Übergabe kostbarer Opfer, diesen Kontakt zu besiegeln.« Denn in 150 Jahren trugen Heimatkundler und Moorarchäologen zusammen, was beim Torfabbau zu Tage trat: haufenweise Gefäße und Schmuck, ganze Waffenarsenale und viele Moorleichen. Was bewog die Menschen dazu, sich von einem Teil ihrer Ernte, kostbaren Waffen und Schmuck zu trennen?

Die Funde aus den Mooren reichen zurück bis in die mittlere Steinzeit (Mesolithikum) vor 15 000 Jahren, als gegen Ende der letzten Eiszeit die späteren Moore Nordeuropas noch seichte Seen waren, in welche die nordischen Jäger und Sammler Tausende von Pfeilspitzen, Beile und Messer aus Feuerstein versenkten. Allein schon die große Zahl der Funde spricht für Opferhandlungen und der Zustand einzelner Objekte – so wurde im Moor beim niedersächsischen Wiepenkathen ein Dolch in der Scheide gefunden, ordentlich von der Aufhängeschnur umwickelt.

Aus der Übergangszeit zum Neolithikum – 4. bis 3. Jahrtausend v. Chr. – finden sich in den Mooren ganze Feuersteindepots, in der niederländischen Provinz Drenthe sind fertige und halb fertige Geräte aus rotem Feuerstein darunter, die eindeutig von den Helgoländer Felsen stammen.

Warum entstanden die Moore in Nordeuropa?

Die flachen Seen versumpften, weil in ihnen Gräser, Röhrichte, Seerosen und andere Wasserpflanzen so üppig gediehen, dass die abgestorbenen Pflanzen nicht mehr von den Mikroorganismen abgebaut werden konnten. Torf lagerte sich Schicht für Schicht am Boden ab. Während in Dänemark und Schleswig-Holstein vorwiegend kleine Seen zu Kesselmooren verlandeten, verwandelten sich in den nordöstlichen Niederlanden und in Niedersachsen ganze Landstriche in Moore:

Anfangs als nährstoffreiche Niedermoore, die vom Grundwasser kontinuierlich feucht gehalten wurden, wuchsen sie über die Umgebungshöhe hinaus zu Hochmooren. »Ein Hochmoor ist eine Art Wassersystem, das von Massen toter, teilweise verrotteter Pflanzenreste gebildet und durch eine lebende Vegetationsdecke in Betrieb gehalten wird«, erläutert Moor-Experte Van der Sanden. Dabei geht der Kontakt zum Grundwasser verloren – Hochmoore bestehen bis zu 95 Prozent aus nährstoffarmem Regenwasser, das von Torfmoosen als einziger Vegetation gespeichert wird. Sterben diese ab, wird ihr organisches Material dank des eigenen Moorwasserspiegels gespeichert. Dabei wird das Kohlenhydrat »Sphagnan« freigesetzt, das sich langsam zu brauner Humussäure umwandelt. Beide Stoffe haben jedoch die Fähigkeit, Calcium und Stickstoff an sich zu binden – damit entziehen sie jeglichen Mikroorganismen die Lebensgrundlagen. Erst seit kurzem ist klar, dass dieser chemische Prozess – zusammen mit dem vollständigen Fehlen von Sauerstoff – die Konservierung organischer Stoffe bewirkt und eine Art Einzuckerung darstellt. Erhalten bleiben auf diese Weise Haut, Haare, Nägel, Gehirn und Eingeweide, aber auch Wolle, Felle und Leder. Pflanzliche Materialien wie Leinen verschwinden dagegen spurlos.

Zur Nutzung waren die sich seit der Nacheiszeit ausbreitenden Moore weitgehend ungeeignet – daher siedelten die Menschen auf den Sandflächen. Im frühen Neolithikum setzte eine Art Wettrennen ein zwischen den Menschen, die immer mehr Platz für Ackerbau und Viehzucht benötigten und den sich ausbreitenden Mooren. Ist es verwunderlich, dass genau in diese Zeit eine der Hochphasen der Mooropferungen fällt? Neben Feuersteinen, Tier- und Geweihopfern sowie Wagenrädern für die typischen Moorkarren sind besonders die Prachtgefäße aus Ton zu nennen, die Steinzeitbauern auf Rügen über Jahrhunderte im sogenannten

Pastoratsmoor deponierten. Vermutlich waren diese Tongefäße mit Getreide gefüllt.

Bereits im 4. Jahrtausend v. Chr. quer durch die Moore gebaute Bohlenwege zeigen jedoch auch, dass die öde Landschaft in das menschliche Leben einbezogen wurde. Es war die Zeit der »Trichterbecher-Kultur«, benannt nach dem Gebrauch des charakteristischen Bechers in Trichterform. Noch signifikanter: die Menschen im Norden errichten aus Findlingen die sogenannten Megalith- oder Hünengräber.

Die Bewohner dieser Zeit lebten fast ausschließlich von der Landwirtschaft und dem Fischfang an Küste und Seen. Bis zu 100 Menschen wohnten zusammen mit ihrem Vieh in Langhäusern von 25 bis 40 Metern, in Dänemark vereinzelt bis zu 70 oder 80 Metern Länge. Das zeigen im Boden gefundene Verfärbungen der einstigen Pfosten und Spuren verbrannten Lehms, mit dem die Seitenwände ausgekleidet waren. Kleine Gebäude, auf Stelzen gebaut, dienten zur Vorratshaltung.

Im Unterschied zur Steinzeit legten die Menschen der folgenden Jahrtausende beim Opferkult mehr Nachdruck auf leblose, aber sehr kostbare Gegenstände. Metalle spielten in der Bronzezeit (ca. 2200 bis 700 v. Chr.) nicht nur als Werkzeuge, Waffen und Schmuck, sondern auch als Opfergabe eine zunehmend wichtige Rolle. Zu den Metallfunden aus den Mooren gehören auch einige Gießformen für Bronzebeile. Sie beweisen: die Bronze wurde vor Ort verarbeitet – vermutlich von herumreisenden Bronzeschmieden. Auch die Kleidung hatte bereits hohe Qualität, Wolle und unterschiedliche Webtechniken waren längst Standard. Lederschuhe und -mützen sowie Prachtmäntel von Moorleichen sagen etwas über die soziale Hierarchie aus, genauso wie Bronzewaffen und -schmuck als Opfergaben. Die wohlgekleideten Moorleichen können nur höher gestellte Personen gewesen sein, die vom Handel mit Salz und Metallen profitierten.

Und es existieren geografische Unterschiede: Südskandinavien war eindeutig reicher als Norddeutschland und die Niederlande. Allein in Dänemark und Südschweden sind für die ältere

Bronzezeit (2000 bis 1100 v. Chr.) über 1300 Horte bekannt, gefüllt mit Gold- und Bronzeschmuck, Luren aus Bronze sowie dem berühmten Sonnenwagen von Trundholm. Besonders Südskandinavien, an dessen Küsten die Routen der Seehandelswege verliefen, profitierte vom friedlichen Tausch mit Fellen, Salz, Keramiken und Metallen. Umso erstaunlicher, dass die Archäologen keinerlei sakrale Bauwerke finden. »Während in den südlichen Gebieten Heiligtümer und Tempel an festgelegten Stellen zur Verehrung von Göttern die religiöse Topografie bestimmten«, führt der Kieler Ur- und Frühgeschichtler Michael Müller-Wille aus, »waren es im Norden stets ähnliche Situationen – Stelen am oder nahe beim Wasser, die das Bild bestimmten. Von Tempeln können wir jedenfalls nicht sprechen.« So markierten im Wittemoor (Heidekreis) zwei Figuren – links und rechts vom Bohlenweg – eine Gefahrenstelle und sollten zugleich vor ihr schützen. Denn um 500 v. Chr. führten diese Stege aus rechteckigen Eichenbohlen teilweise über Hunderte von Metern durch den sumpfigen Grund. Die Forscher fanden auch eine Erklärung, warum manche Bohlenwege im Moor endeten. »Durch die chemischen Prozesse im Moor bildeten sich wie Steine aussehende Klumpen, in denen sich so reichliche Eisenerze sammelten, dass ihr Abbau lohnte«, erläutert Van Vilsteren. Das würde erklären, wie die Germanen kostbarste Opfergaben wie spiralförmige Halsbänder aus Gold und relativ viele Römische Münzen erwerben konnten.

Doch der Kontakt mit den Römern hatte auch negative Folgen: die Ausweitung des Römischen Reiches zog vielfache Verschiebungen von Stammesgebieten und große soziale Spannungen zwischen und in den zahlreichen germanischen Stämmen Nordeuropas nach sich. »Es ist durchaus denkbar, dass die großen sozialen Unruhen in dieser Zeit zu einer Intensivierung der Opferpraktiken geführt haben«, urteilt Van der Sanden. Und auch die Opferobjekte änderten sich: es wurden auffallend mehr Waffen geopfert. Manchmal als Beschwörung für einen bevorstehenden Kampf, doch häufig wurden ganze Waffenarsenale versenkt. Im Moor von Hjortspring fanden die dänischen Archäologen über

170 Speerspitzen, elf einschneidige Schwerter und über 64 Schilde. Dazu Kettenpanzer, Werkzeuge und Kupferkessel. Die Waffen und Utensilien eines fremden Heeres, das auf Jütland gelandet und von den Einheimischen besiegt worden war. Über 30 solcher Plätze sind allein in Südskandinavien und Schleswig-Holstein bekannt, an denen Waffen unbrauchbar gemacht und im Moor versenkt wurden – eine Art frühgeschichtliche Rüstungskonversion.

Von den Wandlungsfähigkeit einer Gletschermumie

Während die Archäologen Jahrzehnte benötigten, um ihre Funde aus Mooren und Wattenmeer richtig zu beurteilen, sollte dies im Fall der berühmtesten Gletscherleiche aller Zeiten mit High-Tech-Methoden in wenigen Monaten erzielt werden. Ausgelöst von einzelnen wissenschaftlichen Untersuchungsergebnissen und angestachelt vom Medien-Hype gab es immer wieder neue Mutmaßungen um Ötzi. Um den anfänglichen Verdacht, bei Ötzi könne es sich um eine Fälschung handeln, zu widerlegen, wurde die Gletschermumie von Anfang an intensiv erforscht – in den ersten zehn Jahren seit der Entdeckung wurden rund 100 Proben von ihr genommen, immer wieder wurde sie mit modernster Technik durchleuchtet: Vieles wurde festgestellt, manches wieder verworfen. Immerhin stand nach der Untersuchung von vier Proben in unabhängigen C-14-Laboren fest: Ötzi lebte in der Zeit um 3350 bis 3100 v. Chr. und entstammte deshalb vermutlich der Welt der Pfahlbau-Siedlungen. Doch schon die Frage, warum der Körper 5300 Jahre überdauerte, gibt Rätsel auf: Ötzi wird zwar gern als Gletschermumie bezeichnet – das ist nicht korrekt. Wäre er in eine Gletscherspalte gefallen, hätten ihn die gewaltigen Kräfte des Eises zermalmt. Wäre er jedoch auf dem Eis gestorben, hätte ihn die Gletscherbewegung abtransportiert, er wäre aufgetaut und verwest. Ötzi kam in einer eisfreien Mulde zu liegen – dann muss nach Meinung der Wissenschaftler Folgendes passiert sein: Niedrige Temperaturen und starker Wind führten dazu, dass der Körper

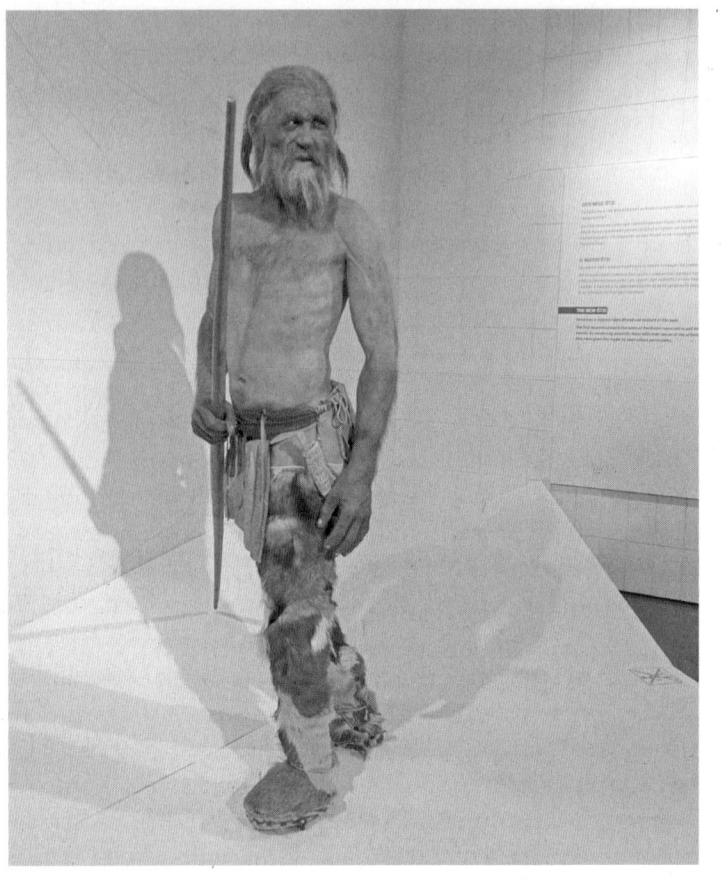

Früher Rekonstruktionsversuch des Gletschermannes Ötzi.

schnell austrocknete und gleichzeitig langsam gefror – ähnlich wie beim industriellen Gefriertrocknen. Trotzdem blieb in der Leiche noch ein Rest der körpereigenen Flüssigkeit, weshalb die Forscher von einer Feuchtmumie sprechen. Während dieser natürlichen Mumifizierung kühlte das Klima in Mitteleuropa um 3300 v. Chr. deutlich ab und es bildete sich eine rund 20 Meter dicke Eisschicht über Ötzis Mulde, die erst in den letzten einhundert Jahre langsam abschmolz und im Herbst 1991 den Oberkörper von Ötzi freigab.

Die Entdeckung der Feuchtmumie vom Hauslabjoch, besser bekannt als »Ötzi« bzw. »Frozen Fritz«

Am 19. September 1991 wanderten Erika und Helmut Simon in den Ötztaler Alpen. Sie passierten gerade das Hauslabjoch am Fuße des Similaun-Gletschers, als sie im schmelzenden Eis eine Leiche entdeckten. Sie benachrichtigten die Bergwacht, die den Körper wegen schlechten Wetters erst vier Tage später bergen und in die Gerichtsmedizin Innsbruck bringen konnte. Dort erkannte man, dass es sich nicht um einen verunglückten Bergsteiger oder einen Weltkriegs-Soldaten handelte. Der herbeigerufene Urgeschichtler Konrad Spindler begutachtete den gesamten Fund, worunter sich auch ein Feuersteindolch und ein Kupferbeil befanden, und urteilte: »Mindestens 4000 Jahre alt.« Nun begann ein Medienrummel ohnegleichen um die Eismumie, die schon bald im deutschsprachigen Raum den liebevollen Spitznamen »Ötzi« bekam, im englischen dagegen »Frozen Fritz« genannt wird. Zunächst blieb der Gletschermann in Österreich und wurde an der Universität Innsbruck weiter untersucht. Doch auch Italien beanspruchte den Mumienfund für sich. So wurde die Grenze zwischen Österreich und Italien an der Fundstelle neu vermessen. Tatsächlich lag Ötzi 92,56 Meter weit auf italienischem Gebiet: Ötzi wurde als Südtiroler und seine Leiche wurde von Innsbruck in das italienische Bozen überstellt. Dort wurde nach viel hin und her das Südtiroler Archäologie-Museum für ihn ausgebaut. Dort wird Ötzi seit 1998 in einer speziellen Kammer bei minus 6 Grad Celsius und einer Luftfeuchtigkeit von 98 Prozent aufbewahrt und kann nur durch ein kleines Guckloch betrachtet werden.

Knapp fünf Jahre nach der Entdeckung Ötzis glaubten Wissenschaftler und Medienleute, die Erkenntnisse über den Gletschermann zu einer Gesamtsicht zusammentragen zu können und er wurde in einem lebensgroßen Modell aufwendig rekonstruiert. Ötzi wurde als Hirte und Jäger mit perfekter Ausrüstung zum Überleben im Hochgebirge präsentiert. Neben einer Fellmütze und Leggins aus Schaffell, die mit Strapsen befestigt wurden, trug er unter einem Grasgeflechtumhang einen Mantel aus Ziegenfell. Seine Rinderleder-Schuhe waren mit Heu gefüttert und er führte Zunderschwamm und Pyritkristalle mit sich, die zum Feuerschlagen dienten. Eine Hirte und Jäger des 4. Jahrtausends v. Chr. im Hochgebirge? Die zunächst skeptischen österreichischen Ur- und Frühgeschichtler suchten nach möglichen Lagerplätzen frühzeitlicher Jäger und wurden tatsächlich fündig: Auf dem Ullafelsen beispielsweise, einem geschützten Felsplateau auf 1869 Metern Höhe in den nördlichen Stubaier Alpen, die Jagdgruppen schon lange vor Ötzi in der Mittelsteinzeit nutzten.

Doch für Ötzi trifft dies gar nicht zu – fanden Forscher dann heraus: Sein Bogen war nicht gebrauchsfähig, zehn von zwölf Pfeilen hatten keine Spitzen und keine Federn. Gejagt hatte er mit Sicherheit nicht! Und so wurde Ötzi im Jahr 8 seiner Entdeckung zum Handlungsreisenden! Denn nun geriet in den Focus der Forschung, dass der Gletschermann nicht nur für seine Höhenwanderung gut ausgestattet war, sondern auch kostbares Tauschgut mit sich führte. Unter den Gegenständen, die er in seiner Gürteltasche aus Leder mit sich führte, befanden sich auch sechs Klingen aus Feuerstein, in dem winzige Fossilien eingeschlossen sind – dieses Merkmal trifft nur auf eine Mine am Gardasee zu. Dafür sprach auch Ötzis Kupferbeil, denn warum sollte ein einfacher Hirte und Jäger mit Pfeil und Bogen, etlichen Messern und einem wertvollen Kupferbeil unterwegs sein?

Ötzi – so die Mutmaßung – könne einer jener Kuriere gewesen sein, welche die südlichen und nördlichen Alpensee-Siedlungen miteinander verbanden. Denn die Archäologen stoßen nicht nur in Süddeutschland immer wieder auf Funde aus dieser Zeit, die eindeutig Importe aus den Regionen südlich der Alpen sind, sondern auch umgekehrt auf Keramik aus Süddeutschland, die bis in die Region um Verona verbreitet war. Die Forscher kennen sogar die Fernhandelsroute des 4. Jahrtausends v. Chr: Oberer Donauraum – Bodensee – Alpenrhein – Zentralalpen – Etschtal – Südtirol. Sie führt nahe an Ötzis Fundort vorbei.

Dann zwei Jahre später, Im Jahr 10 der Entdeckung, entdeckte der Radiologe pau Gastner, was anscheinend alle anderen Forscher bisher übersahen: Auf einem Röntgenbild zeigte sich ein Schatten unter Ötzis linkem Schulterblatt, der sich als eine Pfeilspitze entpuppte, die noch in der Schulter steckte. Nun wurden die Forscher an weiteren Stellen fündig: eine Verletzung der rechten Hand, gebrochene Rippen und Deformationen in der rechten Gesichtshälfte – er wurde geschlagen oder fiel. Außerdem galt er mit seinen rund 45 Jahren für die damalige Zeit als sehr alter Mann, dessen 57 Tätowierungen auf der Haut – hauptsächlich entlang der Wirbelsäule – Rätsel aufgeben: Aus Ötzi wurde kurzerhand ein ermordeter Schamane!

30 Jahre intensivster Forschung: Wie starb Ötzi wirklich?

Es war Frühjahr, als Ötzi seine letzte Wanderung antrat, denn Innsbrucker Forscher haben in seinem Magen und Darm Pollen der Hopfenbuche entdeckt. In rund 3200 Metern Höhe legte der Wanderer eine Rast ein. Darüber waren sich ausnahmsweise einmal alle 100 Mumienforscher, die im Oktober 2011 auf einem Kongress in Bozen über Ötzi diskutierten, einig: Ötzi wurde wahrscheinlich bei einer Rast getötet. Alber Zink, Leiter des EURAC-Instituts für Mumien und den Iceman: »Er hat sich sicher gefühlt, gerastet und ein ausgiebiges Mahl eingenommen.« Die Mahlzeit bestand aus Steinbockfleisch, Äpfel und Getreide. Eine halbe bis zwei Stunden später wurde er plötzlich angegriffen.

Schließlich konnten Mediziner im Jahr 2011 aus einem kleinen Stück Knochen genügend DNA gewinnen, um das gesamte Erbgut von Ötzi zu entschlüsseln. Nun steht es endgültig fest: Ötzi hatte braune Haare und braune, nicht blaue Augen. Vor allem jedoch war sein ursprünglicher Hauttyp weit dunkler als es in den bisherigen Rekonstruktionen dargestellt wurde. »Es ist der dunkelste Hautton, den man in europäischen Funden aus derselben Zeit nachgewiesen hat«, erklärt der Leiter des Bozener Instiuts für Mumienforschung Albert Zink. »Man dachte bisher, die Haut der Mumie sei während der Lagerung im Eis nachgedunkelt, aber vermutlich ist, was wir jetzt sehen, tatsächlich weitgehend Ötzis originale Hautfarbe.« Aus Gensequenz-Vergleichen konnten die Wissenschaftler schließen, dass Ötzis Vorfahren aus Anatolien eingewandert waren, vermutlich bald nach Ende der letzten Eiszeit.

Neben seinen vielen anderen Krankheiten – Würmer, Durchfall, Arthritis, Gefäßverkalkung, gebrochene Rippen und diverse Narben – litt er auch unter Laktoseintoleranz. Außerdem schockten die Ötzi-Forscher mit zwei neuen Erkenntnissen: Erstens hatte Ötzi sehr schlechte Zähne. Er hatte an den meisten Zähnen – soweit sie noch vorhanden waren – Karies, sein Zahnfleisch plagte Parodontose und eine dreidimensionale Simulation seines Gebisses zeigte, dass vor allem an den Backenzähnen schon die Zahnhälse freilagen. Ötzi war also keine Jäger, sondern ernährte sich hauptsächlich von Getreideprodukten, denn nur der Abrieb der damals verwendeten Mahlsteine, der übrigens auch in Ötzis Darm gefunden wurde, konnte seine Zähne so stark abschleifen. Und zweitens: Ötzi litt an genetisch bedingtem Haarausfall – deshalb fanden sich nur wenig Kopfhaare an der Mumie. Und eine weitere DNA-Analyse, dieses Mal von mehr als 3000 männlichen Freiwilligen in Tirol, erbrachte im Herbst 2013 die allerneueste Erkenntnis: In Österreich leben noch Verwandte von Ötzi.

Und was ist der letzte Stand zu seiner Todesursache? Neben Ötzis gebrochenen Rippen und der Pfeilspitze in seiner linken Schulter fanden die Forscher noch eine weitere Verletzung: Auf

Ötzis Großhirnrinde wurden zwei dunkele Stellen sichtbar, welche die Mediziner eindeutig als schweres Schädel-Hirn-Trauma (innerer Blutergüsse) deuten. Unklar ist, ob die Verletzungen durch einen Sturz oder einen Schlag auf den Kopf entstanden sind. Fazit: Ötzi starb durch äußere Einwirkung, ob als Folge des Schädel-Hirn-Traumas oder aufgrund starken Blutverlustes wird sich nicht mehr ermitteln lassen – aber warten wir die nächsten Fortschritte in der medizinischen Diagnosetechnik einmal ab … Das gilt auch für die übergreifende Frage: War Ötzi nun ein Handlungsreisender, ein Schamane oder ein ausgestoßener und schwerkranker Alter? Und wer hat ihn warum ermordet?

Während weiter über Ötzi gerätselt wird, hat mit seiner Entdeckung ein neuer Forschungszweig gerade erst begonnen: Die Gletscher-Archäologie. Weil der Klimawandel zum Abschmelzen der großen Eisvorkommen nicht nur in den Alpen, sondern auch im Polarkreis führt, werden dort haufenweise menschliche Artefakte freigelegt: so auf Grönland alte Wikinger-Siedlungen und in Norwegen bis zu 5500 Jahre alte Jagd-Ausrüstungen wie Holzpfeile und -bögen.

KAPITEL 12

Barbarische Piraten oder kulturbringende Kaufleute?

*Wie neue Funde und intensive Forschung
unser Bild der Wikinger ändern*

Eigentlich sollte in Dorset, im Südwesten Englands, im Sommer 2009 eine Umgehungsstraße gebaut werden. Doch bei den Erdarbeiten stieß die Straßenbaufirma auf ein Grab, ein Massengrab, in dem mehr als 50 Skelette lagen. Und es war auch gleich erkennbar: Die Bestatteten waren enthauptet worden, denn die Schädel lagen ordentlich gestapelt in einer Ecke, während die Skelette einfach verstreut abgeladen worden waren – ein einziges Knochen-Chaos. Doch nach einer C-14-Untersuchung in einem Nottinghamer Labor stand fest: Die Skelette stammten aus der Zeit zwischen 910 und 1030 n. Chr. – genau aus der Zeit, als England nahezu jeden Sommer von Wikingern heimgesucht wurde. Aber wer waren die Opfer – Angreifer oder Verteidiger?

»Bespritzt mit dem Blut der Priester Gottes, aller Einrichtungen beraubt – so haben die Heiden unsere Kirchen entweiht«, klagte der König des nordenglischen Northumbrien im Jahre 793 über das Auftauchen der Wikinger auf den Britischen Inseln, wo sie in den folgenden zwei Jahrhunderten Angst und Schrecken verbreiteten: Lose Stoßtrupps zogen nun jeden Sommer mit ihren Schiffen die britischen Küsten entlang auf der Suche nach Beute, denn nur die Nordsee trennte die unbefestigten Klöster in England und Irland von der Heimat der heidnischen Wikinger – für sie eine unwiderstehliche Einladung. Und schon bald drangen sie mit ihren flachen Booten über Flüsse auch in andere Regionen vor: Um 845 griffen Wikingergruppen Paris und Hamburg an, zwischen 859 und 862 plünderten sie Küstenstädte am Mittelmeer, 861 noch einmal Paris und 862 Köln und andere Rhein-Städte.

Nach Jahrhunderten der Legendenbildung sind nun Historiker, Skandinavisten und Archäologen dabei – unterstützt durch unzählige neue Funde aus dieser Zeit – das Bild, das wir uns von den Wikingern machen, zurecht zu rücken. »*Die Wikinger* ist schon falsch gesagt«, klärt uns Frühgeschichtler Michael Müller-Wille auf. »Mit dieser Bezeichnung erfassen wir nicht die skandinavische Bevölkerung des 8./9. Jahrhunderts«. Viking – dieses altnordische Wort leitet sich von »wik« (Bucht, Handelsort) ab und bezeichnet keine soziale Zugehörigkeit, sondern einen Zustand: einen Raubzug zu Wasser. Als die »Wikinger-Zeit« bezeichnen wir heute die Kriegs-, Handels- und Siedlungsaktivitäten der Skandinavier – zur See und an den Küsten, die von ca. 800 bis 1050 n. Chr. stattfanden. In dieser Weise lebten jedoch nur rund fünf Prozent der damaligen Bevölkerung, die in den Gebieten des heutigen Schleswig-Holsteins, Dänemarks, Schwedens und wie getupft verteilten Arealen Norwegens siedelten und die von den Zeitgenossen nach den geografischen Gegebenheiten in Danen, Götar, Nordmänner und Svea unterteilt wurden.

Die Skandinavier selbst definierten sich vor allem über ihre Sippe und ihr Land. Gemeinsam waren diesen Volksgruppen jedoch: Sprache und Kultur. Sie verständigten sich zu dieser Zeit noch einheitlich in Altnordisch, gliederten ihre Gemeinschaften in Sklaven, Freie sowie gewählte Stammesfürsten und -könige auf. Und sie verehrten die gleichen Götter: Wotan und die untereinander zerstrittenen Götter in Walhall.

Warum jedoch plötzlich, gegen Ende des 8. Jahrhunderts, ein kleiner Teil der Skandinavier zu Raubzügen, kaltblütigem Mord und Totschlag sowie verwegenen Expeditionen aufbrach, darüber streiten die Wissenschaftler nach wie vor. »Das Dilemma der Forschung liegt darin, dass uns zeitgenössische Texte nur wenig über die Ursachen der Wikingerzeit berichten, wohl weil dieses Phänomen auch für sie nicht einsichtig war«, urteilt der Bonner Experte für Skandinavische Dichtung und Wikingerkultur, Rudolf Simek. Zum Beispiel das Argument Überbevölkerung: Diese Erklärung fußt auf normannischen Quellen, doch tatsächlich gibt es keine nachweislichen Indizien für Überbevölkerung oder eines der anderen Standardargumente: Unterernährung, Seuchen oder gar eine Klimaverschlechterung. Auch bei den Argumenten Armut und Freiheitsliebe handelt es sich um Motive, die in Berichten aus späteren Zeiten unterlegt wurden – so Simek: »Der Wikingermythos überlagerte bereits im frühen Mittelalter die historischen Fakten.« Kann die Archäologie gemeinsam mit ihren Hilfswissenschaften diesen Schleier durchbrechen?

Nach großräumigen Untersuchungen der Landschafts- und Siedlungsstrukturen steht für die Wissenschaftler fest: Im 8. Jahrhundert hielt sich die große Mehrheit der auf ca. zwei Millionen Menschen geschätzten Skandinavier mit Fischfang und karger Landwirtschaft nur mühsam am Leben. Da es nicht genug bewirtschaftbares Land für alle gab, vererbten die Väter es immer nur an die erstgeborenen Söhne. Für die anderen Söhne bedeutete dies: sie mussten sich durch Jagd, Fischfang oder eben Beutezüge ernähren.

Die Raubfahrten waren gleichzeitig auch eine Art Initiationsritus. Wer diese Mischung aus zu bestehender Mutprobe und ritueller Einweihung nicht durchlief, wurde von den Wikingern »heimskr« genannt. Dieses Wort bezeichnet gleichzeitig zwei Eigenschaften: Einen »Daheimgebliebenen« und einen »Dummen«. In der Logik der Wikinger: einer, der daheim bleibt, ist dumm – nur Weitgereiste brachten es zu sozialer Anerkennung. Diese Welt-Erfahrung drückte sich in der Dichtung in einer regelrechten Hochstimmung aus: »Angeberisch wurden vergangene und zukünftige Heldentaten, halsbrecherische körperliche Großtaten und todesverachtende Tapferkeit verkündet.« Hinzu kam ein wichtiger Grund, auf den die Forscher erst spät stießen:

selbst verschuldeter Frauenmangel. Die Wikinger töteten, darauf verweisen Quellen wie die Island-Sagas, nicht selten ihren Nachwuchs, besonders in Zeiten der Nahrungsmittelknappheit – und dann vorzugsweise Mädchen. Später fehlten dann heiratsfähige Frauen, die jungen Männer mussten sie aus fremden Ländern entführen. Für den Erfolg ihrer Beutezüge waren vor allem zwei Faktoren ausschlaggebend: die Schiffe der Wikinger und ihre kriegerische Taktik, eine Art mittelalterliche »Blitzkriegstrategie«, die sie »strandhagg« nannten.

Aus einem Grabhügel bei Oseberg am norwegischen Oslofjord bargen Archäologen 1904 ein ganzes Wikingerschiff – die Beigabe für ein dort bestattetes Häuptlingspaar.

»Strandhagg« – Blitzkrieg auf Wikingerart

»Strandhagg« heißt: Überraschend landen, gewalttätig zuschlagen und verschwinden, bevor der Gegner überhaupt irgendwie reagieren kann. Einziger Trost: ganz traditionell führten die Wikinger ihren Strandhagg nur in den drei Sommermonaten durch. Den Rest der Zeit betrieben sie ein wenig Viehzucht und primitiven Getreide-und Gemüseanbau: Gerstenbrei, hartes Roggenbrot, Kohl, Rüben und getrockneter Fisch standen tagein, tagaus auf dem Speiseplan.

Warum jedoch Menschen, die eine ärmliche Subsistenzwirtschaft führten, so konkurrenzlos gute Schiffe bauten, liegt in der skandinavischen Landschaft begründet. Während die ganze norwegische Küste von Fjorden und Bergen zerklüftet wird, zeigten sich auch die übrigen Gebiete Skandinaviens vor 1000 Jahren wenig wirtlich: undurchdringliche Wälder, Sumpfgebiete, ständig sich verändernde Flussläufe. Reisen ließ sich am besten auf dem Wasser, deshalb begannen die Menschen dort schon früh mit dem Bootsbau. Der Beweis: ein Einbaum aus der Zeit 5000 v. Chr., gefunden in Lystrup (Dänemark), wurde mithilfe von Feuersteinäxten aus Lindenholz geschlagen. Und bereits 2500 v. Chr. erhöhten die Skandinavier ihre Bordwände mit sich dachziegelartig überlappenden Planken; wenig später kamen der schnabelförmige Bug und das Einlassen eines Kiels dazu. Nach 6000 Jahren Entwicklungszeit vollendeten die Wikinger schließlich die skandinavische Schiffsbaukunst in Gestalt dreier verschiedener Schiffstypen: wendige Küstensegler, stabile Meereskreuzer und schlanke Kriegsschiffe, die sogenannten Drachenboote.

Lange Zeit wusste die Nachwelt nur aus historischen Berichten von deren einstigen Existenz – oder war das auch eine der zahlreichen Wikinger-Legenden? Erst die Entdeckungen eines Schiffsgrabes bei Ladby (1935), des Wracks von Haithabu (1953 entdeckt, gehoben erst 1979) und zweier Langboote, die aus dem dänischen Roskilde-Fjord geborgen wurden, bestätigten die schriftlich überlieferten Angaben: sie weisen in der Tat ein extremes Verhältnis von Länge zu Breite auf, das bis zu 11,4:1 betragen kann. Diese Schlankheit des Kriegsschiffes hält den Wasserwiderstand äußerst gering und ermöglicht dadurch hohe Geschwindigkeiten – wichtig für den Überraschungseffekt der »strandhagg«. Und der geringe Tiefgang erlaubte es, praktisch alle Gewässer bis ins Landesinnere zu nutzen, die Boote an jedem flachen Ufer zu landen und sie sogar auf Rollhölzern über Land zu ziehen.

Für die Wikinger waren ihre Schiffe keine reinen Transportmittel, sie investierten auch in deren Schönheit: Vergoldungen am Bug, geschnitzte Drachen- und Tierköpfe als Bug- und Heckspitze sowie farbige oder verzierte Segel waren keine Seltenheit. Über 500 poetische Umschreibungen für Schiffe kennt die skandinavische Dichtung: »faxi byrjar« (Windpferd), »ormr inn langi« (Lange Schlange) oder »hárknífr« (Rasiermesser)!

Das Wikingerschiffsmuseum im dänischen Roskilde stellt nicht nur geborgene Wracks aus, dort werden auch Wikingerschiffe nachgebaut. Um ein kleines Kriegsschiff detailgetreu zu rekonstruieren, verwendeten die dänischen Schiffsbauer nicht einmal eine Säge. Die Holzplanken werden mit Äxten und Keilen aus den Baustämmen getrieben, diese alte Technik macht die Planken wesentlich stabiler. Das Ergebnis, die »Helge Ask«, erreicht mit Segeln vor Wind eine Höchstgeschwindigkeit von 14 Knoten (25,9 km/h) und beim Rudern immerhin noch 5,5 Knoten (10,2 km/h). Und mit ihren 28 bis 30 Mann Besatzung hat das Kriegsschiff nur 60 cm Tiefgang. Doch bei diesen Touren zeigten sich auch die Grenzen der Kriegsschiffe: sie können die offene See zwar überqueren, sind jedoch kaum hochseetüchtig.

Das Wetter war den Wikingern bei ihren Raub- und Erkundungsfahrten über die Nordsee bis in den Atlantik entgegengekommen, denn sie fielen in den Beginn der hochmittelalterlichen Warmzeit: Es gab wenig Stürme und die Passagen nach Island und Grönland blieben das ganze Jahr über eisfrei. Ihre Überraschungstaktik war fast zwei Jahrhunderte lang erfolgreich – niemand in Europa konnte es mit ihnen aufnehmen. Zumal die anderen Mächte dieser Zeit sich vor allem auf Reiterheere stützten, die den Wikingerschiffen nicht folgen konnten.

Doch die Wikinger änderten im Laufe der Zeit ihre Strategie: Zum einen bildeten sie nach und nach ganze Heere, die auf die Britischen Inseln, aber auch in die Normandie übersetzten. Zum anderen ließen sich mehr und mehr von ihnen in den heimgesuchten Gebieten nieder und wurden allmählich zu friedlichen Händlern. So haben zahllose zufällige Funde und etliche systematische Ausgrabungen in den letzten Jahrzehnten das Geschichtsbild der Engländer und Iren umgewälzt: Wikinger waren es, die 840 die erste Siedlung auf dem heutigen Stadtgebiet von Dublin errichteten und bis ins 10. Jahrhundert hinein auf den Britischen Inseln ein weitverbreitetes Handelsnetz unterhielten.

Die Wikinger gründeten um 840 eine erste Siedlung auf dem heutigen Stadtgebiet von Dublin.

Als in Dublins alternativem Stadtteil Templebar um die Jahrtausendwende die baufälligen Gebäude nach und nach durch moderne Geschäfts- und Verwaltungskomplexe ersetzt wurden, schlug die Stunde der Archäologen. Wie bei einer Patchwork-Arbeit wechselten sie von einer gerade unbebauten Sanierungsparzelle zur nächsten. Nur wenig unterhalb der alten Hausfundamente hatte der schwere, kaum entwässernde Lehmboden einen Großteil der bis zu 1200 Jahre alten Siedlungsspuren bewahrt. Zum Vorschein kamen so Umpferchungen, Flechtwerk um Pfosten gespannt, daneben Gräben und Löcher – es sind umzäunte Grundstücke mit Brunnen und Latrinen. Die spartanisch eingerichteten Langhäuser dienten als Wohnraum, kleinere Nebengebäude als Werkstätten und Lagerhalle. Die Straßen und Fußwege zwischen den Parzellen waren mit Balken oder zertrampeltem »Sperrmüll« befestigt. Denn der sumpfige Boden ließ die Wege versinken und beschleunigte die Fäulnis der Holzhäuser. Sie mussten alle 15 bis 20 Jahre erneuert werden – so entstanden im Laufe der rund 250 Jahre dauernden Wikingerzeit 13 Besiedlungsschichten. Die Spuren der allerersten stammten aus der Zeit um 840 bis 860 und nicht wie überliefert erst um 915. Freilegen konnten die Archäologen nicht nur Siedlungsareale, sondern auch Teile eines Befestigungswalls, eines Deiches und einer Wellenbrechanlage – Beweise für die ausgeklügelte Technik, die es den Wikingern erlaubte, die überflutungsgefährdete Flussmündung zu besiedeln.

Doch diese Siedlung war erstaunlich klein im Vergleich zur Menge und Größe der Wikingerboote, die zu dieser Zeit am Ufer anlegten, erklärt Pat Wallace von der Wikingerabteilung im Dubliner Nationalmuseum: »Langschiffe aus England, Skandinavien, Frankreich, den Mittelmeerhäfen und der Nordatlantikroute. Am Ufer stapelten sich die ausgeladenen Wollstoffe aus England, neben Seide aus Byzanz, großen Mengen Wein aus Frankreich, Elfenbein und Pelzen aus der Arktis.« Das Dublin der Wikingerzeit war vor allem Umschlagplatz, an dem die Iren aus dem Hinterland Nahrungsmittel gegen die begehrten Waren aus Übersee tauschten. Und ein Ort des Kunsthandwerks; die Wikinger fertigten nicht nur filigranen Schmuck aus dem Gold und Silber, das sie reichlich erbeutet hatten. Sie verzierten darüber hinaus die meisten ihrer Gebrauchsgegenstände mit Tiermotiven, Fabelwesen und Flechtbandornamentik: darunter Waffen, Werkzeuge, Schiffsteile.

Doch dieses erste Dublin – ergänzen die Historiker dieses Bild – war auch ein Ort des Sklaven-Handels. »Die Wikinger entdeckten schnell die Gewinne, die man aus Menschen als Ware herausholen konnte: als Sklaven und als Gefangene gegen Lösegeld«, beschreibt der irische Historiker Donnchadh O'Corráin. »Versklavung war ein normaler Bestandteil der frühen Überfälle. Sklaverei in großem Stil folgte später.« Dublin wurde dabei zur Drehscheibe: Wer dort nicht mit Silbermünzen freigekauft wurde, wurde an Händler weiterverkauft und landete, wenn er die Überfahrt überlebte, als Sklave oder Ehefrau in Skandinavien oder Island.

Zur gleichen Zeit in Ostengland: Die Angelsachsen-Chronik berichtet, dass York im Jahre 866 n. Chr. von einem »großen heidnischen Heer« angegriffen und erobert wurde. Demnach siedelten die Skandinavier sich dort an und ihr jeweiliger Anführer regierte die Region als »Königreich Jorvik«. »Jedes englische Schulkind kennt König Knuth und Eric Blutaxt, den letzten Wikingerkönig von York«, erklärt der Yorker Archäologe Richard Hall die Situation. »Aber die Chroniken verraten so gut wie nichts über die Gesellschaft, den Handel und das Alltagsleben dieser Zeit.«

Erst in den 1970er-Jahren während umfangreicher Stadtsanierungen schlug die Stunde des »York Archäological Trust«, besonders bei der Neubebauung der Coppergate Straße am südöstlichsten Rande der Altstadt – so Hall: »Wir hatten anfangs nur ein Areal von einigen Quadratmetern zum Graben, doch bei der Spurensuche gerieten wir tiefer und tiefer. Neun Meter tief, bis zu zehn Siedlungsschichten und gut erhaltenes organisches Material – eine vergleichbare Stelle gibt es in England nicht.«

York: Nicht Geister- sondern Wikingerbahn

Mit dem »Jorvik Viking Centre« gingen die Yorker ein archäologisches Ausstellungsexperiment ein: Während sich im Erdgeschoss ein Warenhaus und darüber Wohn- und Büroräume befinden, wurde im Untergeschoss auf den freigelegten Fundamenten aus dem 10. Jahrhundert die Wikingersiedlung vollständig rekonstruiert. Ein »Zeittunnel« führt die Besucher vorbei an Kulissen über die Weltkriege und den Englischen Bürgerkrieg ins 10. Jahrhundert. In kleinen Wagen, die an Geisterbahnen erinnern, gleiten die Besucher anschließend zwischen den Häusern aus Flechtwerk und Strohdächern hindurch. Vorbei an einem Fischer, der auf einem Fass sitzt und sein Messer wetzt – die Puppe ist das Resultat einer aufwendigen plastischen Rekonstruktion eines geborgenen Schädels. Aus versteckten Lautsprechern ertönt ein Sprachgemisch aus Altenglisch und Skandinavisch. Es riecht nach gegerbtem Leder und Haustieren. Am Hafen wird gerade ein Langboot entladen. Schließlich gelangen die Besucher zu einem Ausgrabungsareal mit Fundamenten aus Pfosten und Flechtwerk – die Originalmaterialien wurden zur Konservierung mit Wachs überzogen. Die Besucher sehen auch, wie Tierknochen, Keramikscherben und Lederreste analysiert, konserviert und archiviert werden und erreichen schließlich eine Ausstellung mit Grabungsexponaten.

Die Archäologen legten Pfostenreihen mit Flechtmaterial frei – die rechtwinkligen Fundamente von Langhäusern: ihre Wände bestanden aus Flechtwerk, ihre Dächer aus Stroh. Zwischen den Häusern lagen befestigte Fußwege. Die Wikinger hatten gleich nach ihrer Eroberung mit dem Wiederaufbau des seit der Römerzeit verfallenen Yorks begonnen. Sie legten ein neues Straßensystem und Befestigungsanlagen an – ein Vergleich der Stadtpläne einst und jetzt zeigt: Die Routen der großen Straßen und Querverbindungen und die Standorte der wichtigsten Plätze wie beispielsweise Markt und Domplatz sind in der Wikingerzeit festgelegt worden. In den Hausruinen fanden die Wissenschaftler Unmengen von Artefakten: Metall und Lederreste, Knochensplitter, Nadeln und Nägel – Beweise für Handwerkstätigkeiten. Die Wikinger (die nun nach der Eingangsdefinition keine Wikinger mehr waren) hatten das Schwert gegen den Amboss ausgetauscht und ganze Werkstattviertel errichtet, in denen Waffen, Werkzeuge, Schmuck und Lederwaren entstanden. Mit dem Überseehandel – der sich bis nach Byzanz und in den Orient erstreckte – entwickelte sich York zum wichtigsten Umschlagplatz für Mittelengland. Die neuen Herrscher brachten auch Geld in Umlauf. Unter den Münzen, die in York geprägt wurden, fanden die Archäologen Silberpennies mit einem Rabenmotiv und dem Namen des Wikingerkönigs Olaf Guthfrithsson sowie ein Schwert, eingefasst von dem Schriftzug »Eric Blutaxt«. Er sollte der letzte der Wikinger-Könige von Jorvik sein – während Blutaxt im Jahre 954 von den Angelsachsen vertrieben wurde, konnte die Region um York wieder den angelsächsischen Königreichen zugegliedert werden. Aber die Wikinger waren noch lange nicht mit den Briten fertig.

Mit Handel und Handwerk bescherten die Wikinger den Britischen Inseln einen seit der Römerzeit nicht mehr gekannten wirtschaftlichen Aufschwung. »Diese Erkenntnisse bedeuten nicht weniger als eine Revolution unseres Geschichtsbildes«, fasst Hall zusammen. »Jedermann in England hat die Wikinger bisher nur mit Zerstörungen und Plünderungen gleichgesetzt, doch sie waren auch Gründer und Erschaffer.« Entsprechend ihrer neuen Tätigkeit benutzten die Wikinger für ihre Reisen im 10. und 11. Jahrhundert vor allem kleine, wendige Küstenfrachter wie das »Roskildewrack 3«: Er nutzt mit tieferem Kiel, breiterem Rumpf und höheren Bordwänden das Potenzial von Mast und Segel wesentlich besser aus. Sein Nachbau aus Eichenholz kann bei 14 Metern Länge vier Tonnen Fracht an Bord laden und unter Segel acht Knoten Fahrt erreichen. Mit diesem Meeresschiff gelang einem Norweger in zwei Jahren eine Weltumsegelung – besser als mit jedem wissenschaftlichen Experiment wurde somit die Seetüchtigkeit dieser Schiffe unter Beweis gestellt. Mit solchen Booten brachten die Wikinger den Handel in den Küstenregionen der Nord- und Ostsee in Schwung. Beute und Ware wurden bevorzugt zu einem der neu gegründeten Umschlagplätze in der alten

Heimat transportiert: »Ribe« im heutigen Dänemark, »Birka« in Schweden und »Haithabu« in Schleswig-Holstein nahe der heutigen Stadt Schleswig.

Karger Alltag – auf der Basis der Originalfunde wurde ein Teil der Wikinger-siedlung Haithabu wieder errichtet. Die strohbedeckten Holzhäuser erzählen von der andern Seite des Wikingerlebens, der harten Arbeit als Fischer und Handwerker und den gerade in den langen Wintermonaten primitiven Lebensverhältnissen.

Haithabu – Meister des Handels oder abstoßende Kreaturen?

Haithabu – um das Jahr 770 von Dänen als ihr südlichster Vorposten gegründet – entwickelte sich im 9. und 10. Jahrhundert zu einer überregional bedeutenden Handelsstadt. Wo der Landweg vom europäischen Festland nach Skandinavien seine schmalste Stelle passiert, nahe dem Ochsenweg und am östlichen Ende des Danewerks, weit im Landesinneren und trotzdem über die Schlei mit der Ostsee verbunden, hatten die Wikinger ihre Stadt befestigt wie ein Fort der nordamerikanischen Kavallerie: Während auf der Landseite ein bewehrter Wall die Siedlung schützte, wurde das Hafenareal mit einer im Wasser verlaufenden Holzpalisade mit Wehrtürmen gesichert.

Obwohl in Haithabu Archäologen seit Beginn des 20. Jahrhunderts – unterbrochen nur durch die Weltkriegszeiten – graben, wurden nur fünf Prozent der Siedlungsfläche freigelegt, der Rest des 24 ha großen Stadtgeländes wurde nach Oberflächenfunden abgesucht und mit dem Magnetometer vermessen: Schon dieses Vorgehen erschloss viele hunderttausend Funde, deren Auswertung Generationen von Studenten und Doktoranden beschäftigte.

Während Handwerk und Handel boomten wurden in der Stadt schon bald die natürlichen Ressourcen knapp: Die ersten Häuser waren an einem Bach errichtet worden, der jedoch schon innerhalb einer Generation zum Abwasserkanal degenerierte. Alle 15 bis 20 Jahre mussten die Häuser erneuert werden, länger konnten sie den Witterungsbedingungen nicht trotzen. Wie ein Kartenhaus ließ man die alten Gebäude zusammenstürzen – zur Freude der ausgrabenden Archäologen, zur Bürde der Haithabu-Einwohner. Während die ersten Häuser vollständig aus Holz bestanden, verfügten die jüngeren Häuser nur noch über geflochtene Wände, denn das Holz der Umgebung wurde im Laufe der Siedlungszeit zusehends knapper. Diese Häuser boten wenig Schutz, wie die Archäologen in experimentellen Nachbauten herausfanden: Sie schützten vor allem gegen Wind und Nässe, weniger gegen Kälte. Denn im Schnitt erreichten die Innenräume nur eine Temperatur, die um etwa zwei Grad höher lag als die Außenwerte. Wundert es da, dass nur jedes dritte bis vierte Neugeborene das 10. Lebensjahr erreichte und die Menschen ständig krank waren und im Durchschnitt gerade einmal 30 Jahre alt wurden? Zu diesen Ergebnissen kommt der Osloer Anatom Per Holck, der Tausende von Skeletten aus der Wikingerzeit untersucht hat.

Weit verbreitet war Skorbut, eine durch Vitamin C-Mangel ausgelöste Krankheit. Sie beginnt mit Zahnfleischbluten, Gelenkschmerzen und allgemeiner Schwäche, kann jedoch bis zum Tod führen. Skorbut erkennen die Forscher daran, dass die Knochen von Armen und Beinen schwarz verfärbt und häufig auch die Gelenke verformt sind. Trifft die Verformung die Wirbelsäule, ist das ein sicheres Zeichen für Tuberkulose in weit fortgeschrittenem Stadium. Sehr häufig fanden die Forscher auch Knochenschwund und Spuren von Zysten an den Kieferknochen. Die Ursache: Kleinste Steine, die von den Mühlsteinen absplitterten, ins Mehl gerieten und mitverbacken wurden. Diese Steinchen rieben wie Schmirgelpapier den Zahnschmelz ab – als Wikinger litt man sein Leben lang an Zahnschmerzen. Gründe für die vielen Krankheiten waren neben der Kälte und schlechter Ernährung die mangelnde Hygiene. Ausgrabungen in Haithabu und anderen Wikingersiedlungen zeigen, dass Schächte für Brunnen und Latrinen häufig so dicht nebeneinander lagen, dass Krankheitskeime überspringen konnten. Abfälle entsorgten die Wikinger auf den freien Flächen zwischen ihren Häusern. Sie kannten zwar schon die Sauna, doch ansonsten waren sie so wenig reinlich, dass der arabische Diplomat Ibn Fadlan, welcher im 10. Jahrhundert Wikingersiedlungen bereiste, urteilte: »Die abstoßendsten und schmutzigsten Kreaturen Gottes!« Aber auch sehr umtriebige Kreaturen wie die geborgenen Funde beweisen. Es blühte der Handel mit Walrosszähnen und Bernstein aus dem Nordmeer, Eisenbarren, Specksteinkesseln und Knochenkämmen aus Skandinavien, slavischem Hängeschmuck und irischen Gürtelschnallen, iberischem Quecksilber und byzantinischen Bleisiegeln, Karneol und Bergkristallen aus der Schwarzmeerregion.

Probieren geht über Studieren – Experimentelle Archäologie

Wie leistungsfähig waren die Wikingerschiffe in der Praxis? Wie schmeckte das Bier der Ägypter? Um auf diese Fragen zuverlässige Antworten zu bekommen, gibt es nur einen Weg: Ausprobieren! Die ersten archäologischen Experimente wurden schon im 19. Jahrhundert durchgeführt – 1879 ließ der Skandinavier Frederik Sehested eine Blockhütte nur mittels steinzeitlicher Werkzeuge errichten. Heute erstreckt sich das Feld der Experimentellen Archäologie vom Schlagen der ersten Faustkeile bis zum Nachbau mittelalterlicher Burgen und Belagerungsmaschinen. Doch der Archäologe Christian Maise klagt: »Vieles, was heute im museumspädagogischen Tagesgeschäft ›Experimentelle Archäologie‹ heißt, ist wohl eher nur ›Erlebnisarchäologie‹.« Etwa wenn im Sommer am Haithabu-Museum Mitarbeiter und Handwerker der Region Fladenbrot in einem rekonstruierten Backofen herstellen, mit Gefäßen der Wikinger und nach ihren Methoden Bier (Met) ansetzen oder Glasperlen nach Wikingerart anfertigen. So wird den Besuchern zwar ein Bild vom Alltag dieser Epoche vermittelt, neue Erkenntnisse gewinnt die Archäologie daraus jedoch nicht.

Das anfängliche Tauschen wurde sehr schnell durch Münzzahlung ersetzt, anfangs waren vor allem Münzen aus arabischen Ländern im Umlauf. Über 60 000 davon wurden bisher allein in Skandinavien in Horten im Erdreich ausgegraben. Erst gegen Ende des 10. Jahrhunderts, mit dem Aufkommen der Königsherrschaften, wurden Münzen auch in den Wikingerstädten selbst geprägt und als Zahlungsmittel akzeptiert. Silbermünzen aus Haithabu wurden vor allem in Skandinavien und Norddeutschland gefunden, denn es bildeten sich zwei verschiedene Währungszonen heraus: Während im Nordseeraum und dem restlichen Westeuropa mit den geprägten Silbermünzen gezahlt wurde, hatte man im Ostseeraum weniger Vertrauen in die hoheitliche Münzprägung. Ob Münzen, Broschen, Ketten oder christliche Symbole – Silber gleich welcher Herkunft wurde in bohnengroße Stücke zerkleinert und abgewogen: sogenanntes Hacksilber bildete im Osten das gebräuchlichste Zahlungsmittel.

Untergang und Vermächtnis der Wikinger

Hörten die Wikinger, wie manche Historiker vermuten, mit dem Christentum auf, Wikinger zu sein? Langfristig schon, aber zunächst geschah das Gegenteil. Nach einem halben Jahrhundert Pause nahmen sie die alte Tradition der Raubzüge gen Westen wieder auf. Die Durchsetzung des Christentums erfolgte nämlich mit einer tiefgreifenden Konsequenz: Während bis zu dieser Zeit Könige aus den Reihen der Freien »erhoben« worden waren, jedoch bei Versagen jederzeit wieder »gestürzt« werden konnten, herrschten die neuen Könige nun mit christlichem Segen und vererbten ihren Machtanspruch an ihre Nachkommen. So bekannten sich Mitte des 10. Jahrhunderts die dänischen Herrscher, und mit ihnen das Volk, zum Christentum, die schwedischen und norwegischen folgten. Stammesgruppen und kleine Königtümer wurden auf diese Weise zu den drei Königreichen Dänemark, Schweden und Norwegen zusammengeschweißt – mit Gewalt. Vielerorts führten diese Konflikte den Untergang herbei, auch für Haithabu. Kronzeuge hierfür ist das vor Haithabu geborgene Wrack eines Langbootes mit Brandspuren, das eingehend erforscht wurde. Buchenpollen aus dem Abdichtungsmaterial des Schiffes geborgen, beweist: das Schiff stammt aus Dänemark. Und die C-14-Analysen des verbrannten Holzes ergaben, dass das Ende von Haithabu um das Jahr 1060 kam. Daraus schlussfolgern die Wissenschaftler, dass das Schiff mit größter Wahrscheinlichkeit als Rammbock oder brennende Palisade diente, die von den Angreifern gegen die Hafenbefestigung getrieben wurde – mit Erfolg. Die Stadt wurde erobert und aufgegeben. Und kaum hatten die neuen Könige ihre Herrschaft gefestigt, wollten sie, so beschreibt es der Historiker Colleen Batey, »ihre Macht auf einer breiteren europäischen Bühne erproben.« So führte im Jahre 991 der spätere Norwegerkönig Olaf Tryggvason 93 Schiffe gegen England, woraufhin sich die Inselbewohner lieber gleich mit 4500 Kilogramm Silber-Lösegeld freikauften. Die Angreifer nahmen das Geld, kehrten aber wie alle Erpresser zur nächsten Raubsaison wieder. Die Forderungen, bald »Danegeld« genannt, erhöhten sich. Manche Gruppen errichteten Überwinterungslager und vergruben ihre erbeuteten Gold- und Silberschätze, von denen zahlreiche nicht mehr abholt werden konnten. Erst in unserer Zeit stoßen Briten immer wieder durch Zufall auf diese Horte.

Der Bug des sogenannten Gokstad-Schiffs im Wikinger-Schiff-Museum in Oslo, Norwegen. Das Schiff aus dem 9. Jahrhundert wurde in dem Schiffsgrab Gokstadhaugen (Sandefjord) entdeckt und 1880 ausgegraben.

Zwischen 991 und 1013 kam es zu regelmäßigen Erpressungs- und Plünderzügen, obwohl die Engländer allerhand dagegen unternahmen: Sie zahlten weiter Lösegelder, Silbermünzen bis zu einem Gegenwert von 72 000 englische Pfund, um die Wikinger zur Umkehr zu bewegen. Die Engländer heuerten andere Wikinger als Söldner gegen die Angreifer an. Die Herrschenden verabschiedeten mehrmals einen Gesetzescodex, um die Untertanen zur Gesetzestreue anzuhalten, sie ordneten Büßertage an oder verheirateten ihre Töchter mit dem neuen Wikingeradel Und sie griffen sogar zu noch drastischeren Maßnahmen – die führen uns zurück zu den Opfern im Massengrab von Dorset. Denn bei ihnen, das hat die Untersuchung des Zahnschmelzes ergeben, handelte es sich nicht um Engländer, sondern um Menschen, die in Skandinavien aufwuchsen. Es waren junge Wikinger, die erst, so die Untersuchungsergebnisse, verstümmelt worden waren, bevor ihnen der Scharfrichter vor ihnen stehend die Köpfe abschlug. Entweder waren sie bei einen Beutezug erwischt worden – oder sie waren Opfer des St. Brice-Day (13. November) im Jahre 1002. An diesem Tag ordnete der englische König Ethelred an, dass alle männlichen Dänen im kampffähigen Alter, die sich auf englischem Boden aufhielten, auf der Stelle zu töten seien. Mehr als 20 Massengräber, die Zeugnis dieser Maßnahme zu sein scheinen, sind in den letzten Jahrzehnten entdeckt und untersucht worden.

Doch die Wende kam erst mit neuen Eroberern: Als die Normannen ab 1066 die Britischen Inseln einnahmen, läuteten sie das Ende der Wikingerzeit dort ein. Genauer betrachtet hatten sich die Wikinger ja auch in der Normandie bereits erfolgreich etabliert. Der Wikinger Rollo hatte, weil er gegen seine Landsleute kämpfte, 911 vom westfränkischen König Karl dem Einfältigen, Teile der Normandie als Lehen zugesprochen bekommen und sich mit seinem Gefolge dort niedergelassen.

Was blieb von den Wikingern?

Waren die Wikinger am Ende tatsächlich Kulturstifter, wie es der englische Historiker Peter Sawyer in den 1960er-Jahren als Erster formulierte? Dagegen spricht: Kunsthandwerk und Handel waren immer nur eine Seite ihrer Kultur, deren andere aus Raub, Erpressung und Sklavenhandel bestand. Eines jedoch waren die Wikinger mit Sicherheit: Wagemutige Entdecker. Bereits 815 waren Wikinger nordwestlich an den Britischen Inseln vorbei aufs offene Meer gefahren und erreichten die Färöer-Inseln, 860 dann Island. Ein halbes Jahrhundert später gab es dort 10 000 Siedler – sie lebten hauptsächlich von der Weidewirtschaft, dem Fischfang und der Jagd auf Robben und Walrösser. Deren Felle und Stoßzähne waren wichtige Tauschgüter. Wikinger-Legenden (genannt: Sagas) überlieferten aber auch die Geschichte von Erik dem Roten und seinem Sohn Leif Erikson. Der eine soll im Jahre 985 mit einer Flotte von 25 Schiffen Grönland (»Grünes Land«) besiedelt haben, der andere soll es sogar bis an die nordamerikanische Küste geschafft haben.

Ausgehend von diesen Sagas suchten Archäologen seit dem 19. Jahrhundert in Nordamerika nach Spuren der Wikinger. 1961 wurden dann tatsächlich Reste einer Wikingersiedlung auf Neufundland entdeckt. Und auch die Besiedlung von Grönland ist mittlerweile archäologisch erhärtet: zwei Siedlungsgebiete wurden mithilfe von Ausgrabungen und Surveys erforscht, 450 Bauernhöfe wurden dabei registriert. So betrieben die skandinavischen Siedler von Anfang an durch ihre Weidewirtschaft Raubbau an der kargen Natur; und als sich dann das Klima wieder verschlechterte, passten sie ihre Lebensweise zu wenig an die einsetzende Kälte an. Langfristig erfolgreicher waren die Expeditionen Richtung Osten, welche die Wikinger entlang der großen russischen Ströme Woldow-Lowat, Dnjepr und Wolga führten. Dort errichteten sie auf ihrer Fahrt zum Schwarzmeer dauerhafte Siedlungen wie beispielsweise das heutige Nowgorod.

Den gemeinsamen Nenner aller Wikingeraktivitäten sieht Skandinavist Rudolf Simek in einem anderen Punkt: »Wenn eine Definition überhaupt gewagt werden kann, dann diese: alle Wikinger waren zunächst Bauern, die versuchten, einer prekären Subsistenzwirtschaft zu entfliehen – sei es durch Raub, Handel oder die Bewirtschaftung ertragreichen Bodens.« Männlichkeitsrituale und Raub ließen sie zum Mythos werden, doch ihr historischer Verdienst bleibt die Vernetzung des Handels im frühen Mittelalter: Kolonial-Wikinger haben Nordeuropa – von Großbritannien bis in die slawischen Gebiete hinein – zu einem großen Wirtschaftsraum verknüpft und den Handel nachhaltig angestoßen. »Die Wikinger bescherten uns die erste Währungsunion«, urteilt Frühgeschichtler Müller-Wille, »Hacksilber, zu dem sie einen Großteil ihrer Beute zerkleinerten, war das erste in ganz Nordeuropa gültige Tauschmittel.«

Die Wikinger schufen die erste »europäische Währung«: Hacksilber, darunter arabische Münzen.

Teil IV

Blick zurück in die Zukunft – der Kampf um die Deutung der Vergangenheit

KAPITEL 13

Vom nordischen Atlantis zu »Pompeji – Made in Hollywood«

Neue Mythen überlagern antike Stätten

Sommer 1833. Der Romanschriftsteller Edward Bulwer-Lytton befindet sich zusammen mit seiner Frau auf Bildungsreise in Italien. Als sie in Neapel Station machen, schließt er sich zunächst widerwillig dem Besuch der untergegangenen Städte Pompeji und Herculaneum an. Doch an irgendeinem Moment der Besichtigungen oder kurz danach muss es ihn gepackt haben. Er unterbricht die Arbeit an seinem aktuellen Projekt »Rienzi« und sucht das Gespräch mit dem aktuellen Leiter der Ausgrabungen in Pompeji, Antonio Bonucci. Noch im Herbst beginnt er einen Roman zu dem ihn das in Mailand gesehene dramatische Historiengemälde von Karl Pawlowitsch Brüllow inspiriert hat: »Der letzte Tag von Pompeji«.

Bereits im Herbst des folgenden Jahres erscheint Bulwer-Lyttons »The Last Days of Pompeii« und im gleichen Jahr zwei deutsche Übersetzungen. Pompeji bildet darin nur mehr oder weniger die exotische Kulisse für ein Liebes-Melodram: Der Grieche Glaukus und seine Ione können nicht zueinanderfinden, weil der Isis-Priester Arbaces selbst ein Auge auf die holde Maid geworfen hat und eine Verschwörung gegen den Helden anzettelt. Genau in dem Moment als Glaukus in der Arena den Löwen ausgesetzt werden soll, bricht der Vesuv aus. Und so gelingt es ihm und Ione – unterstützt von der blinden Nydia, die auch in Glaukus verliebt ist – im letzten Moment zu fliehen. Für den Wohnsitz seines Helden nahm Bulwer-Lytton einfach das »Haus des tragischen Poeten« in Pompeji zum Vorbild: »Das Haus des Glaukus aber war zugleich eines der kleinsten und eines der schmucksten und vollendetsten Privathäuser Pompejis.« Seine Beschreibung des Hauses und der Stadt wurde so häufig als Reiseführer von Touristen vor Ort benutzt, dass die Besucher schließlich vom »Haus des Glaukus« sprachen.

Das 79 n. Chr. bei dem verheerenden Vulkanausbruch des Vesuvs untergegangene Pompeji ist seit der Goethezeit allmählich, seit 1860 systematisch von Archäologen ausgegraben worden und bietet seit jener Zeit jeder Generation eine eigene Projektionsfläche.

War es der Handlungsort Pompeji, der den Roman so schnell im breiten Publikum bekannt und erfolgreich werden ließ? Oder war es der Roman, der Pompeji erst richtig bekannt werden ließ? Bulwer-Lyttons Roman diente jedenfalls in den folgenden Jahrzehnten als Inspiration für Theaterstücke, Opern und Feuerwerksinszenierungen. Und 1908 drehte der italienische Regisseur Luigi Maggi einen der ersten Historienfilme: »Gli ultimi giorni di Pompeii«. Der Film wurde weltweit ein Erfolg und zog weitere italienische Historienfilme nach sich: »Das befreite Jerusalem« (1910), »Der Fall von Troja« (1911) und die erste Verfilmung von »Quo Vadis?« (1913).

Italien stellte sich dabei als idealer Drehort heraus: Hier herrscht fast das ganze Jahr über ein trockenes Klima, kein Land bot mehr echte antike Kulissen für den Dreh, auch die Löhne für technisches Personal und Komparsen waren so niedrig, dass man hier gut Massenszenen drehen konnte. Doch schon bald versuchte ihm die nordamerikanische Filmindustrie Konkurrenz zu machen, obwohl dort für historische Szenen künstliche Kulissen errichtet werden mussten. So ließ D.W. Griffith nach seinem Bibeldrama »Judith von Bethulien« (1914) und dem US-Epos »Birth of a Nation« (1914/15) für seinen Themenfilm »Intolerance« – der parallel vier Fälle von Intoleranz der Weltgeschichte erzählt – ein Fantasie-Babylon mit dickbäuchigen Tempelsäulen und aufgerichteten Elefanten-Statuen errichten. Der Film verschlang die für damalige Zeiten unvorstellbare Summe von 2 Millionen Dollar – und wurde in den Kinos ein Flop. Während Hollywood noch nach dem passenden Rezept für einen weltweit erfolgreichen Historienfilm suchte, übertraf die Wirklichkeit alle Drehbuch-Fantasien.

Der echte und der mediale Fluch des Pharaos

Die Kinoproduzenten hätten sich damals wohl noch nicht getraut, jemanden wie Howard Carter zu erfinden. Er war ein kränkliches Kind aus armen Verhältnissen mit einer außergewöhnlichen Begabung zum Zeichnen. Weil er die Haustiere reicher Leute brillant aquarellierte, wurde er mit gerade einmal 17 Jahren als Grabungszeichner nach Ägypten vermittelt. Er wanderte von Grabung zu Grabung und ließ sich von Archäologen wie dem inzwischen berühmten Flinders Petrie in Ausgrabungskunde unterrichten, bis er es im Jahre 1899 – mit 25 Jahren – zum Chefinspektor der Denkmäler Oberägyptens schaffte.

Howard Carter (kniend), ein ägyptischer Arbeiter, und Arthur Callender an den Türen der Schreine im Grab von Pharao Tutanchamun.

Doch nach einem heftigen Streit mit lästigen, aber einflussreichen Touristen und seiner Strafversetzung legte Carter sein Amt nieder und wurde Ausgräber. Finanziell unterstützt wurde er dabei von Lord Carnarvon. Als der reiche englische Sponsor die Grabungserlaubnis für das Tal der Könige kaufte, ließ er Carter dort graben. Obwohl das ganze Tal schon etliche Male abgesucht worden war, waren einige Gräber noch immer nicht gefunden worden, u. a. das Grab Tutanchamuns. Sechs Jahre lang, von 1917 bis 1922, ließ Carter seine Arbeiter Hunderte von Tonnen Sand und Geröll durchsieben und durchsuchen. Die karge Ausbeute: ein paar Alabastergefäße. Als Lord Carnarvon schon aufgeben wollte, bat Carter um eine letzte Chance: Unter steinernen Hütten, die für die Arbeiter der Grabstelle von Ramses VI. errichtet worden waren, stießen Carters Arbeiter am 4. November 1922 auf zwölf Stufen im Felsgestein und legten eine versiegelte Wand frei. In den nächsten Monaten arbeitete sich Carters Team unter Aufsicht des aus England herbei geeilten Lords behutsam vor: Am 26. November öffneten sie die Vorkammer – dort waren schon einmal Grabräuber eingedrungen und hatten ein Chaos aus Möbeln, Statuen, Gefäßen und einem zerlegten Wagen hinterlassen. Am 17. Februar 1923 drangen sie in die eigentliche Grabkammer vor, sie war weitgehend vollständig erhalten.

Erst im Oktober 1925 öffnete Carter den dritten und letzten Sarkophag von Tutanchamun mit der berühmten Totenmaske, zu dieser Zeit war Lord Carnarvon schon eine Weile tot. Kurz nach Öffnung der Grabkammer im Februar 1923 hatte sich der Lord eine Blutvergiftung zugezogen, vermutlich ausgelöst durch einen bei der Rasur angeschnittenen und infizierten Mückenstich. Dem Fieber verfallen war er noch nach Kairo gebracht worden, wo er am 5. April starb. Und sofort titelten die auf Sensationen wartenden Medien: »Die Rache des Pharaos!« Eher könnte von der »Rache der Presse« gesprochen werden, denn Carnarvon hatte kurz nach Entdeckung der Grabkammer die Exklusivberichterstattung über die Ausgrabung an die Londoner »Times« verkauft und damit die anderen Medien praktisch ausgeschlossen.

Tatsächlich starben in den folgenden Jahren weitere Mitglieder des Grabungsteams, was jedes Mal ein neues Presseecho auslöste, doch 1934 forschte der Amerikaner Herbert Winlock nach: Von 26 meist älteren Experten, die an der Graböffnung teilgenommen hatten, waren sechs gestorben, von den 22 Beobachtern der Sarkophag-Öffnung nur zwei – so what! Unter den Verstorbenen fand sich auch mindestens ein Selbstmörder, den der angebliche Fluch dazu getrieben hatte.

Natürlich griff auch die Filmindustrie das Thema auf: Der 1932 erschienene Film »Die Mumie« – mit Boris Karloff, der durch seinen Frankenstein-Film berühmt geworden war – spielt vor dem Hintergrund der englischen Ausgrabungen im Tal der Könige. Die geborgene Mumie des Hohenpriester Imhotep wird zum Leben erweckt, weil ein Grabungsmitarbeiter die alte Osiris-Geheimformel ausspricht. In Gestalt eines ägyptischen Gelehrten sucht Imhotep nach der von ihm geliebten Tochter des damaligen Pharaos. Als deren Wiedergeburt sieht er die Tochter des englischen Ausgräbers an, die er nun töten will, um sie als Unsterbliche wiederzubeleben. Doch im letzten Moment greift die Göttin Isis ein, vernichtet die Osiris-Geheimformel und Imhotep zerfällt zu Staub.

Nun, nach der Erfindung des Tonfilms, hatte sich der klassische Hollywoodstil herauskristallisiert: Individuen und ihre psychologische Motivation prägen die vor einem historischen Hintergrund spielende Geschichte. Tatsächlich jedoch hatte Howard Carter weniger mit Göttern oder wiederbelebten Pharaonen-Mumien zu kämpfen, sondern mit der erstarkten Antikenbehörde. Weil Lord Carnarvon so unerwartet starb, seine Frau als Grabungslizenz-Inhaberin aber nicht akzeptiert wurde, zog die Behörde die Lizenz ganz ein und verhandelte die Bedingungen neu. Von irgendeiner Fundteilung wollte der Antikendienst, dessen Leitung sich ein Ägypter und ein Franzose teilten, nichts mehr wissen. Carter bekam für seine Arbeit nur eine Aufwandsentschädigung, aber nicht einmal den Schlüssel für die Grabkammer, stattdessen wurde seine Tätigkeit von einem Kommissar beaufsichtigt. Während die großartigsten Exponate ins Nationalmuseum in Kairo wanderten, wurde der umfangreiche Rest in ägyptischen Museen und Archiven eingelagert – bis heute sind nicht einmal 30 Prozent davon wissenschaftlich erfasst und publiziert. Carter wiederum nahm seine Aufzeichnungen, über 5000 Seiten, mit nach England, wo sie heute in Oxford archiviert sind. Er veröffentlichte auch kein wissenschaftliches Werk über die Grabung und als er 1939 im Alter von 64 Jahren verbittert starb, fanden die Nachlassverwalter in seiner Antiquitätensammlung etliche kleine Objekte, die aus dem Grab Tutanchamuns stammen mussten. Da gerade der Zweite Weltkrieg tobte, dauerte die diplomatische Vermittlung sieben Jahre, bis die Grabbeigaben, darunter der »Kopf auf der Lotusblüte«, im Kairoer Museum eintrafen.

In dieser Zeit hatte ein ganz anderer Archäologen-Typ von sich Reden gemacht: Nationalisten und Rassisten, die ihre Ideologien mit Ausgrabungsergebnissen zu unterlegen suchten. Am dreistesten gingen dabei die Nationalsozialisten vor.

Willige Ausgräber gegen »Römlinge« – 1930er-Jahre

Archäologie sollte im Rahmen der totalen NS-Weltanschauung die Überlegenheit der arischen Rasse und Kultur durch historische Funde und Rekonstruktionen rechtfertigen. So wurden die Externsteine vor allem durch das 1935 von Heinrich Himmler gegründete »Deutsche Ahnenerbe« regelrecht vereinnahmt: sie hatten eine germanische Kultstätte zu sein, darauf wurden alle Ausgrabungen und Forschungen hin ausgerichtet. Viel weiter spekulierte der Architekt und überzeugte Nationalsozialist Hermann Wille mit seinem 1933 erschienenen Buch »Germanische Gotteshäuser«. Da in Norddeutschland Großsteingräber aus der Vorzeit und die Sockelmauern alter Bauernhäuser und Ställe aus Findlingen bestehen und in gleicher Art gesetzt wurden, schloss Wille: Auch schon in der Frühgeschichte dienten die Steinsetzungen als Sockel – für große Tempel. Aus den anfänglichen Gräbern hätten sich die Germanischen Gotteshäuser entwickelt. Willes Beweisführung: »Ein Volk, das verstand, die Wohnungen der Toten aus riesigen schweren Steinen für die Ewigkeit zu bauen, war sicher bestrebt, für seine Gottheit schönere und größere Häuser zu bauen.« Die Germanen, die direkten Nachkommen der arischen Atlantiker, die vor Jahrtausenden aus dem Nordkreis auswanderten, hätten so das Grundprinzip der abendländischen Architektur geschaffen, denn ihre Gotteshäuser wären über die indogermanischen Auswanderungswellen in den Süden auch Vorbild für den antiken griechischen Tempelbau geworden. Anfangs wehrten sich Archäologen und Denkmalpfleger gegen diese Willfährigkeit, denn der etablierte Kern der Alt-Historiker und Archäologen, der noch aus alten Humanisten bestand, war wenig anfällig für die neuen Ideologien. Doch je mehr die Macht der Nationalsozialisten im Reich wuchs, desto mehr sahen sich auch die »Römlinge«, wie sie von den Nazis verächtlich genannt wurden, zu Kompromissen gezwungen. Während versucht wurde, Forschung und Kultur von jüdischen Wissenschaftlern zu säubern und Himmlers »Studiengesellschaft für Geistesurgeschichte« unter Leitung von Hermann Wirth die »nordische Atlantistheorie« etablierte, arrangierten sich auch die Archäologen weit mehr, als bisher dargestellt.

Eiszeittheorie und nordisches Atlantis

Die Vorstellung, das von Platon beschriebene, untergegangene Atlantis habe in nördlichen Breiten gelegen, verbreitete als erster der amerikanische US-Abgeordnete Ignatius Donnelly 1882 in seinem Bestseller »Atlantis – die vorsintflutliche Welt«. Ein pseudowissenschaftliches Fundament dazu lieferte in den 1930er-Jahren der Gelehrte Hermann Wirth: Durch die Kontinentalverschiebung sei der ursprüngliche Arktis-Kontinent untergegangen, der einst bei einer anderen Lage der Erdachse das ganze Jahr hindurch tropisch warm gewesen sei. Das langsame Sinken der Temperatur und das Auseinanderfallen des Kontinents zwang die von dort stammenden Nordarier, nach Süden auszuwandern. Zunächst auf die atlantische Inselwelt »Atlantis« und nach deren Untergang in den Nord- und Ostseekreis. Hermann Wirth war kurze Zeit als Akademiker tätig: Er gab eine sehr frei interpretierte Runenabschrift als frühzeitliche germanische Quelle aus und wurde für diese Fälschung aus dem Universitätsdienst entlassen. Doch die geistigen NS-Führer spannten Wirth und seine Weltanschauung für ihr »Deutsches Ahnenerbe« ein.

So hatte der Ausgräber von Milet und Begründer des Pergamonmuseums Theodor Wiegand mit den Nationalsozialisten kooperiert, um das Deutsche Archäologische Institut und seine Mitarbeiter vor Zugriffen zu retten. Doch bei Eröffnung der Olympischen Spiele 1936 in Berlin musste der schon Schwerkranke hilflos erkennen, dass die Nationalsozialisten antike Kunst und Architektur in gröbster Weise für ihre Zwecke vereinnahmt hatten. Gebäude wie das Olympia-Stadion, für das Korallenkalkstein aus dem Fränkischen herangeschafft wurde, sollen antike Vorbilder nachahmen, verfügen aber nicht über deren Finesse wie den leichten Symmetriebruch. Genauso die Statuen von Arno Breker wie zum Beispiel die fast vier Meter hohe »Siegerin«, bei denen der Bildhauer nur die großen Gesten und Posen der antiken Vorbilder benutzt hat, um sie seelenlos wieder zusammenzusetzen.

Historische Forschung und Darstellung dienten nicht in erster Linie dem reinen wissenschaftlichen Erkenntnisgewinn, sondern zur Rechtfertigung des eigenen brutalen Handelns. Der scheinbare Nachweis einer einstigen germanischen oder keltischen Besiedlung diente auch als Rechtfertigung für den Krieg – »Rückeroberung von Gebieten im Osten« nannten das die Nationalsozialisten.

Doch einige Archäologen gaben sich nicht so leicht geschlagen. So stießen Willes »Germanische Gotteshäuser« weiter auf Widerstand. Unter Führung des Leiters des Staatlichen Museums für Naturkunde und Vorgeschichte, Karl Michaelsen, wurden zwischen 1934 und 1939 die beiden Megalithgräber von Kleinkneten untersucht. Es fanden sich lediglich Belege dafür, dass sie als Grabanlagen in der Jungsteinzeit gedient hatten und nicht der geringste Bezug zu germanischen Altertümern. Doch die Nationalsozialisten setzten im Fall der Germanischen Gotteshäuser auf die Macht des Faktischen: Auf Rügen wurde nach den Vorstellungen Willes eine Kulthalle errichtet. Allerdings überlebten weder Kulthalle noch Willes Idee die NS-Zeit – die Kulthalle wurde gleich nach Kriegsende abgerissen.

Was macht den Kolossalfilm eigentlich kolossal?

Nach dem Zweiten Weltkrieg suchte die Filmindustrie zunächst im Zeichen des sogenannten »Neorealismus« nach dem wahren Leben. Doch im schnell sich verbreitenden TV-Programm bekam sie unliebsame Konkurrenz. Dem musste die Filmindustrie mit neuen Innovationen wie dem 70-mm-Breitwand-Film in Techni-Color und einem immer ausgefeilteren Sound, die nur im Kinosaal voll zur Geltung kamen, begegnen. Und was lässt sich besser in diesem Format präsentieren als Triumphzüge, Schlachtszenen und Gladiatorenkämpfe vor antiken Kulissen?

»Quo Vadis?« (1951), »Im Land der Pharaonen« (1955), »Ben Hur« (1959 und »Spartakus« (1960) wurden die erfolgreichsten Monumentalfilme, oft auch Kolossalfilme und später dann, als es zur Massenproduktion von Römer-Geschichte kam, auch Sandalenfilme genannt. Diese Filme, vor allem ihre Außenaufnahmen, wurden wieder häufig in Italien gedreht, für »Im Land der Pharaonen« wurden in Ägypten 12 000 Statisten aufgeboten. Aber es waren nicht so sehr die antiken Kulissen, die den Kolossalfilm kolossal werden ließen, erläutert der Medienhistoriker Martin Lindner: »Der Begriff hat seinen Ursprung vor allem in klassischen Schaustücken wie der vergoldeten (und tatsächlich schwimmfähigen) Prunkgaleere aus *Cleopatra* (WK: 1963, der Film mit Liz Taylor) oder der mehrere Hektar großen Nachbildung des Forum Romanum mit den angrenzenden Bauten zur Zeit des Commodus in *The Fall of the Roman Empire*«. Er hat die Merkmale für diesen Historienfilm analysiert: Neben den Bauwerken und anderen scheinbar historischen Schaustücke sind es vor allem Kleidung und Waffen, eine erfundene typisierende Hintergrundmusik, eine Erzählerstimme (Voice of God) und dem »Gemälde-Vorspann«: vor antikisiertem Bildmaterial werden Namen und Funktionen der Beteiligten eingeblendet oder die historische Situation kurz skizziert. So erfahren wir zu Beginn des im Jahr 2000 gestarteten und sehr erfolgreichen Films »Gladiator«: »Auf dem Höhepunkt seiner Macht erstreckte sich das Römische Reich von den Wüsten Afrikas bis zur Grenze Nord-Englands … Im Winter des Jahres 180 A.D. stand der 12-jährige Feldzug des Kaisers Marcus Aurelius gegen die barbarischen Stämme der Germanen kurz vor seinem Ende …« Mittlerweile wird dieses Format auch von Fernsehserien bedient wie die mit 100 Millionen Dollar überhaupt teuerste TV-Produktion »Rom« aus den Jahren 2005 und 2007. Der historische Hintergrund – das Ende der römischen Republik und der Anfang der Kaiserzeit – und die Drehorte wurden sehr aufwendig recherchiert und umgesetzt, die menschliche Dramatik von Drehbuchautoren in Szene gesetzt, die sonst für US-Serien wie »Sex and the City« oder »Desperate Housewives« schreiben. Gleichzeitig entstand in den 1980er-Jahren ein neues Film-Genre, in dem Archäologen zum Actionstar wurden.

Indiana Jones hat viele Namen und Gesichter

In dem 1981 erschienen Actionfilm »Jäger des verlorenen Schatzes« schickt Regisseur Steven Spielberg Henry Walton »Indiana« Jones, Archäologie-Professor am Marshall College in Connecticut und gespielt von Harrison Ford, in den Orient der 1930er-Jahre. Dort jagt »Indy« Nazi-Agenten die gerade entdeckte Bundeslade ab, im Verfolgungskampf wird sie zerstört, und fällt somit nicht dem Reich des Bösen zu. Dieses Konzept, den Archäologen selbst zur Pop-Ikone zu küren, um den Mythen und historische Schätze kreisen, hatte solch einen durchschlagenden Erfolg, dass Indy in weiteren Filmen kämpfen musste: einmal gegen eine Magie treibende Priesterkaste in Indien (»Indiana Jones und der Tempel des Todes« 1983), dann um den Heiligen Gral (»Indiana Jones und der letzte Kreuzzug« 1989) nach längerer Pause um die angeblich uralten Kristallschädel (»Indiana Jones und das Königreich der Kristallschädel« 2008) und schließlich nach einer weiteren Pause um einen antiken Uhrmechanismus für Zeitreisen (»Indiana Jones und das Rad des Schicksals« 2023).

Eine der Fotografien, die Hiram Bingham bei seinem ersten Besuch in Machu Picchu am 24. Juli 1911 aufnahm. Rechts im Bild Feldwebel Carrasco, seine militärische Eskorte.

Ist Indiana Jones eine reine Fantasie-Gestalt? Selbst Archäologen spekulieren, ob sich Hollywood von dem Chicagoer Orientalisten Robert John Braidwood oder vom Machu-Picchu-Entdecker Hiram Bingham inspirieren ließ. Während seiner Reise durch Peru hatte der Dozent für südamerikanische Geschichte, Hiram Bingham, von einer nahe der Stadt Cusco gelegenen und noch unerforschten Inkastätte gehört. Als er im Jahr 1911 eine Expedition dorthin führte, wollte er eigentlich das sagenumwobene Vilcabamba finden, Fluchtort und letzte Hauptstadt der Inka. Tatsächlich lag Machu Picchu nicht so vergessen und verlassen in den Anden, wie es Bingham später beschrieb, sondern seine Feldterrassen wurden von Bauern kultiviert, die Bingham bereitwillig dorthin führten. Die Felder der Bauern ließ er verlegen, bevor er seine Grabungen 1912 begann, bei denen er neben 220 Silber-, Kupfer- und Bronzeobjekten und 550 Keramiken, die er einfach außer Landes brachte, auch 135 menschlichen Skelette fand. Da 109 davon weiblich waren, muss es sich bei Machu Picchu um die Zufluchtsstätte für Sonnenjungfrauen aus Cusco, also tatsächlich um Vilcabamba gehandelt haben. Doch nachfolgende Archäologen fanden Hinweise darauf, dass die Inka den Ort zur Zeit der spanischen Eroberungen längst verlassen hatten.

Die Inka und Machu Picchu

Rund 200 Jahre beherrschten die Inka als Clan nur die Umgebung ihrer Heimatstadt Cuzco. Erst Pachacuti (1438–1471) ließ sich einer Vision folgend zum König krönen, griff die Nachbarvölker an und eroberte den gesamten Norden Perus. In weniger als 100 Jahren schufen die Inka ein Reich von 4000 Kilometern Länge und 500 Kilometern Breite, in dem mehr als 100 unterschiedliche Völker lebten. Strenge Gesetze und ein Straßennetz von 40 000 Kilometern Länge hielten dieses Reich zusammen. Bei Machu Picchu handelt es sich vermutlich um eine autarke Winterresidenz, die sich der Inkakönig Pachacuti erbauen ließ. Die größte Leistung in Machu Picchu sehen der amerikanische Ingenieur Kenneth Wright und der peruanische Archäologe Alfredo Valencia Zegarra in der

Anlage der Stadt selbst. Mit Werkzeugen aus Holz, Stein und Bronze ebneten die Inka das Gelände ein, legten Entwässerungskanäle an und errichteten aus vorhandenen Materialien massive Stützmauern, die die Stadt seit über 500 Jahren vor Erosionen schützen.

Für Bingham als Vorbild spricht neben seiner Neigung zu Abenteuern und neuen Herausforderungen vor allem sein Äußeres: Auf einem Bild, das ihn während seiner Machu-Picchu-Expedition zeigt, trägt er Feldjacke, Leinenhemd und Schlapphut – wie Indiana Jones. Doch Bingham, der sich während des Ersten Weltkriegs der militärischen Luftfahrt zuwandte und eine Flugschule in Frankreich leitete, fand nicht wieder zur Archäologie zurück. Er suchte die Herausforderung in der Politik, wurde 1922 zunächst zum Vizegouverneur von Connecticut gewählt, 1924 dann für die Republikaner in den amerikanischen Senat berufen. Während des Zweiten Weltkriegs unterrichtete er an verschiedenen Marineschulen und sammelte Material für sein Buch über Machu Picchu, das 1948 unter dem Titel »Lost City of the Inca« erschien – eine romantische Verklärung seiner Ausgrabung.

Der zweite Kandidat, Robert John Braidwood, war zunächst Architekt, bis er während der Großen Depression zur geliebten Archäologie wechselte und als Grabungsassistent erstmals nach Syrien kam. 1948 startete Braidwood, der auch gern Bob genannt wurde, seine erste Expedition ins Grenzgebiet zwischen Syrien, Irak und Iran, um konkrete Spuren für den Beginn der Neolithischen Revolution zu finden – begleitet von seiner Frau Linda und dem Ägypter Abdulla al-Sudani – einem Mann, der in der geheimnisvollen Welt aus Clanherrschaft und Bakschisch alles möglich machen konnte. Nach ersten Probegrabungen fiel ihre Wahl auf den Tell Jarmo, östlich der heutigen Stadt Kerkuk gelegen. In mehreren Grabungskampagnen legten sie einen Schnitt durch die sieben Meter dicke Siedlungsschicht bis in die vorkeramische Frühgeschichte um 6200 v. Chr. Für rund 300 Jahre lebten hier bis zu 150 Menschen in aneinandergrenzenden Häusern aus Stampflehm von Ackerbau und Viehzucht. Ihre Lebensgrundlage bildeten zweizellige Gerste, Einkorn und Emmer, Schafe, Ziegen und erstmals das Schwein, das sich nicht für die Nomadenlebensweise eignet. Nur der zunehmende Bürgerkrieg konnte Bob aus dem Irak vertreiben, also suchte er im iranischen Teil des Zagrosgebirges weiter, wo er weitere Stätten des Übergangs zu Ackerbau und Viehzucht entdeckte. Dann wandte er sich den Oberläufen von Euphrat und Tigris in der heutigen Südwest-Türkei zu, wo er an der Freilegung der neolithischen Siedlung Çayönü beteiligt war. Dort hatten zwischen 7250 und 6700 v. Chr. Menschen in Langrechteckhäusern, vorn der Wohn-, hinten der Vorratsbereich, gelebt – rund 1000 Jahre vor Jarmo.

Bob Braidwood steht für ein abenteuerliches Forscherleben auf der Suche nach archäologischen Spuren, aber nicht für die Jagd nach Schätzen. Immer wieder wurden dem in der Region bekannten Archäologen von Antikenhändlern kostbare Funde angeboten, doch er blieb hart: »Ich schickte die Händler weg mit dem Argument: kein Kontext.« Bob war nur an der gesamten Fundsituation interessiert – damit stand er in größtmöglichem Kontrast zu Schatzjägern wie Heinrich Schliemann und Indiana Jones. Was dagegen für seine Vorbild-Funktion spricht: Er konnte einfach nicht von der Feldforschung lassen und erkundete noch bis kurz vor seinem Tod mit 81 Jahren die von zahlreichen Staudamm-Projekten bedrohten Oberläufe von Euphrat und Tigris.

Während Kinofreunde und Archäologen noch über die beiden möglichen Vorbilder spekulierten, schien in umgekehrter Richtung der Film-Held zum Vorbild für die Realität geworden zu sein. Er hatte sich allem Anschein nach in Zahi Hawass verwandelt, den Chef der ägyptischen Altertumsbehörde. Der Ägypter trat, seit er im Jahr 2002 die Leitung übernahm, mit kampfeslustiger Mine und einem Indiana-Jones-Hut auf dem Kopf als omnipräsenter Macher auf: Hawass forderte medienwirksam die Rückgabe von über 5000 entwendeten Fundstücken. Manchmal, wie bei fünf farbigen Fresken aus dem Tal der Könige, die sich im Besitz des Louvres befanden, war er damit erfolgreich. Doch seine Forderung nach Rückgabe der Büste der Nofretete durch die Stiftung Preußischer Kulturbesitz scheint überzogen, denn diese wurde nach dem damals geltenden Fundrecht ausgeführt.

Aber vor allem setzte er sich bei jeder der weiterhin zahlreichen archäologischen Entdeckungen in Ägypten mediengerecht in Szene – so als er im September 2002 die Erforschung eines Belüftungsschachtes in der Cheopspyramide live übertragen ließ oder als er im Februar 2009 in der Totenstadt von Sakkara eine noch unberührte Grabkammer in Anwesenheit eines Fernsehteams erkundete und persönlich einen Sarkophag öffnete. Darin befand sich jedoch nicht die anhand der Inschrift erwartete Mumie eines Priesters des Alten Reiches namens Sen-nedjem – alle Mumien in der Grabkammer stammen aus der Spätzeit des Reiches. Trotzdem wurde der Fund der Holz- und Steinsarkophage sowie der 22 in Nischen ruhenden Mumien als Sensation gefeiert. Denn die eigentliche Botschaft lautete: Hier geschieht nichts ohne den Mann mit dem Hut!

Zahi Hawass war nicht nur für die Fernsehzuschauer in der Welt, sondern auch für viele Ägypter selbst der Nationalheld der ägyptischen Archäologie, der letzte Pharao! Doch während des »Ägyptischen Frühlings« beging er einen Fehler: Er ließ sich noch im Januar 2011, als es bereits seit längerem im Volk gährte, vom inzwischen verhassten Präsidenten Mubarak zum Antikenminister ernennen. Daraufhin protestierten die Mitarbeiter seiner eigenen Behörde gemeinsam mit Archäologiestudenten – sie warfen ihm Korruption vor, Hawass musste gehen.

Immer gleich, aber anders

Derweil drehte sich das Medienrad weiter: Der Fluch der Mumie, Troja, Pompeji, Gladiatoren und römische Dekadenz und Korruption, Katastrophen und Untergänge – wie der von Pompeji. Doch auch die alten Mythen und Legenden werden immer wieder neu erzählt, in den jeweiligen neuen Medien und häufig auf der Grundlage der aktuellen archäologischen Erkenntnisse. Historische Filme müssen zwei Elemente enthalten – urteilt die Medienwissenschaftlerin Margot Berghaus: »Vor-/Transkulturelles und Kultur-/Geschichtsspezifisches ... Meine These ist, dass sie nur dann breiten Publikumserfolg haben, wenn der kulturspezifische Plot auf vorkulturelle Schemata aufsattelt. Auf dem Rücken dieser archaischen Strukturen lässt sich dann auch historisches Wissen unterbringen.« Aber auch die scheinbar vor- oder transkulturellen Geschichtenmuster – wie Heldensage oder Liebe über alle Grenzen – ändern sich im kulturellen Kontext; die alten Geschichten werden in jeder Neuverfilmung ein wenig anders erzählt. Wie erzählt man diejenige von Troja, im Grunde der erste Ost-West-Konflikt in der abendländischen Kultur, nach 9/11?

Ein Trojanisches Pferd vor antiker Kulisse.

Genau zur Zeit des Troia-Streites ließ der deutsche Regisseur Wolfgang Petersen die langwierigen Vorbereitungen zu seinem neuen Hollywood-Film anlaufen: »Troja« sollte äußerst glaubwürdig und realistisch wirken. Dazu machte sich der Produktionsdesigner Nigel Phelps mit dem Stand der Forschung zur Spätbronzezeit vertraut: »In Wahrheit war Troja erheblich kleiner als unser endgültiger Entwurf – alles war dort sehr eng. Es gab aber die Außenmauer und einen Palast im inneren Stadtgebiet.« Das spätbronzezeitliche TROIA war ihnen im Gegensatz zu den Korfmann-Kritikern zu klein, doch Phelps fand eine Lösung: »Die Zeit um 1200 v. Chr. war von den vorherrschenden Kulturen in Mykene und Ägypten geprägt. Mein Beitrag bestand darin, die Kunst und die Motive von Mykene mit dem gigantischen Maßstab der Ägypter zu kombinieren – so erfanden wir eine neue Bildsprache, die zwar die Epoche authentisch widerspiegelt, aber auch den Kriterien eines Filmepos gerecht wird.« Monumentalität hieß auch hier das Zauberwort, das ein breites Publikum für die Geschichte interessieren sollte.

Die Filmproduktion begann im Frühjahr 2003 mit den Dialogen, Nah- und Innenaufnahmen in Londoner Studios, ein Teil der Außenaufnahmen konnte auf Malta gedreht werden, doch für die großen Kulissen bot das kleine Malta keinen Platz. Das Filmteam hätte wie üblich im weitläufigen Marokko drehen können, doch nach den Anschläge auf das Worldtrade-Center sowie dem Einmarsch der US-Amerikaner und ihrer Alliierten in den Irak hatte das Filmteam Angst vor Anschlägen – die reale Geschichte durchkreuzte sozusagen die Darstellung der idealen. Da kam aus der Türkei der Vorschlag: Dreht den Film doch am Original-Schauplatz, auf der Troas! Doch die Produktionsfirma Warner Brothers entschied sich dagegen, angeblich aus logistischen Gründen, vielleicht lag es aber auch daran, dass die Türkei ebenfalls ein islamisches Land ist. Das Film-Team wählte die mexikanische Pazifikküste, trotz der bis zu 38 Grad Tagestemperatur und der beginnenden Hurrikan-Saison. Gleich zweimal zerstörte ein Sturm die aufgebauten Kulissen und so dauerten die Dreharbeiten weit länger als geplant – als ob sich die aus dem Film verbannten Götter rächten.

Als der Film im Jahr 2004 endlich in die Kinos kam, waren sich die Kritiker uneinig über seine Qualität: Überzeugte Brad Pitt wirklich als Achill? Sah Troja wirklich so aus wie in dem Film? Wer auf irgendein Zeichen, eine Interpretation unserer Zeitfragen gewartet hat, wird enttäuscht. Petersen hatte es von Anfang an nicht gefallen, dass sich die griechischen Götter ständig in den Verlauf der Handlung einmischen und so viel in der Ilias geredet wird. Die Götter wurden gestrichen – zugunsten eines rein menschlichen Dramas, das alles auslässt, was die Action bremst. Außerdem vermied Petersen, nicht zuletzt weil der Film weltweit laufen sollte, jeden kulturellen Kontext, der als ein Verweis auf die Gegenwart gedeutet werden könnte. Während nur die Kostüme des Films für den Oscar nominiert wurden, entschied das Publikum anders und bescherte dem Film allein aus den Kinoaufführungen Einnahmen von knapp 500 Millionen Dollar.

Es wird sicherlich nicht die letzte Troja-Verfilmung gewesen sein, denn vermutlich ist der Fall von Troja der meist verfilmte Historienstoff, eine genaue Zahl wollen auch Kinoexperten nicht nennen, dicht gefolgt von Pompeji, dessen Untergang im 3D-Format im Frühjahr 2014 in den Kinos startete – einige Filmkritiker sprechen hier von der zehnten Filmfassung überhaupt, andere von der zwölften seit den 1950er-Jahren. Das Handlungsmuster von POMPEII orientiert sich zwar auch an der Romanvorlage »Die letzten Tage von Pompeji«, aber es wurde noch unrealistischer: Nun ist es der keltische Sklave Milo, der merkwürdigerweise Gladiator und Pferdeflüsterer zugleich ist, der sich in Cassia, die Tochter des reichen Kaufmanns Lucretius, verliebt. Dies geschieht bei einer zufälligen Begegnung in der Villa des Lucretius, wo die Gladiatoren zur Schau gestellt werden, Milo aber die Möglichkeit bekommt, Cassia gegen den zudringlichen Senator Corvus zu verteidigen und gleichzeitig seine Pferdeflüsterer-Fähigkeiten unter Beweis zu stellen. Glücklicherweise löst sich dieser kitschigste Handlungsstrang fast vollständig in Action, Emotionen und Katastrophen auf.

In einem sind sich die Kritiker einig: Der eigentliche Star des Films sind weder die Hauptdarsteller und die Charaktere, die sie verkörpern, noch die Stadt Pompeji. Obwohl von Produktionsseite beteuert wird, dass die 3D-Bilder der antiken Welt rund sechs Jahre an aufwendiger Recherche erfordert hätten. Nein, der eigentliche Star – ist der Vulkan selbst. Die vordergründige Liebesgeschichte wirkt merkwürdig antiquiert: Milo kann Cassia zwar vor der Entführung von Corvus retten, doch dann suchen beide den gemeinsamen Tod in der Lava. Übrig bleibt am Ende nur: der Vesuv. Haben wir es hier mit einer unzulänglichen Mischung aus Katastrophenfilm, dessen Regel ja eigentlich lautet: zumindest der Berichterstatter überlebt, und dem bürgerlichen Drama-Tod zu tun? Oder erleben wir hier schon ein posthuman erzähltes Epos, dem noch Relikte des Human Touch anhaften? Auf jeden Fall wird immer häufiger in Erzählungen und Filmen eine Zeit nach unserer Zivilisation denkbar.

KAPITEL 14

Verlandung in Ephesos, Klimawandel in Mittelamerika und Nordeuropa

Die Entdeckung der ökologischen Dimension

Ephesos im 10. Jahrhundert n. Chr. Die verbliebenen Bewohner der Stadt haben sich auf eine enge Fluchtburg zurückgezogen. Um die Johannesbasilika und den angrenzenden Ayasoluk-Hügel, rund drei Kilometer nordöstlich der eigentlichen Stadt, haben sie eine Befestigungsmauer gezogen, wozu sie das nahegelegene Trümmerfeld des einstigen Artemis-Tempel nutzten. Doch weder diese Maßnahmen noch die auch von Muslimen anerkannte Heiligkeit ihrer Pilgerstätte konnten die Stadt vor großen Katastrophen und dem nahen Untergang retten.

Von den Erdbeben, die große Teile der Ost-Ägäis in den vergangenen Jahrhunderten etliche Male erschütterten, konnte sich die marmorne Stadt noch einigermaßen erholen. Ebenso überstand sie die bitteren Glaubenskämpfe zwischen den Anhängern der Artemis und der Ephesia auf der einen und den Urchristen auf der anderen Seite, den Untergang des Römischen Reiches sowie zwei Plünderungen durch arabische Heere. Als eine der Gemeinden des Urchristentums wurde Ephesos sogar zum Bischofssitz und zur Pilgerstätte, an der die Gottesmutter Maria verehrt wurde sowie die Siebenschläfer (sieben Christen, die in einer Höhle bei

Ephesos eingemauert wurden, jedoch nicht gestorben sein, sondern 195 Jahre bis zu ihrer Rettung geschlafen haben sollen). Ihr Schicksal wurde langsam besiegelt, denn unaufhörlich lagerte der Fluss Marnas Sedimente an den Ufern seines Deltas ab. Die marmorne Stadt verlor ihre Funktion als Handelsplatz und Flottenstützpunkt des oströmischen Reiches, als sie im 8./9. Jahrhundert n. Chr. endgültig vom Meer abgeschnitten wurde, weil die Einwohner es nicht mehr schafften den Stichkanal zur Ägäis offen zu halten. Die Natur erwies sich als stärker – aber was heißt in diesem Zusammenhang die »Natur«? Trug ein von menschlichem Wirken unabhängiger Wandel des Klimas oder der Vegetation Schuld an den Ereignissen oder hatte sich Ephesos durch Raubbau an der Natur seinen eigenen Untergang bereitet?

Die säulengesäumte Kuretenstraße verbindet Ober- und Unterstadt von Ephesos.

Ob es vor 2000 Jahren genauso voll hier war? Durch die marmor-gepflasterten Straßen, einst die Hauptverkehrsadern der Stadt, schieben sich im Sommer mehrere Zehntausend Besucher täglich. Ausländische Touristen, die nach einer Woche Hotel-Strand-Dasein Abwechslung suchen, christliche Pilger auf den

Pfaden von Paulus und einer der ersten Christengemeinden; aber auch immer mehr türkische Besucher kommen, die zunehmend stolz auf die multikulturelle Geschichte ihres Landes sind. Sie alle bestaunen die seit über 100 Jahren erforschte und restaurierte Ruinenstadt des antiken Ephesos: die wiederhergestellte Frontfassade der Celsus-Bibliothek, die säulenumrahmte Marmorstraße, das Amphitheater, die Agora und die Ruinen der Marienkirche.

Ephesos Marmor scheint für das prunkvolle Leben der griechisch-römischen Zeit Kleinasiens zu stehen, aber das ist nur die eine Seite. Seine Ruinen stehen auch für eine Welt, die regelmäßig von Naturkatastrophen, Kriegen und Plünderungen heimgesucht wurde. Ephesos wurde erbaut, bald darauf zerstört – und wieder neu, ein klein wenig anders errichtet. So umfasst die heutige Ruinenstätte nur die hellenistisch-römische Zeit, von den Archäologen als Ephesos III klassifiziert – nur eine von mindestens vier Städten an diesem Ort. Begonnen hat alles anscheinend dort, wo es Jahrtausende später enden sollte: am Ayasoluk-Hügel, der heute am Rande der Stadt Selçuk liegt. Zu dessen Füßen fanden die Archäologen nämlich Siedlungsspuren, die bis ins 4. Jahrtausend v. Chr. zurückreichen. Dass die Forscher auch unterhalb des einstigen Artemis-Tempels auf mykenische Kulturspuren stießen, sehen sie als Bestätigung der antiken Geschichtsschreibung: in der Bronzezeit gab es hier mehrere Siedlungen, die sich an den Panayir-Hügel drängten – damals eine von der Meeresbucht umspülte Halbinsel.

Eine dieser Siedlungen entwickelte sich vermutlich im späten 2. Jahrtausend v. Chr. zur der aus hethitischen Texten bekannten Stadt Apaša (Abaša) – wie TROIA/Wilusa ein Außenposten des Hethiter-Reiches mit Einfluss sowohl auf den hethitischen wie auch den mykenischen Kulturraum. Und deshalb blieb diese Region mit Sicherheit auch nicht von den Katastrophen der Spätbronzezeit verschont.

Um ca. 1200 v. Chr. ging das Reich der Hethiter in Zentralanatolien unter und riss die angrenzenden Länder mit in das Chaos,

TROIA/Wilusa wurde zerstört und die mykenischen Burgen zerfielen. Noch zahlreicher als die Belege für die Zerstörungen dieser Zeit, die Archäologen bei Ausgrabungen im gesamten östlichen Mittelmeerraum fanden, sind die Erklärungen, die für diese gehäuften Katastrophen herangezogen werden: Erd- und Seebeben, Vulkanausbrüche sowie Überfälle durch unbekannte Völker. Ägyptische Inschriften berichten von den »Seevölkern«, die Kleinasien überrannten. Wer sich dahinter verbirgt, konnte bis heute nicht hinreichend geklärt werden. Denn nicht nur das Hethiterreich und seine Verbündeten im Mittelmeerraum gingen unter, auch die mykenischen Königreiche und orientalischen Herrschaften fanden ein jähes Ende. Neueste Forschungen sprechen dafür, dass Klimaveränderungen wesentlich zu diesem Showdown beigetragen haben:

Auf der Peleponnes, bis zu diesem Zeitpunkt eine grüne Halbinsel, kam es zu einer Dürrekatastrophe, von der sich die Vegetation der Halbinsel nie wieder ganz erholen sollte. Ähnliches muss auch für Anatolien gelten, denn dort führten Hungersnöte unter den Hethitern dazu, dass deren Zentralgewalt zerfiel und das Reich feindlichen Übergriffen hilflos ausgesetzt wurde. Der letzte Hethiterkönig gab seine Hauptstadt Hattusa auf und flüchtete an einen bis heute unbekannten Ort.

Im Ägäisraum und auf dem anatolischen Hochland bracht das sogenannte »Dunkle Zeitalter« an – für einige Jahrhunderte (ca. 1200 bis 800 v. Chr.) gingen Bevölkerung, Handel und Kunsthandwerk zurück. Für die Natur bedeutete dies jedoch eine wichtige Erholungsphase. Auch wenn im Hinterland von Ephesos nie wieder dichte Eichenwälder wuchsen, so konnte die wildwüchsige Vegetation den Erosionsprozess, den die Rodungen in der Bronzezeit in Gang gesetzt hatten, vorübergehend stoppen. Bis mit dem Eintreffen griechischer Kolonialisten um das 9. Jahrhundert v. Chr. herum die Naturausbeutung wieder zunahm.

Zu Füßen des Weltwunders – Ephesos II

Seinen Namen erhielt Ephesos von der vorgriechischen Göttin Ephesia, die hier von den Einheimischen verehrt wurde. Den Kult der allgewaltigen Muttergottheit übertrugen die Griechen, die neuen Forschungsergebnisse nach ihre Kolonien vielleicht sogar schon im 10. Jahrhundert n. Chr. gegründet hatten, auf ihre Göttin Artemis. Die beschützende, aber auch rachsüchtige Schwester des Apollon verwandelte sich in Kleinasien langsam in eine Göttin der Fruchtbarkeit, der unter anderem an einer Kultanlage im Marnas-Tal südwestlich des Ayasoluk-Hügel geopfert wurde. Doch als um 560 v. Chr. der legendäre Lyderkönig Kroisos die Region eroberte ordnete er an, dass die widerständischen Bewohner der Siedlungen in befestigter Hanglage (Ephesos I – bis heute nicht lokalisiert) ins offene Tal zum Artemis-Tempelbezirk umzusiedeln hatten (Ephesos II). Und anstelle der alten Kultanlagen gab er einen gewaltigen Tempel in Auftrag: Der Tempel, der erst nach 120 Jahren Bauzeit vollendet werden konnte, sollte mit 55 Metern Breite, 115 Metern Länge und 25 Metern Höhe der größte und schönste Tempel der antiken Welt werden. Denn über seine ganze Länge verlief über dem Architrav ein Relief, das Szenen mythischer Kämpfe, Götter und Giganten zeigte. Durch die Ringhalle mit doppelten Reihen ionischer Säulen kam man in den offenen Innenhof mit der Kultstatue der Artemis.

Die Überreste des Siebten Weltwunders liegen heute wenig beachtet an der Landstraße, die Ephesos mit Selçuk verbindet. Was Erdbeben und die Nutzung der Ruine als Steinbruch für die Johannesbasilika und die Fluchtburg-Mauer übrig ließen, war von acht Meter dicken Schlammschichten bedeckt worden. Ein ähnliches Schicksal vermuten die Archäologen für Ephesos II – so der Wiener Bauhistoriker Friedmund Hueber: »Die Ruinen der Stadt Ephesos II liegen noch unberührt unter einer im Durchschnitt acht Meter mächtigen Schicht, die vom Marnas angeschwemmt worden ist.« Warum jedoch wurde die Stadt einst im Marnas-Tal errichtet? Die Antwort liefert den Geoarchäologen ein auf zahlreiche

Die griechische Gründung Ephesos – in der heutigen Türkei gelegen – gehörte seit 133 v. Chr. zum Römischen Reich. Die Ruinen, wie die zwischen 114 und 125 errichtet sogenannte Celsus-Bibliothek, stammen zum größten Teil aus der Kaiserzeit.

Bohrungen gestütztes Profil des Untergrundes: Als die Griechen sich dort niederließen, verlief die Küstenlinie rund sieben bis acht Kilometer weiter landeinwärts als heute: Ayasoluk-Hügel und Artemis-Tempel lagen an einer Bucht, die als natürlicher Hafen taugte. Doch bereits im 5. Jahrhundert v. Chr. verlandete diese Bucht, deshalb erscheint es nur folgerichtig, dass der spartanische Flottenbefehlshaber Lysandros 407 v. Chr. den Hafen näher zum Meer, westlich des Panayir-Dagi ausbauen ließ. Während in dieser Zeit die Herrschaft über Ephesos ständig zwischen Griechen und Persern wechselte, feierten Bewohner und Besucher dort einen Kybele-Artemis-Kult, in dem griechische und orientalische Elemente zunehmend miteinander verschmolzen.

Doch 334 v. Chr. eroberte Alexander der Große Kleinasien, zerschlug bald darauf das gesamte Perserreich und starb einen mysteriösen Tod in Babylon.

Seine Nachfolger, die Diadochen, gliederten Ephesos ins Königreich Pergamon ein. Und bald darauf ordnete der Diadoche

Lysimachos an, die ganze Stadt an den Westhafen zu verlagern. Eingebettet zwischen den Hügeln des Bülbül-Dagi und des Panayir-Dagi sowie der Meeresbucht im Norden konnte sich Ephesos III, zunächst hellenistische und dann römische Stadt, in den kommenden Jahrhunderten auf einer Fläche von fast 350 ha entfalten.

Auch wenn Lysimachos in einer Schlacht starb bevor das neue Ephesos errichtet war, glauben die Archäologen inzwischen, den Wohnsitz der hellenistischen Könige gefunden zu haben. Das bereits 1929/30 mit einer überbauten Grundfläche von mehr als 4000 m² ausgegrabene Peristylhaus oberhalb des Theaters erfüllt alle baulichen Voraussetzungen für eine Basileia als Wohnsitz des Herrschers: eine herausragende topografische Lage, ein monumentaler Eingang, Banketträume für soziale Aufgaben, Kultstätten für religiöse Verpflichtungen, Anlagen zur Verteidigung und Räume für die Verwaltung sowie öffentliche Bauten in der Umgebung wie Bibliotheken, Theater und das Hippodrom. Das Gebäude mit rechteckigem Hof und Säulengang wurde in hellenistischer Zeit erbaut, in römischer und spätantiker Zeit ständig erweitert und umgebaut und diente vielleicht sogar als Bischofspalast, da es über eine Hauskapelle verfügte.

Eine römische Großstadt – Ephesos III

Für Ephesos bedeutete die Eroberung durch die Römer 133 v. Chr. ein Ende des ständigen Herrscherwechsels: die Stadt wurde zum Sitz des Statthalters (Proconsul) und der Verwaltung der Provinz Asia. Zahlreiche öffentliche Bauwerke entstanden, welche von der Verwaltung, reichen Bürgern, Konsuln oder Kaisern finanziert wurden. So entstand der Hadrians-Tempel – heute eine der gelungensten Rekonstruktionen in Ephesos: Das Gebälk und der bogenförmige Eingangsgiebel, die mit Reliefszenen aus der Stadtgründungslegende sowie einer Büste der Artemis geschmückt sind und wiederum von Säulen und Eckpfeilern im korinthischen Stil getragen werden, laden zum Betreten des Heiligtums ein. Zusammen mit vielen anderen repräsentativen Gebäuden wie der Staatsagora und einem kleinen Theater stand der Tempel an der zweiten Hauptstraße der Stadt, dem Embolos, der sich zwischen dem Panayir-Dagi und dem Bülbül-Dagi seinen Weg bahnt und genau dort auf die erste Hauptstraße, die Marmorstraße trifft, wo das heutige Wahrzeichen von Ephesos steht: die wiederhergestellte Fassade der Celsus-Bibliothek. So beeindruckend die Prachtfassade mit ihren zweistöckigen Säulenvorbauten auf den Besucher auch wirkt – das 120 n. Chr. vom Proconsul Tiberius Iulius Celsus gestiftete Gebäude barg nie eine herausragende Schriftrollensammlung und diente nach einem Brand nur noch als öffentlicher Brunnen – eine Fassade schon in der Antike.

Romanum Climatic Optimum

Was sich an Ephesos' stetigem Wachstum nicht erkennen lässt: Das Römische Reich geriet immer mehr in eine politische Krise, die sich in Bürgerkriegen entlud. Diese wurde erst überwunden, als sich das Reich um die Zeitenwende in eine Militärmaschine verwandelte, die von einem Diktator gesteuert wurde und von ständigen Eroberungen lebte. Das Reich war bereits in den südlichen und dann den östlichen Mittelmeerraum expandiert, es blieben der Norden oder weit entlegene Gebiete. »Die größte Ausdehnung des Römischen Reiches fällt mit einer eher warmen und doch nicht zu trockenen Periode zusammen, die in der Klimageschichte als *Roman Climatic Optimum* bezeichnet wird«, urteilt der Klimahistoriker Wolfgang Behringer. Alle Anzeichen sprechen dafür, dass sich die Temperaturen während der Zeit signifikant erhöhte, als sich Octavian zum ersten römischen Kaiser Augustus ernennen ließ (30 v. bis 14 n. Chr.). Sie sind mit den heutigen vergleichbar, nördlich der Alpen war es möglicherweise sogar noch ein wenig wärmer, so Behringer: »Die Alpenübergänge blieben das ganze Jahr über passierbar, eine wichtige Voraussetzung, um die nördlichen Provinzen – Gallia, Belgia, Germania Raetia und Noricum – zu erobern bzw. zu kontrollieren.«

Ephesos als Provinzhauptstadt Kleinasiens blieb von diesem Auf und Ab verschont und hatte in seiner Glanzzeit zwei- bis dreihunderttausend Einwohner. Inzwischen ist auch die genaue Topografie der »oberen Wohnstadt« mithilfe geomagnetischer Messungen des Erdreiches rekonstruiert. Hier herrschte eine Dichte – so berechnete es Bauhistoriker Hueber – wie in Berlin-Kreuzberg Ende des 19. Jahrhunderts. Besonders in den Gassen hügelaufwärts wurde statt zwei- nun vier- bis fünfgeschossig gebaut. Zur Prachtstraße hinaus dagegen lagen die geräumigen und prunkvoll ausgestalteten Häuser der städtischen Elite.

Die Archäologen haben bisher zwei dieser Prachthäuser vollständig ausgegraben: Während im sogenannten »Hanghaus 1« die ursprünglich repräsentative Ausstattung nur in wenigen Ausschnitten erhalten geblieben ist, hatten die Archäologen beim Hanghaus 2 »Glück«: Eine große Erdbebenserie 262 n. Chr. beschädigte den rund 4000 m² umfassenden Gebäudekomplex dermaßen, dass er unrenoviert zugeschüttet worden war – so entstand eine Zeitkapsel: das Hanghaus 2 gilt als eines der wichtigsten Zeugnisse antiker Wohnkultur im ganzen Mittelmeerraum. In den Räumen seiner sieben Wohneinheiten stießen die Ausgräber praktisch überall auf Boden- und Wandmosaike, Marmorböden und -wandvertäfelungen sowie auf viele überraschend gut erhaltene Freskomalereien. Mit besonderem Aufwand wurde in den letzten Jahren der von den Archäologen Marmorsaal genannte Speisesaal der Wohneinheit 6 restauriert. Es ist der repräsentative 178 m² große Raum dieser Luxuswohnung, die einst einem gewissen »Caius Flavius Furius Aptus« gehörte – diesen Namen fanden die Archäologen auf Reparatur-Marmorfließen aufgemalt.

Mit der Erdbebenserie von 262 n. Chr. endete das Luxusleben. »Wir wissen heute mit Sicherheit, dass damit die großräumige Nutzungstradition endete«, schlussfolgert der ehemalige Ephesos-Grabungsleiter Fritz Krinzinger, »die Eliten haben offensichtlich das Stadtzentrum von Ephesos verlassen«.

Dagegen konnten die Wissenschaftler in der Wohneinheit 1 einen ungewöhnlichen Fundschatz bergen: der ehemalige Abwasserkanal enthielt 1700 Jahre alte biogene Abfälle. Sie wurden von dem Wiener Veterinärmediziner Gerhard Forstenpointner analysiert: »Sie geben Auskunft über die Esstradition eines gut situierten Haushaltes in der Kaiserzeit vor dem Erdbeben 300 n. Chr.« Über 60 Prozent der Reste sind Knochen von Schwein, Rind, Ziege und, vielleicht verwunderlich für uns, Hund. Auch Pfauen und Enten waren beliebte Speisen – so Forstenpointner: »Es handelt sich durchweg um teure Fleischsorten«. Nicht dagegen auf dem Speiseplan werden die Ratten gestanden haben, deren Knochen der Veterinärmediziner unter den biogenen Resten der Kanäle fand. Sie lebten dort, wo sie ständig mit Abfällen versorgt wurden. Nachweisen lassen sich auch Fisch, Muscheln sowie Kerne von Melonen, Trauben und Feigen – abwechslungsreiche Kost. Zu den Fischsorten gehört auch Zander. Dieser kommt heute nur nördlich von Istanbul im Schwarzmeer vor, weil es dort kühler ist. »Entweder wurde der Fisch von dort importiert«, schlussfolgert Forstenpointner, »oder es hat in den letzten 1700 Jahren einen deutlichen Klimawandel gegeben.«

Das Zandervorkommen gleich als Indikator einer Klimaveränderung zu werten, geht den Geoarchäologen zwar zu weit, doch sie können für diese Zeit einen Wandel der Vegetation und des Mikroklimas rund um Ephesos nachweisen. Schon im Laufe des 3. Jahrhunderts v. Chr. wurde allmählich auch der westliche Hafen von der Küstenlinie abgeschnitten. Nur weil der Hafen und ein immer länger werdender Kanal ständig ausgebaggert wurden, hatte Ephesos bis in die Zeit vom 8. bis 9. Jahrhundert n. Chr. einen direkten Zugang zum Meer.

Die Klimaveränderung beschränkte sich jedoch nicht auf Kleinasien. »In Nordeuropa war Kälte das Hauptproblem, im Nahen Osten, in Nordafrika und in Teilen Asiens war es die Dürre«, erklärt Klimahistoriker Behringer. »In Süditalien, Griechenland, Anatolien und Palästina verlagerte sich die Besiedlung an die Küsten, das Hinterland wurde weitgehend entvölkert. In diese Zeit fällt der Niedergang der Metropolen Ephesos, Antiochia und Palmyra.« Der allmähliche Untergang des Römischen Reiches fiel mit dem Ende der Warmzeit – dem *Roman Climatic Optimum* – Ende des 4. Jahrhunderts n. Chr. zusammen. Dieser Klimawandel war nicht nur mit einer der Auslöser für den Untergang des Weströmischen Reiches, er leitete zeitgleich auch das chinesische Großreich der Han seinem Ende zu. Wie beim Weströmischen Reich bildete auch hier der Klimawandel mit gravierend niedrigeren Temperaturen, Trockenheit und Missernten nur einen Untergangsfaktor. Hinzu kamen Erbstreitigkeiten im chinesischen Kaiserhaus, religiös bedingte Bürgerkriege und eine darauf folgende Militärherrschaft.

In byzantinischer Zeit hatten sich die Einwohner von Ephesos aus Sicherheitsgründen auf die noch heute existierenden Burgfestung zurückgezogen.

War die zunehmende Verlandung der Bucht von Ephesos, die letztlich zur Bedeutungslosigkeit der Stadt führte, also Teil einer natürlichen globalen Entwicklung und nicht vom Menschen ver-

ursacht? »Der starke Vorschub des Deltas in klassisch-griechi-
scher, hellenistischer und römischer Zeit ist sicher im Zusammenhang mit den Eingriffen des Menschen in den Naturhaushalt zu
sehen«, erklärt der Geologe Helmut Brückner. Die Pollenanalyse
der Bodenproben ergab, dass in Ephesos' Hinterland in voranti-
ker Zeit ein lichter sommergrüner Eichenwald wuchs, dessen Ab-
holzung Erosionsprozesse auslöste, die wiederum die Verlandung
des Deltas beschleunigten.

Ephesos IV: Von Paulus zum Wallfahrtsort für Maria und Johannes

Ephesos konnte nur überleben, weil es eine neue Funktion bekam:
als religiöses Zentrum des frühen Christentums. Der Apostel Paulus hatte hier auf seiner dritten Missionsreise für zwei Jahre Station gemacht und täglich vor Griechen und Juden aus der ganzen
Provinz gepredigt. Als die Christen zwischen 37 und 42 n. Chr.
aus Jerusalem vertrieben wurden, sollen sich der Legende nach
Maria zusammen mit anderen Frauen aus dem Kreis um Jesus sowie der Apostel Johannes in Ephesos niedergelassen haben.

Der Wandel zur christlichen Stätte wurde durch zwei Ereignisse beschleunigt: Zum einen verbreitete sich das Christentum
in Ephesos im 4. Jahrhundert n. Chr. nach erbitterten Glaubens-
kämpfen bereits bevor es zur offiziellen römischen Staatsreligion
wurde. Zum anderen sorgte eine ganze Reihe von Erdbeben in
den Jahren 358 bis 368 n. Chr. dafür, dass die marmornen Tempel der Artemis und anderer – aus christlicher Sicht – Götzen einstürzten, so Hueber: »Vieles wurde durch die Beben verwüstet,
fast jeder Gebäudekomplex schwer beschädigt. So haben auch in
den Tempelbezirken die Naturgewalten die Zerstörung eingelei-
tet, die dann religiöser Fanatismus vollendete. Die Stadt wurde
zur Ruine.« Mit mindestens einer Ausnahme: In die Säulenhalle
des ansonsten zerstörten Olymieions hinein wurde die Marienkirche errichtet, die in den folgenden zwei Jahrhunderten im-

mer wieder umgebaut und erweitert wurde. In dieser Zeit war Ephesos ein zentraler Bischofssitz, an dem mehrere ökumenische Konzile abgehalten wurden. Der oströmische Kaiser Justitian ließ Mitte des 6. Jahrhunderts n. Chr. eine riesige Kuppelbasilika über dem Grab des Apostels und Evangelisten Johannes am Rande des Ayasoluk-Hügels errichten. Weitere verheerende Erdbeben und Angriffe arabischer Heere auf die byzantinischen Grenzregionen führten dazu, dass auch die Restbevölkerung von Ephesos im 7. Jahrhundert n. Chr. an den Ayasoluk-Hügel zog und dort eine umwehrte Siedlung errichtete.

Caracol wurde wegen seiner gewundenen Treppe im Inneren Schneckenturm benannt, diente jedoch nach seiner langwierigen Fertigstellung als Observatorium.

Trotzdem wurden Stadt und Heiligtum mindestens zweimal von arabischen Heeren erobert und geplündert, nach Rückeroberungen durch die Byzantiner wurde Rest-Ephesos schließlich von den Seldschuken, die aus den inneraasiatischen Steppen heranstürmten, eingenommen. Aus den Trümmern der Johannesbasilika, die ihrerseits aus den Trümmern des Artemis-Tempels errichtet worden war, ließen die neuen Herren die Isa Bey-Moschee erbauen. Der Name Ephesos geriet für fast ein Jahrtausend in Vergessenheit.

Übrigens: Die erobernden Araber und Seldschuken waren nicht nur gewaltsame Verbreiter des neuen muslimischen Glaubens, sondern auch Umweltflüchtlinge – so Behringer: »In Arabien wurden um die 600 Siedlungsgebiete aufgegeben, in denen zuvor ausgeklügelte Bewässerungssysteme landwirtschaftliche Nutzung ermöglicht hatten. Die Expansion der Araber mit anschließender Ausbreitung der islamischen Religion erfolgte zum Zeitpunkt eines ungünstigen Klimas in ihren traditionellen Siedlungsgebieten.«

Wie weit ging der Klimawandel in dieser Zeit, machte er sich auch in Mittelamerika bemerkbar, wo ab dem 9. Jahrhundert n. Chr. die Maya-Welt zerfiel?

Maya: Untergang ohne Beweisspuren

»Von allen falschen Vorstellungen, die das Bild von den Maya in der ersten Hälfte des 20. Jahrhunderts nachhaltig prägten, ist die von Harmonie und Friedfertigkeit ihres Zusammenlebens heute am schwersten nachzuvollziehen«, urteilt der Archäologe Simon Martin. Die Ursache dafür war allein die Tatsache, dass alle Mayastädte nicht befestigt waren. Dabei sind Monumente, Wandmalereien und bemalte Gefäße geradezu überladen mit Motiven von bewaffneten Kriegern, Schlachtszenen und Folterungen der Gefangenen. Dieser kämpferische Eindruck wird durch die Geschichtsschreibung der Hieroglyphen, welche die Archäologen mittlerweile vollständig lesen können, bestätigt: Die Stadtstaaten befanden sich in anhaltendem Krieg miteinander. In der Spätklassik (700 n. Chr.) gehörten nahezu alle Städte entweder zum Bündnis von Tikal (im heutigen Guatemala) oder zu dem von Calamuk (heutiges Südmexiko); nur wenige Städte wie Palenque konnten ihre Selbstständigkeit behaupten. Dieses Kräftegleichgewicht zerbrach, als Ende des 7. Jahrhunderts Tikal Calamuk entmachtete. Doch Tikal brach bald unter seiner eigenen Größe zusammen und ein neuer Bürgerkrieg entbrannte, der zwar nach klaren Regeln geführt wurde, zu denen jedoch auch die Opferung der Gefangenen gehörte.

Es waren jedoch nicht diese Bürgerkriege allein, die dazu führten, dass die Maya Ort für Ort ihre Tempelstätten verließen. Anhand historischer Berichte und der Veränderung der Bau- und Kunststile haben die Wissenschaftler früher auf das Eindringen fremder Völker wie der Tolteken aus dem heutigen Nordmexiko auf die Yucatan-Halbinsel geschlossen.

In Palenque, das um 810 n. Chr. aufgegeben wurde, konnten die Forscher bisher jedoch keine Spuren von Gewalteinwirkung finden, stattdessen sprechen einige Indizien für einen ökologischen Kollaps. Das Holz wurde knapp, weil der umliegende Regenwald abgeholzt war, die Menschen in Palenque litten gegen Ende an Unterernährung und Blutarmut. Haben die Maya ihren Untergang durch einen ökologischen Kollaps selbst verschuldet? Neue Forschungen, die sich besonders mit der eigentlichen Größe der Maya-Städte beschäftigen, schienen das zunächst zu bekräftigen. Die heute freigelegten Tempelanlagen waren ja nur die sakralen Kerne der Maya-Siedlungen, der inzwischen dicht gewachsene Dschungel rundherum erlaubte allerdings kein Vermessen der Gesamtbebauung. Erst seit wenigen Jahren hat sich das mithilfe moderner Lasertechnik geändert: das LIDAR-Verfahren (»Light detection and ranging«) funktioniert ähnlich wie ein Radar, nur schickt es Laserpulse von einer erhöhten Position wie beispielsweise einem Flugzeug nach unten. Diese Pulse dringen auch durch das Blattwerk von Bäumen und Sträuchern und werden vom Untergrund zurückgeworfen – Ruinen, selbst ehemalige Ackerflächen bilden dabei andere Muster als unberührter Dschungelboden.

El Castilla, auch als die Pyramide von Kukuklan (gefiederte Schlange) bekannt, war Chichen Itzas größter Tempel und ist heute sein Wahrzeichen.

Eine erste flächendeckende Untersuchung führten Wissenschaftler unter Führung des US-Amerikaners Arlen F. Chase für die Umgebung der alten Mayastätte Cultuns in Belize durch, aus deren Daten anschließend Computer präzise Karten und 3D-Geländemodelle errechnet haben. Mit erstaunlichem Ergebnis: Während die Forscher aufgrund von Geländebegehungen und einzelner Untersuchungsquadrate von einer Siedlungsfläche von 23 km² für die Zeit um 650 v. Chr. ausgingen, war die tatsächliche Fläche mit rund 200 km² achtmal größer. So mehren sich die Anzeichen, dass Yucatan im Laufe der Maya-Zeit immer dichter besiedelt wurde – bis zum Untergang dieser Hochkultur. Zunächst jedoch verlagerten sich die Siedlungszentren vom Norden in den Süden, zum Beispiel nach Chichen Itza.

Geheimnisumwobene Wasserlöcher

Schon der Name der Stätte weist auf seine Besonderheit hin. Er setzt sich zusammen aus drei Wörtern im lokalen Maya-Dialekt: »chi'« – »ch'e'en« – »itzá« (übersetzt: »Am Rande des Brunnens der Itzá«). Mit dem Brunnen sind die berühmten Cenotes gemeint, die jedem Chichen-Itza-Besucher mit Sicherheit in Erinnerung geblieben sind: meist runde Abbrüche, regelrechte Löcher im Karstgestein, deren Grund mit Wasser gefüllt ist. Sie liefern den Forschern Hinweise darauf, warum die durch den Klimawandel entstehende Dürre früher im feuchten Süden als im trockenen Norden für große Probleme gesorgt hat.

Die Yucatan-Halbinsel besteht überwiegend aus diesem Karstgestein, porösem Kalkstein, das den Niederschlag wie ein Schwamm aufsaugt und in den Untergrund leitet, wo sich große Grundwasservorkommen bilden. Doch da das Kalksteingelände von Norden nach Süden ansteigt, werden natürliche Cenotes oder angelegte Brunnen im Norden vom Grundwasser gespeist, nicht aber im Süden. Kein Wunder also, dass die Maya von Chichen Itza viele Opfergaben in ihre Cenotes warfen – darunter auch Menschen. Und so erklärt sich auch, warum Chichen Itza überhaupt in so später Zeit gegründet wurde – nach heutigem Stand der Forschung erst nach 800 n. Chr. Zunächst entstand der südliche Teil des Siedlungsareals, der immer noch nicht für Besucher erschlossen ist. Dort wurden Gebäude freigelegt, die einheitlich rechteckig angelegt und deren obere Fassaden mit Mosaiken dekoriert wurden, typisch für den Puuc-Stil der westlichen Yucatans. Innerhalb eines Jahrhunderts konnte die Stadt den Großteil des Yucatan-Tieflandes unter seine Macht bringen, wohl mithilfe der Kontrolle über Produktion und Handel der drei wichtigen Rohstoffe Salz, Baumwolle und Kakao. Doch schon um 1050 n. Chr. endete die kommerzielle und militärische Vorherrschaft Chichen Itzas, es wurden keine repräsentativen Bauwerke mehr errichtet. Ob es in dieser Zeit zur Machtübernahme durch Einwanderer – Tolteken beispielsweise – kam, ist umstritten. Schon um 1100 n. Chr. jedoch hatte die Stadt einen Großteil ihrer Bevölkerung verloren und spielte nur noch als Pilgerstätte des überregionalen Kultes der gefiederten Schlange – Quetzalcoatl – und aufgrund seines Kultzentrums, der berühmten Castillo-Pyramide, weiter eine Rolle. Die Macht im Norden übernahm spätestens um 1200 n. Chr. das benachbarte Mayapan.

So ging die Hochkultur der Maya Stadt für Stadt unter, weil sich ihre Oberhäupter vor allem auf Reichtum und den Bau eigener Denkmäler, auf Kriege und die Konkurrenz mit ihresgleichen konzentrierten, urteilt Jared Diamond: »Wie die meisten Herrscher der Menschheitsgeschichte, so grübelten auch die Könige und Adeligen der Maya nicht über langfristige Probleme, soweit sie diese überhaupt wahrnahmen.« Doch waren die Maya wirklich so blind? Neueste Forschungen werfen ein etwas anderes Licht auf die Vorgänge: Die LIDAR-Untersuchungen ergaben zwar, dass sich die Siedlungsfläche in Cultuns um die Zeit um 650 v. Chr. zwar auf rund 200 km² ausgedehnt hatte. Doch lebten in dieser Agglomeration höchstens 115 000 Menschen. Zum Vergleich: In Niedersachsens Landeshauptstadt Hannover leben gegenwärtig auf 204 km² mehr als 510 000 Einwohner.

Die exakte Vermessung Cultuns ergab eine lockere Bebauung, die fast durchgehend von terrassiert angelegten Feldern durchzogen war. »Die alten Maya entwarfen und errichteten nachhaltige Städte, lange bevor der moderne Begriff des ›grünen Bauens‹ geprägt wurde«, urteilt Chase. Den Mittelpunkt dieser Nachhaltigkeit bildeten komplexe Wasserversorgungssysteme mit Kanälen, Dämmen und Rückhaltebecken – doch auch diese Maßnahmen mussten versagen angesichts lang anhaltender Dürreperioden. Deren wahres Ausmaß haben Wissenschaftler erst kürzlich mithilfe von Sedimentablagerungen aus zwei Seen und einer Tropfsteinhöhle enthüllt. Die Niederschläge gingen in der Zeit zwischen 800 und 1000 n. Chr. um bis zu 40 Prozent zurück, Mittel- und Südamerika erlebte die wasserärmste Zeit der letzten 7000 Jahre.

Die fünf Kollaps-Kriterien von Jared Diamond

Der Evolutionsbiologe und Kulturhistoriker Jared Diamond, einer der wenigen Wissenschaftler, die sehr interdisziplinär arbeiten und sich nicht vor klaren Urteilen drücken, stellt in seiner Studie »Kollaps« fünf Faktoren heraus, die seiner Meinung nach über Untergang oder Weiterexistenz einer Gesellschaft in kritischen Situationen entscheiden:

1. Wie groß sind die verübten Schäden, die der Umwelt meist unabsichtlich zugefügt werden?
2. Wirken sich Klimaveränderungen auf die Gesellschaft aus?
3. Tauchen feindliche Nachbarn als Quelle großer Zerstörungen auf?
4. Sind Bündnisse zerbrochen, nimmt die Hilfe freundlicher Nachbarn ab?
5. Verdrängung oder Benennung und Suche nach Lösungen – wie geht eine Gesellschaft mit ihren Problemen um?

Bis auf Faktor drei, der kontrovers diskutiert wird, haben alle Faktoren eine Ursache beim Untergang der Maya-Welt gespielt.

Beginnt hier ein Umdenken in der historischen Katastrophenforschung? Während in den letzten 20 bis 30 Jahren vor allem ökologisches Fehlverhalten der jeweiligen Gesellschaften im Zentrum der Ursachenerforschung untergegangener Kulturen stand, verschiebt sich der Fokus in den letzten Jahren mehr und mehr auf den Klimawandel, also auf in der Vergangenheit wenig vom Menschen beeinflussbare Faktoren. Es sieht heute so aus, als ob ein warmes, dabei jedoch auch regenreiches Klima wenn nicht gar die Hauptbedingung, so doch eine der unabdingbaren Voraussetzungen für die Entstehung und den Erhalt von Hochkulturen ist. Und nur bei größter Flexibilität scheint eine Hochkultur eine

Klimaverschlechterung überstehen zu können. Ist das ein objektiver Tatbestand oder unsere von den gegenwärtigen Problemen bestimmte Sicht der Dinge? Lassen sich diese beiden Momente überhaupt trennen oder stecken historische Disziplinen wie die Archäologie unausweichlich in diesem Erkenntnis-Dilemma?

Fest steht jedenfalls: Dieser Niedergang bedeutete nur für die Eliten, nicht für die einfache Bevölkerung das Ende – so Klimahistoriker Behringer: »Die postklassischen Maya siedelten nicht mehr auf den Hochebenen, sondern am Meer, an Flüssen und an Seen.« Während die Maya aus ihren Palästen auszogen, in einfachen Hütten und durch kargen Maisanbau weiterlebten wie ihre Nachfahren in Yucatan bis heute, begann in Nordeuropa zur gleichen Zeit eine klimatisch günstige Warmphase. Die Erträge aus der Landwirtschaft stiegen, die Bevölkerung in Europa wuchs, zu dieser Zeit wurden die meisten Städte in Mitteleuropa gegründet – allein im deutschen Raum über 3000. Die Wikinger starteten Expeditionen, die sie weiter in den Nordwesten des Atlantiks führten als jemals zuvor. So besiedelten sie Island, Vinland (Nordamerika) und eine große Insel, die so grün schien, dass sie diese Grönland (Grünland) nannten.

KAPITEL 15

Antike Funde und Fundorte: Was soll zurück, was muss besser geschützt werden, was kann im Boden bleiben?

Die archäologische Forschung wird immer virtueller

Am 3. April 2021, während der Großteil der Menschheit im Corona-Lockdown festsaß, machten sich 22 der berühmtesten Mumien des alten Ägyptens auf ihre vorerst letzte Reise: In einer »Goldenen Parade« starteten die konservierten Überreste berühmter Pharaonen wie Ramses II. und Thutmosis I., aber auch Königinnen wie Nefertari und Hatschepsut, in ihren Sarkophagen vom alten Ägyptischen Museum aus, wo es während des Aufstandes 2011 zu einigen Plünderungen gekommen war. In einer perfekten Inszenierung durchquerten 22 vergoldete Amphibienfahrzeuge Kairo – umringt von Hunderten marschierender Frauen und Männer in altägyptischer Kleidung begleitet von einer spektakulären Lasershow. Das Ziel: das neue »Nationalmuseum der ägyptischen Zivilisation« (internationaler Name: National Museum of Egyptian Civilization). In diesem Ausstellungskomplex mit weitläufigen Außenanlagen erwarten die Besucher nun neben den 22 Sarkophagen rund 50 000 Kunst- und Kulturobjekte der ägyptischen Geschichte.

Die mächtige Frontfassade des Neuen Ägyptischen Museums in Gizeh, bei seiner vollständigen Eröffnung sollen dort 50 000 Objekte der ägyptischen Antike zu sehen sein.

Sind hier die wichtigsten Funde der ägyptischen Antike versammelt? Mitnichten! Nur etwa zwei Kilometer nordwestlich des Pyramiden- und Gräberfelds von Gizeh, also in dessen Sichtweite und nicht weit von Kairo entfernt, wurde in den vergangenen zwei Jahrzehnten das »Große Ägyptische Museum« (englisch: Grand Egyptian Museum) errichtet. Nach Angaben der ägyptischen Behörden soll das Museum mit seinen Außenanlagen über nicht weniger als eine Fläche von 50 Hektar verfügen, das entspricht etwas mehr als 70 Fußballfeldern. Eine immer wieder verschobene Teileröffnung fand schließlich Anfang 2023 statt. Fest steht jedoch schon jetzt: Nach seiner kompletten Fertigstellung wird es das größte Archäologische Museum der Welt sein.

Dem unvoreingenommenen Betrachter will sich jedoch nicht erschließen, warum in Ägypten, das seit langem mit einem starken Bevölkerungswachstum sowie einer schwächelnden Wirtschaft zu kämpfen hat und trotzdem mitten in der Wüste eine nagelneue Hauptstadt baut, so viel Geld und Ressourcen gebündelt wurden, um gleich zwei Mega-Museen zu errichten – noch dazu in ziemlicher geografischer Nähe zueinander. Gut, während das »Große Ägyptische Museum« nur Funde aus dem antiken Ägypten zeigt, präsentiert das »Nationalmuseum« Objekte aus allen Phasen der menschlichen Kultur auf ägyptischem Territorium, von vorgeschichtlichen fossilen Funden bis zur koptischen und islamischen Kultur. Aber warum kann nicht alles unter einem Dach gezeigt werden? Weil es zu viele Funde aus der altäygptischen Hochkultur gibt – und der Nachschub nicht abreißt.

Große Geschichte als Ehre und Bürde

Während bei uns über die Zukunft der Museen und Rückgabeforderungen diskutiert wird, hat Ägypten in den letzten Jahren weitgehend Fakten geschaffen. Bedeutende Ausgrabungen werden nur noch unter eigener Leitung durchgeführt – das Bild des langjährigen, 2012 abgesetzten Antikenchefs Zawii Hawass mit Indiana Jones-Hut hat sich in den Köpfen der Antikenfans fest verankert. Auch Funde aus früheren Grabungen, legaler und illegaler, gelangen wieder in den Besitz ägyptischer Behörden. 2019 etwa übergab die »American University in Cairo« – das amerikanische Archäologie-Institut in Ägypten – auf einen Schlag 5000 Fundobjekte an das ägyptische Nationalmuseum. Gleichzeitig werden ins Ausland verbrachte altägyptische Kulturschätze in ihre Heimat zurückgeführt, auf Basis einer Verständigung oder mittels Gerichtsbeschlüssen. Daher platzte das über 120 Jahre alte »Ägyptische Museum« im Zentrum Kairos wortwörtlich aus allen Nähten: Immer neue Funde und rückerstattete Antiken füllten die engen Museumssäle und die zum Bersten gefüllten Magazine. Selbst die zwei neuen, in ihren Ausmaßen gigantischen Museen, werden nicht ausreichen, um sämtliche Schätze der Antike aufzunehmen. Deshalb wird das alte »Ägyptische Museum« restauriert um ebenfalls wieder Funde auszustellen. Denn – Ägypten hat zu viele antike Schätze!

Als einer der wenigen Orte der Welt bietet das Land seinen Besuchern nun beides: das Betrachten der wertvollen Originale im Museum und deren restaurierte eigentliche Ruheorte – Pyramiden, Tempel und Grabkammer. Tagelang können sie jetzt zwischen den Pyramidenfeldern von Gizeh und der größten archäologischen Sammlung der Welt im »Großen Ägyptischen Museum« gleich nebenan pendeln, oder erst die Grabkammer im Tal der Königinnen und dem der Könige in Luxor besuchen und dann die »Halle der königlichen Mumien« im Ägyptischen Nationalmuseum in Kairo.

Aber wollen sie das? Die Realität ist zur Zeit eine andere: Die Mehrheit der finanzstarken Besucher sind Badeurlauber, die nur für einen Tagesausflug in gesicherten Konvois vom Roten Meer in Ägyptens Hauptstadt gefahren werden. Ihr Wunsch: möglichst alle Highlights Alt-Ägyptens abklappern, überall ein Foto schießen und sicher in ihre bewachten Stranddomizile zurückkehren. Doch dazu sind die neuen Museen zu groß, zu unübersichtlich. Die Zahlen sprechen für sich: Schon die Besucherzahlen im alten »Ägyptischen Museum« sind nach der ägyptischen Revolution 2011 und der Machtübernahme durch den Oberbefehlshaber des Militärs Abd-Al-Fattah as-Sisi 2013 drastisch gesunken und eine Wende ist nicht in Sicht.

Während die Besucher in Ägypten mit Antiken beinahe erschlagen werden, ist es anderenorts genau umgekehrt: Wachsende Besuchermassen bedrohen die berühmten antiken Stätten in steigendem Maße.

Nehmen wir das Pompeji unserer Tage. Rund 1700 Jahre lang lag die einstige Römerstadt gut geschützt unter der Vulkanasche des Vesuvs begraben. In den letzten 250 Jahren wurden zwei Drittel des Ortes, dessen Gesamtfläche rund 66 Hektar (92 Fußballfelder nach FIFA-Norm) beträgt, nach und nach freigelegt. Dieses riesige Areal befindet sich nun in großer Gefahr – durch Erosion, schlechte Restaurierungen, Raubgrabungen und Touristenströme.

Die Archäologie leidet sozusagen unter ihrem eigenen Erfolg: Stätten wie Pompeji, das Kolosseum oder Ephesos werden zu Tode geliebt. So hinterlassen die bis zu 20 000 Menschen aus aller Welt, die tagtäglich das wiedererstandene Pompeji sehen, durchschreiten, fotografieren und anfassen wollen, nicht mehr zu übersehende Spuren an der antiken Stadt: die Besucherströme haben das antike Pflaster heruntergetreten und viele der einstmals 70 zugänglichen Häuser sind mittlerweile wegen Einsturzgefahr gesperrt. An unzähligen Stellen zerstören Witterung und wilder Pflanzenwuchs das Mauerwerk, an anderen lösen sich die historischen Materialien Holz, Kalk, und trockenes Gestein von dem Stahlbeton, mit dem anfangs restauriert wurde. Daraus ergibt sich die Frage: Wie kann ein zuverlässiger Schutz der antiken Stätten aussehen? Was wurde für Pompeji nicht alles in den letzten Jahren angedacht: Die Besucher sollten kanalisiert werden – beispielsweise über den mittlerweile weitgehend begehbaren Stadtmauerring. Oder die Stadt sollte an anderer Stelle als eine Art Disneyland nachgebaut werden. Doch die vielen teilweise auch von der EU und der UNESCO geförderten Hilfsprogramme scheiterten an den lokalen Behörden, den Gewerkschaften und der neapolitanischen Bau-Mafia. Die italienische Regierung überlegte auch, ob sie die Verantwortung für die antike Stätte einfach durch Privatisierung loswerden könnte. Oder Pompeji könnte virtuell kopiert und an anderer Stelle gezeigt werden, der Trend in der Archäologie geht immer weiter in Richtung Virtualität, muss in Richtung Virtualität gehen, denn die realen antiken Stätten geraten nicht nur durch stetig anwachsende Besucherströme und Verfall in immer größere Gefahr.

Antike Säulen in Beton gegossen – noch einmal Knossos

Knossos in den 1920er-Jahren. Auch 20 Jahre nach Grabungsbeginn, als schon ein gewaltiger Teil des großen Palastareals freigelegt war, blieb Knossos eine eher unscheinbare antike Stätte. Dann verbündete sich Evans mit Piet de Jong, einem Engländer mit holländischen Wurzeln, der zwar schon an vielen Ausgrabungsstätten und Museen gearbeitet hatte, jedoch keine archäologische Ausbildung besaß und, was noch gravierender war: der sich mehr als Künstler denn als Wissenschaftler verstand. Von 1922 bis 1930 und noch einmal von 1947 bis 1961 leitete er die Rekonstruktionsarbeiten sowohl an den Wandmalereien wie auch an den Gebäuden. So entwarf er das berühmt gewordene Delphin-Fresko ausgehend von wenigen kleinen Fragmenten – Kritiker erinnert es zu sehr an zeitgenössischen Jugendstil. Und de Jong ließ mehrere Palast-Eckbereiche mit ihren mächtigen Säulen wie auch eine große Freitreppe zum Obergeschoss des Westflügels rekonstruieren – letztere hat es sicherlich nie gegeben. Nirgends ist genau erkennbar, wo die Originalteile enden und wo die Rekonstruktionen beginnen, die zum großen Teil aus Beton ausgeführt wurden. Doch der Besucher bekommt einen Eindruck von der Palastwelt der ihm ansonsten so fremden minoischen Kultur – allerdings wird dieser stark von der Fantasie der Ausgräber mitbestimmt. Die Rekonstruktionen mit Beton haben jedoch den Vorteil, dass sie im Vergleich mit anderen Ausgrabungsstätten wesentlich zur dauerhaften Konservierung der Gebäudekomplexe beigetragen haben.

Erinnert viele Besucher eher an ein Jugendstil-Werk denn an minoische Kunst: die von de Jong restaurierte »Delphin-Palastwand« in Knossos.

Wie die Archäologen heute zwischen den Anforderungen »wissenschaftliche Seriosität«, »Anschaulichkeit« und »stabile Konservierung« vermitteln, zeigt das Beispiel der Akropolis von Pergamon. Deren Höhepunkt bildet zweifelsohne das Trajaneum, ein Heiligtum von drei marmornen Säulenhallen umrahmt, an dem sich der römische Kaiser Trajan und sein Nachfolger Hadrian als Götter verehren ließen. Bis Ende des 20. Jahrhunderts war davon nur ein Trümmerfeld übrig geblieben – dann begannen die deutschen Archäologen das Trajaneum zu restaurieren. Stein für Stein wurden Teile der Hallen und des Tempels wieder errichtet, wobei die Archäologen und Bauingenieure bis an die Grenze des Möglichen gegangen sind. Originalbauteile standen nicht vollständig zur Verfügung und nach der »Venezianischen Charta« zur Restaurierung antiker Stätten darf der Anteil der Kunststeine nur ein Viertel betragen. Entstanden ist ein anschauliches »Fragment«, bei dem die hintere Säulenreihe und der Anschnitt des Heiligtums die einstige Größe des Gebäudes und dessen eigentlich versteckte Baukonstruktion erkennen lassen. Die dafür benötigten Gelder sind jedoch hoch und stehen nur selten zur Verfügung. Sie wurden im Fall von Pergamon vor allem deshalb zur Verfügung gestellt, weil die Restaurierung des Trajaneums als Ersatz für den in Berlin verbleibenden Zeus-Altar gesehen wurde.

Antiken – zweigeteilt

Da über zwei Jahrhunderte lang Abenteurer und Archäologen die noch vorhandenen wertvollsten Kulturgüter antiker Kulturen in die Museen der damaligen Kolonialmächte transportierten, stellte sich lange die Frage: Will ich die Originale sehen oder den Ort, an dem sie einst standen? Inzwischen werden die Rufe immer lauter: Die Funde wie die Elging-Marbles oder die Friese des Pergamonaltars sollten zurückgeben werden. Doch so einfach ist das nicht – wie ein Vergleich zwischen Fundstücken zeigt, die aus dem heutigen Griechenland, der heutigen Türkei und dem heutigen Ägypten stammen.

*Die berühmten Friese des Zeus-Altars von Pergamon bleiben in Berlin –
als »Entschädigung« bauten deutsche Archäologen das Trajans-Heiligtum
wieder auf.*

Wie wir in Kapitel 6 erfahren haben, hat Lord Elgin vor allem das
damalige Desinteresse der Osmanen an den Antiken des Abendlandes sowie ihre Abhängigkeit von Großbritannien ausgenutzt,
um in den Besitz der Friese und Statuen des Parthenon und anderer Tempel der Akropolis zu kommen. Seit längerer Zeit fordern die Griechen sie zurück – zurecht? Auch wenn es berech-
tigte Zweifel daran gibt, dass die heutigen Griechen im strengen
ethnischen Sinn Nachfahren der antiken Griechen sind – sie
sehen sich als deren kulturelle Erben. Nachdem sie im frühen
19. Jahrhundert ihre Unabhängigkeit vom Osmanischen Reich
erkämpft hatten, begannen sie sogleich damit die antiken Stätten in ihrem Land zu restaurieren, allen voran die Akropolis in
Athen. Seit Jahrzehnten wird der Parthenon restauriert und in
Sichtweite der Akropolis wurde ein modernes Museum für die
antiken Kunstschätze errichtet, sodass der Besucher abwechselnd
auf die Friese und Skulpturen und dann durch große Sichtfenster
auf den Ort, an dem sie einst standen, blicken kann. Eine vorbild-

liche Präsentation der antiken Stätte und ihrer kostbaren Kunstschätze, doch gezeigt werden können im Museum nur Repliken. Zwar fordern die Griechen die Originale seit Jahrzehnten zurück, und werden dabei inzwischen von großen Teilen der Fachwelt und der UNESCO unterstützt, doch die britischen Regierungen lehnten eine Rückführung stets ab. Und nach dem Austritt Großbritanniens aus der Europäischen Union ist ein Gesinnungswandel noch unwahrscheinlicher geworden.

Als die deutsche Regierung einige in der Kolonialzeit geraubte Bronzen an den Benin zurückgab, erklärten einige KulturpolitikerInnen: auch der Pergamonaltar solle an die Türkei und die Büste der Nofretete an Ägypten zurückgegeben werden. Die Forderung nach Restitution der Büste der Nofretete besteht seitens Ägyptens schon längere Zeit – aber ist das Ersuchen rechtmäßig? Darüber streiten Experten schon eben solange.

Wem gehört die Büste der schönen Nofretete?

Sie wird als der Inbegriff der Schönheit gefeiert: die Büste der Königin Nofretete. Zu sehen ist sie jedoch nicht in Ägypten selbst, sondern im Ägyptischen Museum auf der Berliner Museumsinsel. Entdeckt hat sie 1912 der deutsche Archäologe Ludwig Borchardt, als er 1912 in der Wüste die ehemalige Stadt Echnatons, Achet-Aton, ausgrub. Dort hatte er die Büste in der Atelier-Ruine des Oberbildhauers von Echnaton freigelegt.

Doch war es rechtmäßig, sie nach Berlin zu bringen? Ja, urteilen die Berliner Museumsleute: Die Ausfuhr wurde bei der Fundteilung mit der ägyptischen Altertümerverwaltung vereinbart. Nein, kontert die ägyptische Antikenbehörde: Die Büste der schönsten Frau der Welt sei als einfacher Gipskopf ausgegeben worden und man habe die ägyptischen Behörden über ihre wahre Bedeutung getäuscht.

Doch selbst wenn das Rückgabegesuchen legitim wäre: Darf man Kulturgüter in diktatorische Länder zurückschicken, wo sie zur Selbstinszenierung von Autokraten missbraucht werden? So würde es im Fall der Nofretete-Büste geschehen, denn in Ägypten hat der 2013 durch einen Militärputsch an die Macht gekommenen Oberbefehlshaber Abd-Al-Fattah as-Sisi ein autoritäres System aufgebaut.

Und wie verhielte man sich – was bisher noch nicht der Fall ist – wenn von offizieller türkischer Seite die Rückgabe des Pergamonaltars gefordert würde?

Carl Humann hat die Altarfriese teils vor den Kalkbrennern gerettet, teils aus einer byzantinischen Verteidigungsmauer freigelegt, teils viele Kleinteile bei Grabungen geborgen und die Friese in jahrzehntelanger Puzzlearbeit rekonstruieren lassen. Außerdem wurde die Ausfuhr der Objekte mit dem inzwischen amtierenden Antikenkommissar Hamid Bey ausgehandelt. Bei diesen einmaligen Altarfriesen stellt sich daher eher die Frage: Wo ist ein geborgenes und rekonstruiertes Kunstobjekt am besten aufgehoben?

Die Situation in der Türkei ist außerdem nicht mit der in westafrikanischen Ländern wie Kamerun oder Benin vergleichbar. Dort gibt es eine gewisse Kontinuität der Ethnien und der Kulturen, in Kleinasien dagegen herrscht seit Jahrtausenden ein Kommen und Gehen, eine bunte Abfolge von Kulturen und Reichen. Das gilt auch für die Türkei alias das Osmanische Reich alias das Byzantinische Reich alias das Seldschukenreich alias Ostrom alias die Römischen Provinzen Pergamon, Kappadokien und Asien alias das Pergamonische Reich alias die Kolonien des griechischen Städtebundes alias das Lykische Reich alias das Hethiterreich alias der Vorposten des Assyrer-Reiches etc.

Jahrzehntelang konnten Archäologen aus aller Welt in dieser Schatzkammer graben, forschen und restaurieren. Als jedoch Recep Erdogan die Führung des Landes übernahm, verließ er den von Atatürk gewählten Weg eines konfessionsneutralen Staates und sucht die Reislamisierung der Türkei. Für die Archäologie hieß dies zunächst: Eine Nationalisierung der Stätten. An sämtlichen Ausgrabungsstätten wurden den ausländischen Grabungsleitern nach und nach die Lizenzen entzogen. Doch mit den internationalen Forschungsteams schwanden auch die großen Grabungs- und Restaurierungsetats. Inzwischen ist die Grabungsstätte von TROIA-Hisarlik wieder von Gras bedeckt, dessen Wurzeln sich langsam zwischen den über 4000 Jahre alten Mauersteinen der freigelegten Bronzezeitfestung ausbreiten und sie auseinandersprengen werden. Wie die Türkei inzwischen zu ihrem multikulturellen Erbe steht, ist nicht eindeutig zu erkennen. Man will mit großartigen antiken Stätten protzen, aber fühlt sich die türkische Kultur mit ihnen wirklich innerlich verbunden? Die Hagia Sophia etwa, die seit der Gründung der modernen Türkei ein Museum war, ließ Erdogan wieder in eine Moschee zurückverwandeln, wie zu Zeiten der Osmanen. Er sieht die Türkei zwar als Nachfolger und Erbe des Osmanischen Reiches, aber deren multikulturelle Toleranz lehnt er strikt ab.

Politik und nationale Interessen spielen bei der Frage, wem Schätze vergangener Kulturen gehören, eine zunehmend größere Rolle – das wird besonders deutlich beim TROIA-Hisarlik-Goldfund, den Heinrich Schliemann als vermeintlichen »Schatz des Priamos« sogleich mythisch auflud. Zwar hat Schliemann ihn offensichtlich gestohlen und heimlich aus dem Osmanischen Reich nach Griechenland geschmuggelt. Doch der reiche Kaufmann zahlte später eine Entschädigung, nicht zuletzt, weil er weiter auf TROIA-Hisarlik und an anderen Plätzen wie Mykene graben wollten. Nach dem Zweiten Weltkrieg galt der Schatz lange als verschollen, erst nach dem Untergang der Sowjetunion wurde bekannt, dass er sich im Puschkin-Museum in Moskau befindet. Doch selbst in der Zeit der größten Annäherung zwischen Deutschland und Russland wurde der Schatz trotz vieler Ersuche von deutscher Seite nicht zurückgegeben. Wenn sich die russischen Behörden je dazu entschließen würden, wem müssten sie diesen Goldschatz aus der Bronzezeit zusprechen: Den Deutschen, die den Schatz vor seinem Verschwinden besaßen, den

Griechen, die den Schatz als Teil ihrer kulturellen Vergangenheit ansehen, oder der Türkei, auf deren Boden er über vier Jahrtausende verborgen lag?

Politik und nationale Interessen beeinflussen jedoch auch immer stärker Ausgrabungen und den Erhalt antiker Stätten.

Mal Intoleranz, mal Habgier

In einigen Teilen der Welt schreckt die politische Instrumentalisierung der Archäologie nicht vor Zerstörung zurück: Zum bekanntesten Beispiel für diese Art radikaler Intoleranz wurden die Buddhastatuen von Bamiyan im afghanischen Gandahara. Die zwei 35 und 53 m hohen Skulpturen des stehenden Buddhas waren im Laufe des 6. und 7. Jahrhunderts n. Chr. aus dem Fels geschlagen und immer wieder mit neuen Farbschichten bedeckt worden. Jahrhundertelang begrüßten sie Pilger und Händler auf der Seidenstraße, bis sie von islamischen Fundamentalisten erst stückweise in Handarbeit, im Jahr 2001 dann von den in Afghanistan zur Herrschaft aufgestiegenen Taliban mit Sprengstoff vollständig zerstört wurden.

In Indien wiederum sorgen Hindu-Fanatiker dafür, dass die dortige Tempelarchäologie keine rein bewahrende Disziplin bleibt. Weil genau der Hügel, auf dem die Babri-Masjid-Moschee in Ayodhya stand, der Geburtsort des Gottes Ram gewesen sein soll und sein Tempel früher dort stand, wurde die Moschee von Hindufanatikern 1992 zerstört. Wochenlang war die Stimmung vorher von hindufundamentalistischen Politikern angeheizt worden. Gestützt auf die Arbeit der Archäologen haben sie eine Liste von rund 1000 Plätzen erstellt, an denen von Moscheen überbaute Hinduplätze wiedererstehen sollen. Was wird geschehen, wenn ein wenig besonnener Hindu-Nationalist indischer Ministerpräsident wird?

Manches Mal besteht die politische Instrumentalisierung im genauen Gegenteil: Im schonungslosen Wiederaufbau. So zeigte

Iraks Diktator Saddam Hussein (1937–2003) reges Interesse an antiken Stätten wie Babylon, Ur und Ninive. In Babylon ließ er beispielsweise das Ischtar-Tor, dessen Original-Ziegel Koldewey nach Berlin hatte bringen lassen, nach den Ausgrabungszeichnungen rekonstruieren und einen Teil der labyrinthischen einstigen Stadtmauer wieder aufbauen. Auch der Palast des Nebukadnezar II., als dessen legitimen Nachkommen und Vollstrecker als Peiniger des jüdischen Volkes Hussein sich sah, wurde neu errichtet. Dazu ließ er einen Teil der Palastausgrabungen zuschütten und auf den alten Grundmauern einen neuen Palast erbauen, der dem alten »nachempfunden« wurde. Eine Inschrift verkündet: »Ich, Saddam Hussein, Präsident und Beschützer des irakischen Volkes, habe den Palast des Nebukadnezar und die Zivilisation des Iraks wiederauferstehen lassen.« Auch die Zikkurat von Ur ließ er zum Teil rekonstruieren: Die ersten beiden Stufen wurden wieder errichtet und mit gebrannten Ziegeln verkleidet. Ebenso wurden Stadtmauer und Stadttore von Ninive aufwendig rekonstruiert. Weit ging Husseins Geschichtssinn jedoch nicht, denn bei dem geplanten Makhul-Staudamm am Oberlauf des Tigris nahm er es billigend in Kauf, dass Assur in den Fluten versunken wäre – der Dritte Golfkrieg im Frühjahr 2003 stoppte dieses Projekt.

Doch die Gefährdung der antiken Stätten war damit nicht abgewendet – ganz in Gegenteil. Seit dem Sturz des Hussein-Regimes sind archäologische Stätten und Funde so gefährdet wie nie. Im Chaos des Umsturzes kam es nicht nur zu verheerenden Plünderungen zahlreicher archäologischer Museen und Stätten, auch die Raubgrabungen nahmen einen ungeahnten Aufschwung. Unter den Augen der US-Armee begannen Iraker damit, den Boden archäologischer Fundorte mit Baggern durchzuwühlen. Manche Sumerer-Stätten in Südmesopotamien, so berichten zahlreiche Frontberichterstatter und Archäologen, gleichen mittlerweile Mondlandschaften.

Mit dem Irak ist die besonders bedeutende Wiege der eurasischen Zivilisation betroffen – doch Raubgräberei ist ein weltweites Phänomen: es reicht von Süd- und Mittelamerika, wo Stätten der Maya, Inka und Azteken von Banden geplündert werden über Asien bis nach Griechenland und in die Türkei. »Der größte Teil der antiken Altertümer, die Museen erwerben, ist irgendwo auf der Welt gestohlen worden: in Südamerika, China, Kambodscha, Thailand, Griechenland, Italien, der Türkei, dem Iran und so weiter«, urteilt Oscar White Muscarella, Archäologe und Senior Research Fellow am Metropolitan Museum of Art. »Manchmal werden Stücke aus alten Sammlungen erworben, die schon vor Jahrzehnten zusammengestohlen wurden.« Und das gilt natürlich erst recht für die immer größere Zahl von Privatsammlungen, die sich eine wachsende Zahl von Multi-Millionären und Milliardären als Wertanlage aufbauen. Viele Archäologen hatten ihre Grabungsprojekte inzwischen vom Irak nach Syrien verlegt, doch im Zuge des sogenannten »Arabischen Frühlings« wurde auch diese Land 2011 in einen Bürgerkrieg gestürzt, der vermutlich noch lange anhalten wird. Besonders in der Phase, in der die selbst ernannten Gotteskrieges des »Islamischen Staates« weite Teil Syrien vorübergehend in ihrer Hand hatten, richtet sich ihr Zorn auch gegen die zahlreichen – aus ihrer Sicht ketzerischen – Bauwerke und Tempel untergegangener Kulturen wie die legendäre Oasenstadt Palmyra. Was dabei alles an antiken Stätten zerstört und geplündert wurde, lässt sich bisher nicht einmal schätzen.

Müssen Fundort und -objekte überhaupt freigelegt werden, wenn sie dann fortan von Zerstörungen bedroht sind? Immer häufiger stellt sich für die Archäologen die Frage: Ausgraben oder lieber im Boden lassen?

Die Grabanlage von Qin – seit über 2000 Jahren unberührt?

Seit rund 2200 Jahren ist der Grabhügel von Qin, 35 Kilometer östlich der alten chinesischen Kaiserstadt Xi'an, weithin in der Landschaft sichtbar, auch wenn er im Laufe der Zeit etwas erodierte und von einem Zedernwald überzogen wurde. Doch ins Zentrum der Aufmerksamkeit rückte er erst wieder am 29. März 1974, als zwei Bauern 1,5 Kilometer vom Grabhügel entfernt einen Brunnen gruben und dabei in fünf Metern Tiefe auf Tonscherben und eine lebensgroße Tonfigur stießen. Die Behörden wurden verständigt und vier Monate später begannen die ersten Ausgrabungen, bei denen Hunderte der schnell weltberühmt gewordenen Terrakotta-Krieger freigelegt wurden. Sie flankierten, so sah es anfangs für die Archäologen aus, im Osten den Prozessionsweg und sollten die ganze Anlage gegen Feinde und Dämonen schützen. In drei Gruben standen rund 7300 Krieger kampfbereit in Schlachtformation, in den vorderen Reihen knieten Bogenschützen schussbereit, während in der kleinsten Grube Generäle von ihren Offizieren umringt wurden. Trotz der Masse haben alle Krieger individuelle Züge: Der Eine trägt einen Schnäuzer, der Nächste nicht, einer schaut grimmig, ein anderer fast heiter.

Wer war Qin Shi Huangdi, der Erste Kaiser?

Die Aussagen über Zheng, der 246 v. Chr. als 13-jähriger auf den Thron der Qin-Dynastie kam, sind höchst widersprüchlich. Er gilt als mächtig, aber auch ängstlich, als intelligent, aber auch brutal. Brutal ließ Zheng seine Armee im Jahr 221 v. Chr. das Reich, das bis dahin aus sechs miteinander verfeindeten Staaten bestand, einigen und nannte sich nun »Qin Shi Huangdi« – der Erste Kaiser von China.

Das vorherrschende Feudalsystem, das den Adel gestärkt hatte, ließ er durch eine zentralstaatliche Bürokratie ersetzen, Maße, Währung, Gewichte, Gesetze und die Schrift wurden vereinheitlicht. Qin führte drakonische Strafen, Sippenhaft und Denunziation ein – während seiner Regierungszeit sollen rund zwei Millionen seiner Untertanen durch Hinrichtungen, auf dem Schlachtfeld oder in der Zwangsarbeit zu Tode gekommen sein. Er ließ sich 270 Paläste und Pavillons errichten, doch außer einer kleinen Schar von Getreuen durfte niemand wissen, wo sich der Kaiser aufhält, so sehr fürchtete er um sein Leben. Zwangsarbeiter mussten Jahrzehnte an seiner Grabanlage bauen, denn Qin wollte die Welt der Toten genauso kontrollieren wie die der Lebenden. Doch vergebens – kaum war der Herrscher 210 v. Chr. gestorben, stürzte das Land wieder ins Chaos. Sicher ist: Qin Shi Huangdi wurde zum meistgehassten Mann der chinesischen Geschichte. Als den »hässlichsten und unzivilisiertesten Mann Chinas«, beschreiben ihn die Chronisten der nachfolgenden Han-Dynastie: »Hühnerbrüstig, schäbig, kriecherisch, schamlos und zu unnatürlichem Verhalten neigend.« Und weil der Name »China« sich von Qin – sprich »Tschin« – ableitet, sprachen die Einheimischen lieber vom »Land der Mitte«.

Während die Terrakotta-Armee immer mehr Touristen aus aller Welt, aber auch aus dem eigenen Land anlockte, änderte die Volksrepublik China, die bis dahin Erforschung und Erhalt ihrer alten Kulturgüter aus politischen Gründen eher vernachlässigt hatte, nun allmählich ihren Kurs. Doch mit Chinas neuer und selbstbewusster Rolle in der Welt nahm auch die Erforschung der Grabanlage des Kaisers Qin Fahrt auf. 1999 öffneten Archäologen eine östlich des Grabhügels gelegene rund 15 000 Quadratmeter große Grube, die sich als Rüstungskammer entpuppte, in der unter anderem Panzerungen und Helme aus Kalksteinplättchen lagen. 2001 legten die Archäologen einen Teil eines unterirdischen Kanals frei, an dem lebensgroße Kraniche aus Bronze standen. Bald darauf wurden gleich drei neue Museen vor Ort eingerichtet, um die neuen Funde zu präsentieren.

In den Zweitausender Jahren wurde eine Fläche von rund 56 Quadratkilometern um den sichtbaren Grabhügel auf einzelne, verstreute Elemente der Grabanlage hin erforscht. Rund 100 Wissenschaftler führten seismische, chemische und geophysische Untersuchungen durch, an einigen Stellen wurden mit langstieligen

Heute schützt eine Halle die freistehenden Figuren vor ihrem weiteren Zerfall, nachdem sie ihre Farbe beim ersten Luftkontakt einbüßten.

Minischaufeln kleine Bodenproben entnommen: 183 Gruben und 400 Seitengräber konnten so registriert werden. Dabei entdeckten die Archäologen eine Grube, angefüllt mit dickbäuchigen Regierungsbeamten. Da sich Qin nicht mit einer Armee begnügte, sondern in weitere Gruben Pferde, Beamte, Rüstungen, Künstler- und Musikergruppen deponieren ließ, glaubt der langjährige Grabungsleiter Duan Qingbo: Qin wollte seinen gesamten Regierungsapparat mit ins Jenseits nehmen, um ihn so zu verewigen und das Reich zu stabilisieren. Im Jahr 2012 gaben die chinesischen Behörden bekannt, dass die Archäologen den Totenpalast Qins gefunden hätten. Der bisher größte Gebäudekomplex des Areals soll sich über 690 x 250 m erstrecken, ein Zentral- und 18 Nebengebäude umfassen und auf einer Nord-Süd-Achse ausgerichtet sein. Und im Frühjahr 2014 wurden rund fünf Kilometer vom Mausoleum entfernt 45 Gräber von einstigen Zwangsarbeitern an Qins Grabanlage freigelegt.

Inzwischen haben die Archäologen auch den Grabhügel selbst unter die Lupe genommen: Ein 30 Meter hohes Gebäude soll sich über der eigentlichen Grabkammer erstrecken. Obwohl weder Radar noch Magnetometer bis in dessen Inneres vordringen können, geben sich die Behörden gewiss: Das Mausoleum des Ersten Kaisers soll in den über zwei Jahrtausenden nie von Grabräubern aufgebrochen und geplündert worden sein. Und entsprechend nähren sich die Gerüchte über Schätze und Selbstschussanlagen. In seiner Chronik »Shiji« schrieb der Historiker Sima Qian rund ein Jahrhundert später über die Grabanlage: »Ihr Inneres wurde mit Modellen von Palästen und Pavillons, Edelsteinen und seltenen Objekten gefüllt. Die Handwerker befestigten schussbereite Armbrüste, auf dass sie jeden, der eindringt, töten. In den nachgebildeten Flüssen und Ozeanen strömt Quecksilber … alles wird von einem leuchtenden Sternenhimmel überwölbt.«

Zugeschüttet lassen!

Während die Archäologen dieses Rätsel gern lösen würden, bleiben die chinesischen Behörden hart. Dies könnte aus echter Sorge geschehen, denn nur solange die Grabbestandteile im gut konservierenden gelben Lössboden lagern, sind sie sicher. Nicht nur organische Objekte aus Holz oder Textilien sind gefährdet, schnell in der Luft zu verfallen – das haben die Freilegungen der Terrakotta-Krieger in dramatischer Weise gezeigt. Die heute grauen Figuren waren noch zum Zeitpunkt ihrer Ausgrabung bunt. Doch sie erhielten für ihre Färbung eine Grundierung mit organischen Bindemitteln, die beim Kontakt mit Sauerstoff sofort zerfällt: die Farbe blättert innerhalb von Stunden ab. Deshalb erforscht seit 1988 ein deutsch-chinesisches Projekt die einzelnen Bestandteile der Farben und Grundierungen. Nach vielen Experimenten steht seit Kurzem endlich eine zwar aufwendige, aber erfolgreiche Methode zur Konservierung zur Verfügung. Oder haben die Chinesen am Ende Angst davor, im Inneren der Grabpyramide auf ernüchternde Ergebnisse zu stoßen? Auszusprechen traut sich das nur der langjährige Ausgräber Duan: »Vielleicht haben Grabräuber schon alles weggebracht, vielleicht ist das, was wir dort finden, enttäuschend.« Steht doch schon in den chinesischen Chroniken: Als Qin 210 v. Chr. starb, folgte ihm sein Sohn Huhai auf den Thron. Er war jedoch kein fähiger Herrscher und die Wut über seine brutale Herrschaft führte zum Aufstand. Im Jahr 206 v. Chr. brach die Qin-Dynastie zusammen, die Haupstadt Xiayang und das Mausoleum des Ersten Kaisers wurde geplündert und zerstört.

Nicht nur in China, an vielen Orten der Welt denken Archäologen inzwischen ernsthaft über die Alternative »Zugeschüttet lassen« nach: In Göbekli-Tepe wurde von vorn herein nur knapp zwei Prozent des gesamten Heiligtum-Areals auf dem Nabelberg ausgegraben.

Auf dem Burgberg von TROIA erhebt sich ein kleiner konischer Hügel: In ihm befinden sich noch alle 46 TROIA-Siedlungsschichten – unberührt. Künftigen Forschern soll die Chance erhalten werden dieses Areal mit ihren vermutlich viel raffiniertere Methoden zu erfassen. Und für Pompeji, dessen Gesamtfläche von rund 66 Hektar (92 Fußballfelder nach FIFA-Norm) sowieso erst zu zwei Drittel ausgegraben ist, fordern Wissenschaftler des »Pompeii Sustainable Preservation Project« einerseits die Erforschung, wie Freilegungen und einzelne Restaurierungsmaßnahmen langfristig wirken – keine andere Ausgrabungsstätte liegt länger frei, keine ist größer und an keiner anderen wurde so viel herumgedoktert. Darüber hinaus wird durchaus auch das Wieder-Zuschütten als Handlungsoption in Betracht gezogen – allerdings fehlt dieser Maßnahme noch ein tragender Sponsor.

Erforschen ohne zu berühren

»Zugeschüttet lassen« muss nicht mehr »unerforscht lassen« heißen, dazu hat die Archäologie nichtinvasive Forschungsmethoden entwickelt.

Die erste Erfassung möglicher archäologischer Fundbereiche erfolgt dabei aus der Luft. Zum einen mit den schon länger gebräuchlichen Luftbildern, die von Flugzeugen oder Satelliten aufgenommen werden. Durch die Methode können Gebäudefundamente, aber auch alte Kreisgrabenanlagen und Römerlager unter Wiesen oder Ackerflächen ausgemacht werden. Eine ganz neue Dimension hat die Fernerkundung mit dem Lasern aus der Luft (LiDAR-Projekt) erreicht, das Gräben, Wallanlagen, Gebäudereste und Grabhügel selbst unter dichtem Bewuchs sichtbar macht – wie wir im letzten Kapitel am Beispiel des mexikanischen Regenwaldes sahen. Wird ein Objekt zur näheren archäologischen Erforschung ausgewählt, kommt als zweites ein Nahmessverfahren zum Einsatz. Das erstmals unter anderem in Troja angewandte Magnetometer-Verfahren, mit dem vom Menschen vorgenommene Eingriffe im Boden registriert werden, hat sich längst zu einem Routineinstrument entwickelt. Bei kleineren Flächen setzen die Archäologen inzwischen aber auch einen Bodenradar ein, der tiefer in den Untergrund eindringen kann und eine höhere Auflösung der Profile zulässt.

An dritter Stelle kommt dann die entscheidende Frage: Einzelne Areale gezielt ausgraben oder reicht eine virtuelle Rekonstruktion? Dabei wird mithilfe der erfassten Daten und einem Programm, das die Eckdaten solcher Bauwerktypen gespeichert hat, eine Simulation erstellt. Führend auf diesem Gebiet ist das österreichische »Ludwig Boltzmann Institut für Archäologische Prospektion und Virtuelle Archäologie«, dessen Wissenschaftler schon an Projekten unter anderem in Stonehenge und dem dänischen Birka teilgenommen haben. Doch eine Prospektion mit anschließender virtueller Rekonstruktion wurde erst an einem Projekt vollendet. 45 Kilometer östlich der heutigen Hauptstadt Österreichs lag vor rund 1800 Jahren die römische Provinzhauptstadt Carnuntum, von der in unserer Zeit nur noch einige Mauerreste des einstigen Theaters aus dem Boden ragen. Auch hier haben die Forscher des Ludwig Boltzmann-Instituts die umliegenden Wiesen und Ackerflächen mit ihrem fahrbaren Radarsystem untersucht. Dabei wurden Unmengen an Messdaten erfasst, die von einem Visualisierungsprogramm zunächst in zweidimensionale Bilder umgesetzt werden. Bei einem ehemaligen Bauwerk konnten die Archäologen nicht nur gut Säulen- und Hausmauerfundamente erkennen, sondern sie entdeckten auch mitten in dessen auffallend großen Hof kreisförmig angelegte Spuren von Holzpfosten. Nun gab es keinen Zweifel mehr: Das muss ein Ludus, eine Gladiatorenschule gewesen sein, nur in ihnen wurden große hölzerne Übungsarenen errichtet.

Gefüttert mit den Grundrissdaten konnte nun das dreidimensionale Visualisierungsprogramm den Gebäudekomplex so exakt und mit kompletter Fassade zeichnen, dass er gut als Hintergrund für einen Gladiatorenfilm nutzbar wäre. Doch der Ludus von Carnuntum war ein Sonderfall, denn die vollständige Rekonstruktion des Gebäudes vom Keller bis zum Dach war nur möglich, weil die Archäologen schon unzählige römische Gebäude unter die Lupe genommen haben. Sie wissen nicht nur wie die Römer bauten, sondern auch über welche Bauelemente die einzelnen Gebäudetypen routinemäßig verfügten. Wir sehen also nicht nur die Gladiatorenschule von Carnuntum, sondern dahinter verbirgt sich der Prototyp dieser römischen Institution.

Wie aussagekräftig sind also derartige Simulationen und liegt die Zukunft der Archäologie in dieser Virtuellen Vorgehensweise? Der Wissenschaftler Paul Reilly, der die Zunft schon zu Beginn der 1990er-Jahre auf dem Weg zu einer »Virtuellen Archäologie« sah, benennt die Vorteile: »Die Virtuelle Rekonstruktion ist die beste Methode, um die Frage zu beantworten: Wie viel lässt sich überhaupt rekonstruieren? Sie ist vielleicht das einzige verfügbare Mittel, um zu einer immer korrekteren Einordnung und Deutung zu kommen.« So können uns die Simulationen der virtuellen Archäologie einen ganz neuen Blick auf antike Stätten bieten, wenn die wissenschaftlichen Erkenntnisse erheblich vom Erscheinungsbild der heutigen Ruinen abweichen: Wie sah der Pergamonaltar oder der Zeus-Tempel von Olympia mit vollständiger Bemalung aus? Sinnvoll wäre auch die virtuelle Simulation von gefährdeten und nicht erreichbaren antiken Stätten wie beispielsweise im Irak. Es gibt zwar einzelne Projekte wie eine 3D-Simulation von Babylon, die von der Universität Uppsala betrieben wird. Doch dieser stehen zu wenig Eckdaten zur Verfügung, um ein hochauflösendes Modell der Stadt zu entwerfen.

Ein weiteres, sinnvolles Anwendungsgebiet haben Wissenschaftler am Beispiel des völlig zerfallenen Banteay-Khmer-Tempels im Nordwesten Kambodschas erschlossen. Denn diese Tempelanlage ist zu mehr als 80 Prozent eingestürzt – Hunderttausende Steinquader aus Sandstein liegen verstreut um die noch stehenden Mauern, überwuchert von der üppigen Natur des Tropenwaldes. Ein Forschungsprojekt unter Leitung des Heidelberger Mathematikers Hans Georg Bock will ein genaues, kein vereinfacht hochgerechnetes Bild der weitverstreuten Anlage erzeugen und hat deshalb begonnen, deren Teile wie ein riesiges 3D-Puzzle zu behandeln. Das genaue Einscannen eines einzelnen Sandsteins dauert im Schnitt gut 30 Minuten, da jede Kante des Objekts erfasst werden muss. Bei einer 60 m langen Galerie zeigt sich der ganze Vorteil der Methode: Hier konnten die Wissenschaftler das Relief des Avalokiteshvara (der tausendarmige Bodhisattva des

Ruinen des völlig zerfallenen Banteay-Khmer-Tempels in Kambodscha.

Mitgefühls) wieder sichtbar werden lassen, das im Original durch die unterschiedlichen Farbschattierungen der verwitterten Steine unkenntlich geworden war. Doch die Methode kommt nur sehr langsam voran, ist sehr teuer und liefert keine gigantischen Ergebnisse. Für TV-Dokumentationen über die gesamten Khmer-Tempel, die mit schierer Größe beeindrucken wollen, ist sie kaum geeignet. Doch für einzelne zerfallene Antiken wie den Banteay-Khmer-Tempel ist sie die einzige Chance der Reanimation, denn ein Wiederaufbau würde zu umfangreiche Arbeiten erfordern. Fazit: Ohne diese individuelle Erfassung sehen alle Animationen annähernd gleich aus, für Unerwartetes, Untypisches und Anomalien ist kein Platz, die Fantasie wird folglich nicht angeregt.

Soweit sind die virtuellen Bilder dann gar nicht von einer Knossos-Restaurierung im Art-Deco-Stil entfernt, denn auch wir sehen die antiken Stätten durch unsere zeitgeschichtliche Brille. Nur ist sie in diesem Fall keine künstlerische Stilrichtung, sondern die technische Reproduzierbarkeit. Alle Daten, die mit technischen Hilfsmitteln erhoben werden können, werden ausgewertet und zu einer Simulation hochgerechnet. Doch die am Rechner entstehenden Bauwerke sehen extrem steril aus, da sie nur die Produkte wiederholbarer Rechenoperationen sind. Künstliche Intelligenz wird hier jedoch in nächster Zeit ganz neue Maßstäbe setzen: Nachbildungen werden bald nicht mehr von den Originalen zu unterscheiden sein. Die große entscheidende Frage wird dann lauten: Werden wir dann noch den vielleicht letzten, aber entscheidenden Vorzug der realen antiken Stätten spüren können: die Aura des Originals? Warum sollten wir sonst die mitunter beschwerliche Reise auf uns nehmen, um diese Orte zu sehen? Noch erleben die meisten von uns das allgegenwärtige »Memento mori« einer Welt, die plötzlich aus ihrem Alltag gerissen wurde. Uns berührt weniger die Größe oder der gut erhaltene Zustand der Bauten, sondern die Tatsache, dass dies der ganz reale Ort ist, an dem das jeweilige Historische geschah. Diese Steine sind schon von den alten Pharaonen berührt worden, über diesen Boden ist Alexander der Große geritten – diese Authentizität des Originals beflügelt die Fantasie mehr als die besten Rekonstruktionen.

Wie lange noch?

Literatur- und Quellenverzeichnis

Andrae, Walter: Das wiedererstandene Assur, München 1977

Bär, Jürgen: Frühe Hochkulturen an Euphrat und Tigris, Stuttgart 2009

Beinhauer, Karl W. u. a.(Hrsg.), Studien zur Megalithik, Mannheim/Weißbach 1999

Bengen, Etta u. a. (Hrsg.), Steinreiche Heide. Verwendung und Bearbeitung von Findlingen in der Lüneburger Heide, Uelzen 1998

Benz, Marion/Maise, Christian: Archäologie, Stuttgart 2006

Behringer, Wolfgang: Kulturgeschichte des Klimas, München 2007

Bezold, C.: Ninive und Babylon, Bielefeld 1903

Brandau, Birgit/Schickert, Helmut /Jablonka, Peter: Troia – wie es wirklich aussah. München 2004

Burkert, Walter: Die Griechen und der Orient, München 2003

Cancik-Kirschbaum, Eva: Assyrien – Geschichte, Gesellschaft, Kultur, München 2005

Cremin, Aedeen (Hrsg.) Große Enzyklopädie der Archäologie, Stuttgart 2013

Der geschmiedete Himmel – Die weite Welt im Herzen Europas vor 3600 Jahren (Hrsg.) Meller, Harald, Stuttgart 2004

Deuel, Leo (Hrsg.), Das Abenteuer Archäologie – Berühmte Ausgrabungsberichte aus dem Nahen Osten, München 1982

Diwersy, Alfred und Wand, Gisela: Irak – Land zwischen Euphrat und Tigris, Blieskastel 2001

Capelle, Torsten: Bilderwelten der Bronzezeit, Mainz 2008

Cremin, Aedeen (Hrsg.) Große Enzyklopädie der Archäologie, Stuttgart 2013

Der geschmiedete Himmel – Die weite Welt im Herzen Europas vor 3600 Jahren (Hrsg.) Meller, Harald, Stuttgart 2004

Diamond, Jared: Arm und Reich – die Schicksale menschlicher Gesellschaften, Frankfurt am Main 2000

Diamond, Jared: Kollaps – warum Gesellschaften überleben oder untergehen, Frankfurt am Main 2011

Edzard, D.O.: Geschichte Mesopotamiens. Von den Sumerern bis zu Alexander dem Großen, München 2004

Elsner, Hildegard: Wikinger Museum Haithabu, Schleswig 1989

Fagan, Brian M. (Hrsg.): Die 70 großen Geheimnisse der alten Kulturen, Frankfurt 2001

Fansa, Mamoun/Both, Frank/Haßmann, Henning (Hrsg): Archäologie/Land/Niedersachsen, 400.000 Jahre Geschichte, Stuttgart 2004

Focke-Museum (Hrsg.): Graben für Germanien – Archäologie unterm Hakenkreuz, Stuttgart 2013

Forte, Maurizio und Siliotti, Alberto (Hsg.): Die neue Archäologie – virtuelle Reisen in die Vergangenheit, Bergisch-Gladbach 1997

Gilgamesch-Epos, bearbeitet von Raoul Schrott, München 2001

Grube, Nikolai (Hrsg.): Die Maya – Gottkönige im Regenwald, Köln 2000

Herodot: Historien, Stuttgart 1955

Hrouda, Barthel (Hrsg.): Der Alte Orient, Gütersloh 1991

Hrouda, Barthel: Mesopotamien, München 2000

Kelly, Robert L: Warum es normal ist, dass die Welt untergeht, Darmstadt 2020

Klotz, Heinrich: Die Entdeckung von Çatal Hüyük. Der archäologische Jahrhundertfund, München 1998

Koldewey, Robert: Das wiedererstandene Babylon, 1990

Korn, Wolfgang: Mesopotamien – Wiege der Zivilisation und aktueller Krisenherd, Stuttgart 2013

Korn, Wolfgang: 50 Klassiker Archäologie – Die wichtigsten Fundorte und Ausstellungsstätten, München 2020

Korn, Wolfgang: Nordische Mythen – Streitbare Götter, sagenhafte Stätten, tragische Helden, Köln 2021

Korn, Wolfgang: Das Geheimnis der Megalithkulturen – Stonehenge, Menhire, Großsteingräber, München 2024

Krause, Arnulf: Die Welt der Wikinger, Hamburg 2013

Lammerhuber, Lois u. Ladstätter, Sabine: Ephesos – Der Reiz der Zerstörung, Baden 2013

Lataz, Joachim Troia und Homer. Der Weg zur Lösung eines alten Rätsels, Koehler und Amelang-Verlag, Leipzig 2010

Lewis, Bernard: Der Untergang des Morgenlandes, Bergisch Gladbach 2002

Marzahn, Joachim und Salje, Beate (Hrsg.): Wiedererstehendes Assur, Mainz 2003

Matthiae, Paolo: Ninive. Glanzvolle Hauptstadt Assyriens, München 1998

Mellaart, James: Çatal Hüyük. Stadt aus der Steinzeit. Bergisch Gladbach 1967

Miglus, Peter: Wohnkultur im alten Orient in: Damals 10/2003

Montgomery, David R.: Dreck – Warum unsere Zivilisation den Boden unter den Füßen verliert, München 2010

Müller, Johannes: Großsteingräber – Grabenwerke – Langhügel. Frühe Monumentalbauten Mitteleuropas, Darmstadt 2017

National Geographic (Hrsg.): Unbekannter Irak, Hamburg 2002

Niebuhr, Carsten: Reisebeschreibung nach Arabien und anderen umliegenden Ländern, Zürich 1992

Nissen, Hans J.: Geschichte Altvorderasiens, München 1999

Nissen, Hans J. und Heine, Peter: Von Mesopotamien zum Irak, Berlin, 2003

Nunn, Astrid: Der Alte Orient – Geschichte der frühen Hochkulturen, Stuttgart 2011

Parker Pearson, Mike: Stonehenge – A Brief History (Archaeological Histories), London 2023

Renfrew, Colin: Archaeology. Theories, Methods and Practice, London 1996

Riese, Berhold: Die Maya, München 2000

Roux, Georges und Renger, Johannes: Irak in der Antike, Mainz 2005

Saggs, H.W.F.: Babylonians, London 1995

Sawyer, Peter (Hrsg.): Die Wikinger. Geschichte und Kultur eines Seefahrervolkes, Stuttgart 2000

Schmidt, Klaus: Sie bauten die ersten Tempel – das rätselhafte Heiligtum der Steinzeitjäger, München 2006

Staatliche Museen zu Berlin (Hrsg.): Babylon. Wahrheit. Ausstellungskatalog, München 2008

Staatliche Museen zu Berlin (Hrsg.): Babylon. Mythos. Ausstellungskatalog, München 2008

Starke, Frank: Ausbildung und Training von Streitwagenpferden, Wiesbaden 1995

Toynbee, Arnold: Menschheit und Mutter Erde – Die Geschichte der großen Zivilisationen, Hildesheim 1996

TROIA – Grabungsbriefe an die »Freunde von Troia« aus den Jahren 1992 bis 2013, Truva – Türkei

»Troia – Traum und Wirklichkeit«, Hrsg. Archäologisches Landesmuseum Baden-Württemberg, Stuttgart 2001

Trümpler, Charlotte (Hrsg.): Das große Spiel – Archäologie und Politik, Köln 2008

»Zeit der Helden – Die ›dunklen Jahrhunderte‹ Griechenlands 1200–700 v.Chr.«, (Hrsg.) Badisches Landesmuseum Karlsruhe, Darmstadt 2009

Wilhelm, Gernot (Hrsg.): Zwischen Tigris und Nil. 100 Jahre Ausgrabungen der Deutschen Orient Gesellschaft in Vorderasien und Ägypten, Mainz 1998

Wilkinson, Paul: Pompeji – Der letzte Tag, Köln 2004

Wille, Hermann: Germanische Gotteshäuser, Leipzig 1934

Außerdem wurden zahlreich Forschungsberichte und Pressemitteilungen der im Text genannten Forschungsinstitute sowie von der Website »Archäologie-Online« verwendet.

Es empfiehlt sich, im Internet mit gekoppelten Suchbegriffen präzise nach einzelnen Fakten und den jeweiligen Ausgrabungsstätten zu fahnden.

Register

Die *kursiven* Seitenzahlen verweisen auf die Abbildungen.

Abu Simbel, Tempel von 56, 109
Achet-Aton 181
Ackerbau und Viehzucht 50
Agamemnon 45 ff., 131, 135, 222
- Totenmaske 222
Ägypten 25, 163–182
- Königslisten 167
Ägyptische Nationalmuseum Kairo 113
Ajax 131
Akropolis von Athen 100, 102 ff.,*102*, 318
Alcubierre, Rocque Joaquin de 77
Alexandria 70, 99 f.
- Leuchtturm 70
- Palast der Kleopatra 99
Alte Palastzeit (Kreta) 27
Amenhotep IV., ägyptischer Pharao 181
Angkor Thom 149, 158
Angkor Wat *145*, 146 ff., 157 f.
Antikythera, Wrack von 66
Antonio da Magdalena 146
Antonius Pius, Thermen des (Karthago) *52*, 57
Anubis 25
Archäologie, Experimentelle 261 f.
Athen 64 f., 74, 78, , 102 ff., *102*, 318
- Akropolis 100, 102 ff., *102*, 318
- Parthenon 74, 78, 100, 102 ff., *102*
Atlantistheorie, nordische 278
Augustinus 54
Augustus, römischer Kaiser 65, 190, 298
Azteken 324

Babylon 33, 80, 84, 86 ff., 94 f., 97, 323
- Hängende Gärten 70, 89
- Ischtar-Tor 88 f., *89*, 323
- Turm von 95
Bakon, Tempel 146

Bamiyan, Buddhastatuen 322
Banteay-Khmer-Tempel 332 f., *333*
Batania, Ija M. 215
Batey, Colleen 263
Baumringchronologie *siehe* Dendro-
chronologie
Behringer, Wolfgang 298
Belzoni, Giovanni 105 ff., *107*
Benin-Bronzen 319
Bergama 100, 114 ff.
Bergemann, Johannes 48
Berlin 88, 100, 117
- Ägyptisches Museum 100
- Pergamonmuseum 88, 100, 117
Bernstein 222
Bey, Hamid 320
Bingham, Hiram 282, 283 f.
Blegen, Carl William 183 f.
Bock, Hans Georg 332
Bonucci, Antonio 271
Borchardt, Ludwig 112, 319
Borobodur 142 ff., 156 f., *157*
Botta, Paul-Emile 84 f.
Braidwood, Robert John 282, 284
Breker, Arno 279
British Museum, London 80 ff., 85
Bronze 220 f.
Bronzezeit 33, 208–226
Bruce, Thomas 102 ff.
Brückner, Helmut 302
Brüllow, Karl Pawlowitsch 271
- *Der letzte Tag von Pompeji* 271
Bulwer-Lytton, Edward 271 ff.
- *The Last Days of Pompeii* 271 ff.
Bupsee 228
Busch, Andreas 230 ff.
Byzantiner 55

C-14-Methode 167 ff.
Caesar, römischer Diktator 65
Calamuk 305
Calvert, Frank 126, 128 f., 133
Campo Vacchano *71*
Çanakkale 205
Canterbury 54
Carnarvon, Lord 180, 275
Carnuntum 320
Carter, Howard 179 f., 273 ff., *274*
Catherwood, Frederick 149 ff.
Çayönü 208, 285
Champollion, Jean-François 110
Chase, Arlen F. 306
Chateaubriand, Francois René 53, 105
Cheops-Pyramide, Gizeh 56, *56*
Chichen Itza 152, 306 f.
Colonia Claudia Ara Agrippinensium
    siehe Köln
Commaille, Henri 147, 149
Cornelius, H. C. 141 ff.
Cruz, Arnoldo González 158
Curtius, Ernst 30 f.
Cusco 283

Dahschur 56
Danegeld 264
Dark Age 199, 202
De Jong, Piet 315 f.
Delphi 66, 74
    - Orakel von 74
Dendrochronologie 169 f.
Deutsche Archäologische Institut Rom 85
Deutsches Ahnenerbe 277, 279
Diamond, Jared 309
    - Die fünf Kollaps-Kriterien 309
Die Sieben Weltwunder 70
Dolmen 39, 50
Domus Aurea, Rom 75
Doria, Andrea 54
Dörpfeld, Wilhelm 117, 138, 184
Dorset 265
Dreyer, Günther 172 ff.
Drovetti, Bernardino 108
Dublin 254 ff., *254*

Easton, Donald 197
Echnaton, ägyptischer Pharao 112,
    165, 181
Edfu, Tempel von 56

Eisenzeit 33
Eiszeit 34
El Mirador 151
El-Bekri 53, 57
Elephantine 172 ff., *173*, *174*
Elgin, Lord *siehe* Bruce, Thomas
Elging-Marbles 102 ff., 317
Elliger, Winfried 55
Ephesos 70, 291 f., *292*, 295 ff., 315
    - Artemis-Tempel 70, 295 f.
    - Celsus-Bibliothek *296*
    - Hadrian-Tempel 297
Eric Blutaxt 256, 258
Erikson, Leif 266
Etrusker 34
Evans, Arthur 27 f., *136*
Experimentelle Archäologie 261 f.
Externsteine 277

Forum Romanum, Rom *71*, 72
Fundteilung 112

Genua 54
Germanen 240
Gilgamesch 91 ff.
Gilgamesch-Epos 83, 92 f.
Gizeh 56, *56*, 165, 312, *312*. 313 f.
    - Große Ägyptische Museum 312,
    312. 313 f.
    - Pyramiden von 70, 165
Glazial siehe Kaltzeit
Goddio, Frank 99
Gokstad-Schiff *264*
Groslier, Bernard Philippe 149
Große Ägyptische Museum, Gizeh 312,
    312, 313 f.
Große Mannsdränke 230, 232

Hacksilber 267, *267*
Hadrain, römischer Kaiser 317
Hagia Sophia, Istanbul 54, 321
Haithabu 252, 259 ff., *259*
Hall, Richard 256
Hallig Südfall 230
Hängende Gärten, Babylon 89
Hannibal 54 f.
Hatschepsut, ägyptische Pharaonin 311
Hawass, Zahi 285 f.
Heidenopfertisch 39 f., *39*
Heimskr 250

Herculaneum 22 f., 77, 271
Herodot 163, 182
Hethiter 196 ff., 293 f.
Himmelsscheibe von Nebra 222 ff., *223*
Himmler, Heinrich 277
Hölkeskamp, Karl-Joachim 200
Homer 123, 128, 137, 183, 190 f., 196 ff.,
  200 ff., 207
  - *Ilias* 123, 137, 183, 190 f., 196 ff., 200 ff.
  - *Odyssee* 123, 200
Hortfunde 24, 239 f.
Horus-Studie 178
Hösseringen, Museumsdorf 58
Hueber, Friedmund 295
Hühnenbett 50
Humann, Carl 114 ff., 320
Humbold, Alexander von 153
Hussein, Saddam 97, 323

Ilias (Homer) 123, 137, 183, 190 f., 196 ff.,
  200 ff.
Incoronato, Alberto 22
Indiana Jones 281 ff.
Inka 283 f., 324
Interglazial *siehe* Warmzeit
Ischtar-Tor, Babylon 88 f., *89*, 323
Istanbul 321
  - Hagia Sophia 321

Java 141 ff.
Jayavarman VIII., König der Khmer 146 f.
Jordan, Julius 81
Jorvik Viking Centre 256 f.
Julius II., Papst 75 f.

Kairo 57, 113, 165, 311, 313
  - Ägyptische Nationalmuseum 113
  - Nationalmuseum der ägyptischen
    Zivilisation 311, 313
Kalokerinos, Minos 26
Kaltzeit 34
Karer 48
Karnak 175 f.
  - Tempel 175
Karthago 52, 53 ff., 57
Kato Zarkros 27
Kauffmann, Angelica *79*
Khmer 146 ff.
Khmer-Reiche 147 f.
Kleinekneten I und II 40, 280

Klimaveränderungen 294 f.
Klopfleisch, Friedrich 218
Knossos 27 ff., 315 ff., *316*, 333
Koldewey, Robert 86 ff., 323
Köln 32
Kolosseum, Rom 63, 72, 315
Königslisten 167
Konstantinopel 54, 102
Korfmann, Manfred 185 ff., *188*, 193 f.,
  202 ff.
Krause, Rüdiger 217
Kreta 26 f., 31, 44, 46
Krieg, Erster Punischer 54
Krieg, Trojanischer 46 ff., 131, 135, 204
Krieg, Zweiter Punischer 55
Kroisos, Lyderkönig 295
Kühn, Hans-Joachim 227
Kyklopen 45, 50

Lagasch 90 f.
Laokoon-Gruppe 75 f., *76*
Latacz, Joachim 198 ff.
Layard, Austen 80, *81*, 85
Lebreton, Jacques 101
Lepsius, Karl Richard 111
  - *Denkmäler Ägyptens und
    Äthiopiens* 111
Leubingen, Fürstengrab *217*, 218
Lhuillier, Alberto Ruz 153
Libby, Willard Frank 167
LIDAR-Projekt 305, 330
Lindner, Martin 280
Linear-A-Schrift 26, 44, 46
Linear-B-Schrift 27 f., 44, 46 f., 201, 222
Loftus, William Kenneth 91
London 80 ff., 85, 100
  - British Museum 80 ff., 85, 100
Lord Carnarvon 180
Louvre 84
Luxor 176

Machu Picchu *282*, 283 f.
Mädchen von Yde 234, 236
Maggi, Luigi 273
  - *Gli ultimi giorni die Pompeii* 273
Mailand, Dom 54
Maise, Christian 262
Malia 27
Marchal, Henri 149
Mariette, Auguste 113

Marturano, Aldo 22
Maske des Agamemnon 43
Massenspektrometer 213 f., 216 f.
Mausolos, König von Halikarnassos 70
Maya 151, 158 f., 304 ff., 324
Maya-Kultur 149
Megalithgräber 38, 50, 53, 58, 58
Megalithkulturen 38, 40, 50, 53, 58
Memphis 165, 181
Mesopotamien 90, 98
Michaelsen, Karl 280
Miksic, John 141
Minoer 26 f., 46
Minos, König 26
Minotaurus-Legende 27
Moore, Entstehung 237 f.
Moorleichen 236
Morales, Alfonso 158
Moskau, Puschkin-Museum 321
Mouhot, Henri 147
Müller-Wille, Michael 240, 249
Mumia 182
Mumien 177
Mumifizierung 177
Muscarella, Oscar White 324
Mykene 27, 42, 44 ff., 47,58, 133 ff., 202,
    321

Nabonid, babylonischer König 78
Naqada I–III 165 ff.
Nationalmuseum der ägyptischen
    Zivilisation, Kairo 311, 313
Nebra, Himmelsscheibe 208, 222 ff.,
    223
Nebukadnezar II., babylonischer
    König 78, 88, 97, 323
Neferati, ägyptische Pharaonin 311
Nektanebos I., ägyptischer Pharao 176
Nero, römischer Kaiser 75
Niebuhr, Carsten 84
Niederländische Ostindien-
    Kompanie 141
Nil 163 ff.
Nimrud 84 f.
Ninive 80 ff., 84, 323
Nizna Mysla 29, 33
Nofretete 319
Nofretete-Büste 319 f.
Normannen 265
Novum Illium 190

Obelisken 57
Odysseus 131
Oldovai-Schlucht 36
Olympia 30 f., 33, 64, 64, 68 ff.
    - Zeus-Statue 69 f.
Oral-History 200 f.
Oseberg, Grabhügel 251
Oseberg-Schiff 251
Ötzi 31, 241 ff., 242
Ovid 65

Pakal, König von Palenque 153
Pakal-Dynastie 153
Palast der Kleopatra, Alexandria 99
Palatin, Rom 63
Palenque 150 ff., 150, 152 f., 158, 305
    - Stele von Madrid 150
    - Tempel der Inschriften 151
    - Tempel der Kreuzgruppe 152
    - Tempel XIII 151
    - Tempel XIX 159
    - Tempel XX 159
Palmyra 30, 324
Paris, Louvre 84, 101
Parthenon, Athen 74, 78, 100, 102 ff.,
    102, 318
    - Elgin-Marbles 102
Parzinger, Hermann 211
Pascha, Said 112 f.
Paulus, Apostel 302
Pausanias 64 f., 68 ff., 135
    - Beschreibungen Griechenlands 64 ff.

Pellworm 227
Pergamon 113 ff.
    - Trajaneum 317 f., 318
    - Zeus-Altar 70, 100
Pergamonaltar 114 ff., 114, 115, 319 f.
Pergamonmuseum, Berlin 88, 100, 117
Pernicka, Ernst 204 f., 211 ff., 212, 224
Petersdom, Rom 75 f.
Petersen, Wolfgang 288 ff.
Petrie, Flinders 137, 165 ff., 274
Pfälzner, Peter 31
Pferd, Trojanisches 205, 287
Phaistos 27
Philae, Tempel von 109
Phnom Bakheng, Tempel 146 f.
Phönizier 48
Picardt, Johan 41

Pisa 54
Pizzicolli, Cyriacus 73 f.
Plinianische Phase 21
Plinius d. Ä. 21 f., 76
Pömmelte-Zackmünde 225
Pompeii Sustainable Preservation
    Project 329
Pompeji 21ff., 23, 31, 77, 271 f., 272, 314
Punier 54 f.
Punischer Krieg, Erster 54
Punischer Krieg, Zweiter 55
Puschkin Museum, Moskau 321
Pylos 44, 46
Pyramiden von Gizeh 70, 165
Pyroklastische Ströme 22 f.

Qian, Sima 328
Qin Shi Huangdi 325 f.
Qin, Grabhügel 324 ff.
Qingbo, Duan 327
Quartär *siehe* Eiszeit

Radiocarbon-Methode *siehe* C-14-
    Methode
Radt, Wolfgang 117
Raffles, Thomas Stamford 141 ff.
Ramses II., ägyptischer Pharao 109 f.,
    111, 176, 311
Ramses III., ägyptischer Pharao 176
Ramses VI., ägyptischer Pharao 180
Rauwolff, Leonhart 84
Reilly, Paul 332
Rekonstruktion, virtuelle 332
Renaissance 74
Rhodos, Koloss von 70
Rich, Claudius James 84
Riesen 50
Rom 57, 63, 65 ff., 71 ff., 85
    - Deutsche Archäologische Institut
      Rom 85
    - Domus Aurea 75
    - Forum Romanum *71*, *72*
    - Kolosseum 72, 315
    - Petersdom 75 f.
    - Trajansmärkte *73*
    - Vatikan 75
Romanum Climatic Optimum 298 f.,
    301
Römisches Reich 65 ff.
Roskildewrack 3 258

Rosklide, Wikingerschiffsmuseum 253
Roter Franz 233 f., 236
Rungholt 230 ff., *231*

Sakkara 56, 113
Salt, Henry 108
Santorin 31
Sarzec Ernest de 90
Sawyer, Peter 266
Schatz des Priamos 133, 321
Schiffkataloge 201
Schliemann, Heinrich
    - *Ithaka, Peloponnes und Troja.*
      Archäologische Forschungen 128
Schliemann, Heinrich 26, 43, 45 f.,
    118–140, 183, 187, 193, 285, 321
Schliemann, Sophie *136*
Schöninger Speere 35 f., *35*
Seevölker 47, 294
Seidenstraße 30, 322
Sethos I., ägyptischer Pharao 109 f., 176
Sieben Weltwunder 295
Simek, Rudolf 230, 267
Sintflut 82 f.
Smith, George 80 ff., 98
Speere, Schöninger 35 f., *35*
Sphinx 57
St.-Duzec, Menhir von 51
Steinzeit 33
Stensen, Niels 37
Stephens, John Lloyd 149 ff.
Strandhagg 251 f.
Ströme, pyroklastische 22
Sujiyama, Saburo 159
Sumerer 86, 90 f.
Suryavarman I., König der Khmer 146 f.
Suryavarman II., König der
    Khmer 146, 149

Tal der Könige 25, 110
Tal der Königinnen 110, 165
Tall Chuera 31
Tansania 36
Tell el-Amarna 112, 165
Tempel von Karnak 175
Tempel, Wolf-Dieter 41
Teotihuacan 153 ff., *154*, 159
    - Mondpyramide 159
    - Sonnenpyramide 155
Terrakotta-Krieger 325 ff., *327*

Theben 56, 109, 181
- Tempel von 56
Thera *siehe* Santorin
Thermen des Antonius Pius (Karthago)
  52, 57
Thomas, Randall 178
Thomson, Christian J. 33
Thukydides 48
- *Geschichte des Peloponnesischen
  Kriegs* 48
Thutmosis I., ägyptischer Pharao 311
Tikal 151, 305
Tirynis 44, 46
Tollund-Mann 235, 236
Tolteken 306 f.
Totenmaske des Agamemnon 135, 222
Trajan, römischer Kaiser 63, 317
Trajaneum, Ephesos 317 f., *318*
Trajansmärkte, Rom *73*
Trans-Ural-Bronzezeit-Projekt 217
Trichterbecher-Kultur 239
Troas 118 ff.
TROIA-Hisarliks 183–207, *184*, *186*, *187*,
  188, *196*, *202*, 294 f., *321*
- Siedlungsgeschichte 205 ff.
Troja 33, 37, 47, 118 ff., *129*, 131, *134*, 137 ff.,
  183–207, *184*, *186*, *187*, *188*, *196*, *202*
Trojanischer Krieg
Trojanisches Pferd 205, *287*
Tutanchamun 179 ff., *179*, *274*, 275, 277
- Grab 180
- Totenmaske 179, *179*

Ur 78, 80, 93 ff., *94*, 97, 323
- Zikkurat *94*, 95, *97*, 323
Urnammu, König von Sumer und
  Akkad 95
Uruk 33, 91 ff., 97

Van der Sanden, Wijnand 236, 240
Van Erp, Theodoor 156
Vandalen 55
Vatikan 75, 23, 23, 272,
Vesuv 77, 314
Virchow, Rudolf 138
Visbeker Braut 51
Visbeker Bräutigam 51, 53, 58
Vorpalastzeit (Kreta) 26

Warmzeit 34
Wattarchäologie 232 f.
Wattenmeer 227 ff.
Weisberger, Gerd 210 ff.
Weltwunder, Sieben 70, 295
Weset 165
Wiegand, Theodor 117, 279
Wikinger 24, 248–267
- und Christentum 263 ff.
Wildeshausen 39
Wille, Hermann 277, 277 ff.
- *Germanische Gotteshäuser* 277, 279
Wilusa 198
Winkelmann, Johann Joachim 76 ff., *79*
Winlock, Herbert 276
Wirth, Hermann 278 f.
Woolley, Charles Leonard 94 ff., *96*

Xi›an 324 f.

Yasovarman I., König der Khmer 146 f.
Yde, Mädchen von 234, 236
York 256 ff.

Zeus-Altar, Pergamon 100
Zinnbronze 210 ff.

Bildnachweis

Adobe Stock
Seite 157 (munduuk), 173 (AIDAsign), 287 (Klaus Blüth)

Michael Büsgen
Seite 71

Wolfgang Korn
Seite 8, 14, 16, 23, 25, 29, 39, 42, 49, 52, 56, 64, 66, 73, 107, 111, 114, 134, 140, 150, 154, 164, 168, 184, 186, 188, 189, 192, 196, 209, 212, 228, 229, 235, 251, 254, 267, 292, 296, 301, 303, 306, 318

shutterstock.com
Seite 10 (Microgen), 76 (Vladislav Gurfinkel), 94 (Simon Edge), 102 (Lucky-photographer), 142 (Bule Sky Studio), 145 (319photo), 174 (Sailingstone Travel), 202 (Uskarp), 259 (bluecrayola), 272 (Iryna Shpulak), 312 (ahmedfawzyelaraby), 316 (Jaroslav Moravcik), 327 (Izf), 333 (Chatnarong Rakchart)

Wikimedia Commons
Seite 35 (Niedersächsisches Landesamt für Denkmalpflege / P. Pfarr NLD, lizenziert unter Creative-Commons Attribution-Share Alike 3.0 Germany, https://creativecommons.org/licenses/by-sa/3.0/de), 79 (gemeinfrei); 89 (Library of Congress Prints and Photographs Division Washington, D.C. 20540 USA, gemeinfrei), 115 (Jan Mehlich, lizenziert unter der Creative-Commons-Lizenz Attribution 3.0 Unported, https://creativecommons.org/licenses/by/3.0), 129 (gemeinfrei), 136 (gemeinfrei), 179 (Roland Unger, lizenziert unter der Creative-Commons-Lizenz »Na-

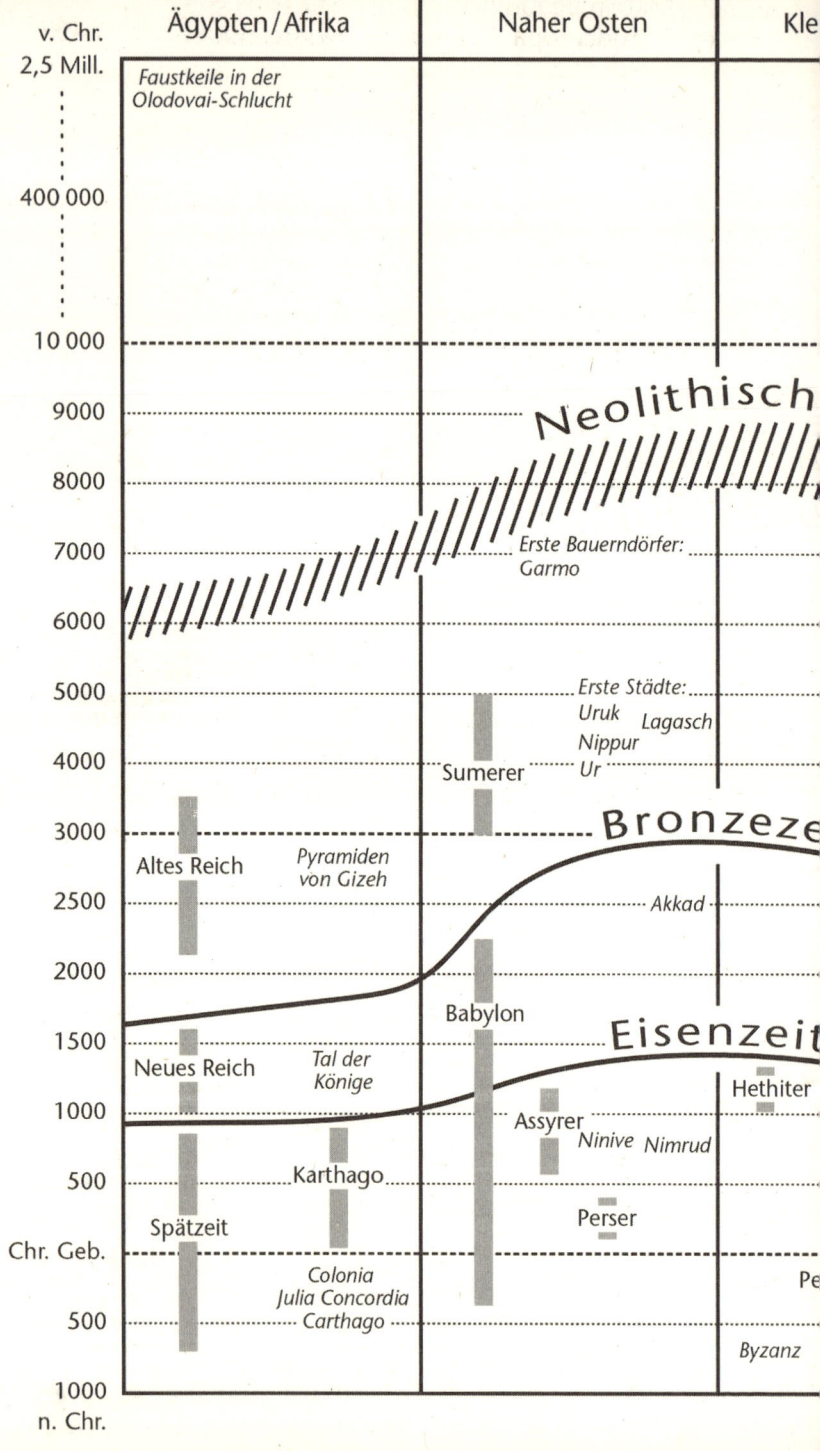